국단어
완전 정복

6·2

기획 및 집필

전위성

공주교육대학교를 졸업하고 2006년부터 대전에서 교사 생활을 시작했습니다. 우등생 공부법을 연구하여 세 권의 책(엄마가 알아야 아이가 산다!, 초등 6년이 자녀교육의 전부다, 엄마의 수학 공부)을 펴냈습니다. 16년 동안 학생들을 가르치면서 많은 학생이 국어 교과서에 나오는 낱말을 전혀 공부하지 않는다는 놀라운 사실을 알게 되었습니다. 더더욱 놀라운 사실은 국어 교과서의 낱말을 공부할 수 있는 책이 전무(全無)했다는 것입니다.

「국단어 완전 정복」은 저자가 지난 2년 동안 초등학교 3~6학년 국어 교과서에 나오는 모든 낱말을 연구하고 정리하여, 초등학생의 눈높이에 맞추어 펴낸 '국어 낱말 전문 학습서'입니다.

모든 공부는 기초가 중요하고, 모든 공부의 기초는 국어입니다. 모든 공부의 기초가 되는 국어 공부의 기초는 단연 국단어(국어 낱말)입니다. 고로 모든 공부의 기초는 국단어를 공부하는 것입니다. 「국단어 완전 정복」과 함께 세상 모든 공부를 완전 정복할 수 있길 소망합니다.

국단어 완전 정복 | 초등 국어 6-2

초판 1쇄 인쇄 2022년 8월 1일
초판 1쇄 발행 2022년 8월 15일

기획 및 집필 전위성

펴낸이 최남식
디자인 여우집
일러스트 강유리, 유재영, Shutterstock(zzveillust, Beresnev)
외부스태프 전현영
제작책임 송정진
펴낸곳 오리진에듀
출판등록 2010년 3월 23일 제 409-251002010000087호
주 소 경기도 김포시 김포한강10로133번길 127, 디원시티 지식산업센터 518호(구래동)
전 화 02-335-6612 **팩 스** 0303-3440-6612
이메일 originhouse@naver.com
포스트 post.naver.com/originhouse

값 18,000원 ⓒ2022, 전위성 & 오리진에듀
ISBN 979-11-88128-28-0 63710 : 18000

'오리진에듀'는 '오리진하우스'의 교육 출판 임프린트 브랜드입니다.

국단어
완전 정복

《공부에서 가장 중요한 것은?》

건물을 지을 때 가장 먼저 하는 중요한 일이 있습니다.
건물의 토대가 되는 바닥을 튼튼히 다지는 것입니다.
바닥이 튼튼해야 건물을 높고 튼튼하게 지을 수 있습니다.

공부도 마찬가지입니다.
공부라는 건물을 높고 튼튼하게 짓고 싶다면
공부의 토대가 되는 기초를 튼튼히 다져야 합니다.

《공부에서 가장 중요한 것은, 기초 다지기》

영어 공부의 기초는 영단어(영어 단어)입니다.
수학 공부의 기초는 수학 개념입니다.
그럼 국어 공부의 기초는 무엇일까요?

학습지나 문제집 풀기일까요? 독서일까요?

《국어의 기초 = 국단어 완전 정복》

영어 단어와 수학 개념처럼
국어에도 가장 먼저 공부해야 할 기초가 있습니다.
그건 바로 **국어 단어**, 다시 말해 **국단어**입니다.

국어 공부의 기초를 쌓고 싶다면
학습지와 문제집 풀기, 독서에 앞서
국단어를 철저히! 완벽히! 공부해야 합니다.

이 책을 구입한 학부모님께

**"낱말 뜻을 손수 찾아서 공부하지 않으면
정확한 뜻을 영영 알 수 없습니다."**

이 문장이 무슨 뜻인지 모르는 사람은 드뭅니다. 그와 동시에 이 문장이 무슨 뜻인지 잘 아는 사람도 드뭅니다. 손수는 '남의 힘을 빌리지 않고 제 손으로 직접'이라는 뜻이고, 영영은 '영원히 언제까지나'라는 뜻입니다.

우리는 일상에서 수많은 글을 읽고 쓰고, 무수한 말을 듣고 합니다. 하지만 그 글과 말의 뜻을 정확히 알지 못합니다. 정확히 아는 것과 감으로 아는 것은 큰 차이가 있습니다. 물론 일상생활에서는 그 차이가 별로 드러나지 않습니다. 딱히 손해 볼 일도 없습니다. 하지만 학습의 영역이라면 이야기가 전혀 달라집니다. 뜻을 정확하게 아는 학생과 어렴풋이 아는 학생의 미래는 사뭇 다른 인생을 살아갈 만큼 어마어마한 차이가 있습니다.

**"만권의 책을 읽더라도
낱말을 공부하지 않으면
그 정확한 뜻을
죽을 때까지 알 수 없습니다."**

다소 과격하게 들릴 수도 있겠습니다. 하나 틀린 말은 아닙니다. 과장도 아닙니다. 일례로 앞선 문장에서 '만권'은 단순히 10000을 뜻하는 숫자가 아닙니다. '만권'은 사전적 의미로 '매우 많은 책'을 뜻합니다. 이런 사례는 셀 수 없을 만큼 비일비재합니다(비근합니다, 흔합니다).

많은 아이들이 영단어(영어 단어)는 목숨 걸고 외우지만, 국단어(국어 단어)는 죽어도 공부하지 않습니다. 안타까운 현실입니다. 더 안타까운 현실은 영어 단어를 공부할 수 있는 책은 넘쳐나지만, 국어 단어를 공부할 수 있는 책은 거의 없다는 것입니다. 무엇보다도 국어 교과서의 단어를 체계적으로 공부할 수 있는 책이 세상에 존재하지 않았습니다. 필자가 「국단어 완

전 정복」을 필히(무슨 일이 있어도 반드시) 써야겠다고 결심한 이유입니다.

이 책이 출간됨으로써 국어 교과서 단어를 체계적으로 공부할 수 있는 책이 세상에 존재하게 되었습니다. 이 책을 자찬(自撰)한[1] 것이 참으로 다행스럽고 기쁜 일이라고 자찬(自讚)해[2] 봅니다. 덧붙여 필자는 전작 「초등 6년이 자녀교육의 전부다」에서 "국어 공부의 시작과 끝은 교과서에 나오는 낱말을 공부하는 것"이라고 역설한 바 있습니다. 이 책, 「국단어 완전 정복」을 출간함으로써 그 중대 발언이 무책임한 구호와 공허한 메아리로 소멸되지 않게 되었고, 제 단언에 대한 책임을 이제야 다했다고 여겨져서, 재삼(再三) 기쁩니다.

국단어의 뜻을 적확하게(정확하게 맞아 조금도 틀리지 않게) 아는 아이만이 책과 교과서를 정확히 읽고, 충분히 이해하고, 오래 기억하고, 자기 생각을 글로 온전히 담아낼 수 있습니다. 지금부터 자녀에게 「국단어 완전 정복」을 4년(3~6학년) 동안 공부시키십시오. 혹여 시기를 놓쳤더라도 3학년 1학기부터 6학년 2학기까지 전 과정을 차근차근 공부시키십시오. 어휘력이 완성되고, 독해력이 강화되고, 논술력과 사고력이 향상되어 자녀가 상위 1퍼센트 우등생으로 거듭나는 광경을 목격하게 될 것입니다.

공부가 전부라는 말이 아닙니다. 공부 잘하는 우등생으로 키우는 것이 자녀 교육의 최우선 과제이라는 말도 아닙니다. 제가 줄기차게 주장하는 자기주도학습과 우등의 끝에는 '행복'이 자리잡고 있습니다. 세상 모든 자녀와 부모가 행복한 오늘을 보내고, 희망찬 내일을 맞이하는 데, 「국단어 완전 정복」이 미약하게나마 보탬이 되길 간절히 기원합니다.

초등 교사, 작가 **전위성**

1
손수 책을 편찬하다

2
자기가 한 일 또는 자기 자신을
스스로 칭찬하다

이 책의 구성과 특징

지금부터 **국단어 완전 정복**과 함께
10641 프로젝트에 도전하세요!

구성 1 | **교과서 낱말 완전 학습**

학교진도시기
8월 3, 4주, 9월 1주

5일 — 1. 작품 속 인물과 나

무심하다
어휘 없을 무 無 / 마음 심 心
남의 일에, 무엇에 / 관심이 전혀 없다
예 그는 제발 도와달라고 간곡히 부탁했지만, 친구는 전혀 관심이 없다는 듯 **무심한** 표정을 지으며 그의 부탁을 거절했다.
비 무관심하다(無, 關 관계할 관, 心), 무정하다(無, 情 뜻 정)

애당초
어휘 마땅할 당 當 / 처음 · 시작 초 初
일의 맨 처음이라는 뜻으로 / '당초'를 *강조하여 이르는 말
예 공부를 전혀 하지 않고 백 점을 맞는다는 것은 **애당초** 불가능한 일이었다.
*강조하다(強 강할 강, 調 고를 조) 어떤 부분을 특히 강하게 힘주어 말하다
비 애초(初), 당초(當初)

쏘아보다
상대를 / *날카로운 *눈초리로 / 뚫어지게 보다
예 다툼을 벌인 두 아이는 눈길이 마주칠 때마다 미간을 찌푸리며 눈싸움이라도 하듯 뚫어지게 서로를 **쏘아보았다.**
*날카롭다 (남이 겁을 낼 만큼 성질 · 기운 · 태도 따위가) 차갑다
*눈초리 어떤 대상을 바라볼 때 눈에 나타나는 표정
비 노려보다

흔쾌하다
어휘 기뻐할 흔 欣 / 유쾌할 쾌 快
기쁘고 · *유쾌하다
예 시험을 잘 본 아이는 **흔쾌한** 기분이 들어 콧노래를 부르며 집으로 향했다.
*유쾌하다(愉 즐거울 유, 快) 즐겁고 상쾌하다(시원하고 산뜻하다)

개의
어휘 끼일 개 介 / 뜻 의 意
어떤 일 따위를 / 마음에 두고 생각함
예 아이는 교사의 지적에 **개의치** 않고 수업 시간마다 쓸데없는 *잡소리를 늘어 놓았다.
*잡소리(잡말) (雜 섞일 · 어수선할 잡) 쓸데없이 하는 자질구레한 말

심드렁하다
마음에 탐탁지 않아 / 관심이 거의 없다
예 그는 *내심 기뻤지만 *내색하지 않고 오히려 **심드렁한** 표정을 지으며 대꾸했다.
*내심(內 안 내, 心 마음 심) (겉으로 드러나지 않는) 속마음
*내색하다(色 빛깔 · 얼굴빛 색) 마음속 느낀 것을 얼굴에 드러내다

무슨 요일에 공부하는지 알 수 있어요!
1일 월요일, 2일 화요일, 3일 수요일, 4일 목요일, 5일 금요일에 공부해요.

교과서 쪽수와 주제가 적혀 있어요!
지금 공부하는 낱말이 교과서 몇 쪽에 있는지 알 수 있어요.

단원명과 진도 시기 확인!
낱말이 나오는 단원명과 진도 시기를 알고 학교에서 배우기 전에 미리 공부해요.

재밌는 뜻풀이 삽화!
낱말의 뜻을 더 재밌게 알 수 있어요.

끊어 읽기와 핵심 풀이 강조!
뜻풀이가 정확하고 완벽한 장기 기억으로 이어져요.

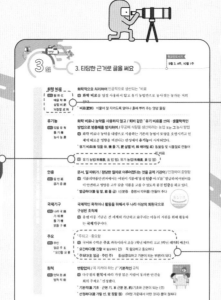

구성 2 · 필수 한자, 연관 낱말 확장

낱말의 한자어와 뜻을 알 수 있어요!

낱말이 만들어진 한자의 뜻을 알면
낱말의 뜻을 더 쉽게 이해할 수 있어요.

연관된 낱말을 확장하여 학습!

낱말과 비슷한 뜻을 가진 다른
낱말을 함께 익힐 수 있어요.

뜻풀이와 예문의 어려운 낱말 확장 학습!

뜻풀이와 예문에 나오는 어려운 낱말을
한 번 더 정리하여 더 많은 낱말을 공부할
수 있어요.

구성 3 · 칭찬 사과 색칠놀이

사과를 색칠해서 열심히 공부한 나를 칭찬해요!

하루 공부를 잘 마쳤다면 하루 한 개씩 예쁘게 색칠해
서 나에게 칭찬 사과를 선물하세요. 사과 나무에 사과
가 주렁주렁 열릴 때까지 열심히 공부합시다!

구성 4 · 일일, 주말, 월말, 학기말 평가

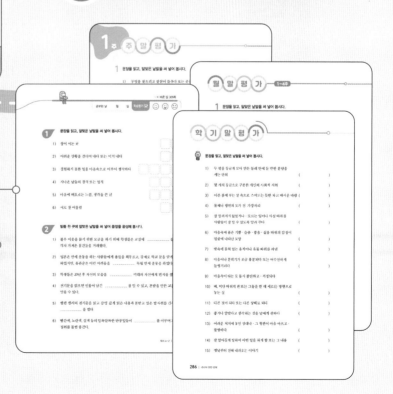

네 차례 평가를 통해서 잘 공부했는지 확인해요!

일일 평가, 주말 평가, 월말 평가, 학기말 평가가
있어요. 공부한 국단어들을 틈틈이 복습해서
100점에 도전하세요!

차례

※ 학교 진도 시기는 학교나 학급의 지도 계획에 따라 변경될 수 있습니다.

1~4주

1 **작품 속 인물과 나** 학교 진도 시기 8월 3, 4주, 9월 1주

칭찬 사과 색칠놀이

하루 공부를 잘 마쳤다면 나에게 칭찬 사과를 선물하세요.
사과 나무에 사과가 주렁주렁 열릴 때까지 열심히 공부합시다!

■ 하루 공부가 끝나면 사과 한 개씩 예쁘게 색칠해 보세요.

칭찬 사과를
색칠해 보세요!!

1. 작품 속 인물과 나

의병

한자 옳을 의 義
군사 병 兵

외적에 대항하여 싸우기 위해 / 백성들이 스스로 만든 군대 또는 그 군대의 병사

예 임진왜란이 *발발하자 양반, 천민, 승려에 이르기까지 다양한 신분의 사람들이 나라를 구하고자 하는 마음으로 전국 각지에서 **의병**이 되었다.

* 발발하다(勃 우쩍 일어날 발, 發 필 발) (전쟁, 사건이) 갑자기 일어나다

의병장

한자 옳을 의 義
군사 병 兵
장수 장 將

의병을 거느린 / 장수

예 안규홍은 머슴 출신이지만 의병이 되어 누구보다 열심히 앞장서서 일본군과 싸웠으며, 용맹함과 지도력을 인정받아 **의병장**으로 *추대되었다.

* 추대되다(推 밀 추, 戴 받들 대) (사람이 어떤 지위로) 모셔 받들어지다

촉구하다

한자 재촉할 촉 促
구할 구 求

급하게 재촉하여 / 요구하다

예 윤희순 선생은 「*안사람 의병가」를 지어 *부녀자들의 *구국 활동을 **촉구하였다**.

* 안사람 '아내'를 예사롭게 또는 낮추어 이르는 말
* 부녀자(婦 며느리 부, 女 여자 녀, 子 아들 자) '부인'과 '여자'라는 뜻으로, '성숙한 여자'와 '결혼한 여자'를 통틀어 이르는 말
* 구국(救 구원할 구, 國 나라 국) 나라를 위기에서 구함

일제

한자 날 일 日
임금 제 帝

일본 *제국주의를 / 줄여 부르는 말

예 우리 민족은 **일제**의 *탄압에 맞서 1919년 3월 1일에 독립 만세 운동을 벌였다.

* 제국(帝, 國 나라 국) 황제(제국의 왕)가 다스리는 나라
* 제국주의(帝, 國, 主 주인 주, 義 옳을 의) 1870~20세기 초에 걸쳐 우월한 군사력과 경제력으로 다른 나라를 정복하여 대국가를 건설하려는 침략주의적 경향
* 탄압(彈 탄알 탄, 壓 누를 압) 무력·권력 따위로 억눌러 꼼짝 못하게 함

강점하다

한자 강할 강 強
차지할 점 占

남의 것을 / 강제로 빼앗다

예 일제는 1910년부터 1945년까지 우리나라를 **강점하면서** 가혹한 탄압과 *약탈을 일삼았다.

* 약탈(掠 노략질할 약, 奪 빼앗을 탈) 폭력을 써서 남의 것을 억지로 빼앗음

망명하다

한자 도망갈 망 亡
목숨·명령 명 命

자기 나라에 있지 못하고 / 다른 나라로 몸을 피하다

예 일본 제국주의의 *감시와 탄압을 피해 해외로 **망명하는** 사람들이 늘어났다.

* 감시(監 볼 감, 視 볼 시) (주의를 기울여) 지켜봄

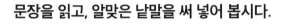

1 **문장을 읽고, 알맞은 낱말을 써 넣어 봅시다.**

1) 외적에 대항하여 싸우기 위해 백성들이 스스로 만든 군대
    또는 그 군대의 병사

2) 의병을 거느린 장수

3) 급하게 재촉하여 요구하다

4) 일본 제국주의를 줄여 부르는 말

5) 남의 것을 강제로 빼앗다

6) 자기 나라에 있지 못하고 다른 나라로 몸을 피하다

2 **밑줄 친 곳에 알맞은 낱말을 써 넣어 문장을 완성해 봅시다.**

1) 임진왜란이 발발하자 양반, 천민, 승려에 이르기까지 다양한 신분의 사람들이
    나라를 구하고자 하는 마음으로 전국 각지에서 _____ 이 되었다.

2) 안규홍은 머슴 출신이지만 의병이 되어 누구보다 열심히 앞장서서 일본군과
    싸웠으며, 용맹함과 지도력을 인정받아 _____ 으로 추대되었다.

3) 윤희순 선생은「안사람 의병가」를 지어 부녀자들의 구국 활동을 _____ .

4) 우리 민족은 _____ 의 탄압에 맞서 1919년 3월 1일에 독립 만세 운동을
    벌였다.

5) 일제는 1910년부터 1945년까지 우리나라를 _____ 가혹한 탄압과 약탈을
    일삼았다.

6) 일본 제국주의의 감시와 탄압을 피해 해외로 _____ 사람들이 늘어났다.

양성하다

한자 기를 양 養
이룰 성 成

어떤 사람이 다른 사람을 / 가르쳐서 **유능한 사람을** 길러 내다

예 성균관은 조선 *최고의 교육 기관으로, 교육과 학문의 연구를 통해 유교적 지식을 갖춘 *관료를 **양성하는** 곳이었다.

*최고(最 가장 최, 高 높을 고) (수준 · 가치로 보아) 가장 높음. 가장 좋음. 제일임

*관료(官 벼슬 관, 僚 동료 · 벼슬아치 료) 국가 기관에서 일을 하는 공무원

항일

한자 겨룰 항 抗
날 일 日

일본 제국주의에 / 맞서 싸움

예 *독립운동가들은 일제 강점기에 국내외에서 **항일** *투쟁을 벌였다.

*독립운동가(獨 홀로 독, 立 설 립, 運 옮길 운, 動 움직일 동, 家 집 가) 일제 강점기에 우리 민족의 독립을 위해 힘썼던 사람

*투쟁(鬪 싸울 투, 爭 다툴 쟁) 어떤 대상을 이기려고 싸움

기념하다

한자 기록할 기 紀
생각 념 念

뜻깊은 일 또는 훌륭한 인물 등을 / 오래도록 잊지 않고 / 마음속에 *간직하다

예 *광복절은 일본에게 빼앗겼던 나라를 되찾은 것을 **기념하는** 날이다.

*간직하다 (생각 · 기억 따위를) 마음속에 깊이 새겨 두다

*광복절(光 빛 광, 復 회복할 복, 節 마디 절) 우리나라가 일본에게 빼앗겼던 주권을 되찾아 해방된 1945년 8월 15일을 기념하기 위하여 제정한 국경일

자금

한자 재물 자 資
쇠 금 金

특정한 목적에 쓰는 / 돈

예 그는 *주택을 구입하기 위한 **자금**의 일부를 은행으로부터 *대출 받았다.

*주택(住 살 주, 宅 집 택) 사람이 살 수 있도록 지은 집

*대출(貸 빌릴 대, 出 날 출) 돈 · 물건 따위를 빌려주거나 빌림

지원하다

한자 지탱할 지 支
도울 원 援

*지지하여 도움

예 윤희순은 숯을 구워 판 돈으로 항일 의병 운동에 필요한 자금을 **지원했다.**

*지지하다(支, 持 가질 지) 뜻을 같이하여 돕고 힘쓰다

흥얼거리다

흥에 겨워서 / 입으로 노래를 자꾸 부르다

예 그 노래는 쉽고 경쾌한 멜로디로 되어 있어서 누구나 **흥얼거리고** 싶게 만든다.

비 흥얼대다, 흥얼흥얼하다

문장을 읽고, 알맞은 낱말을 써 넣어 봅시다.

1) 어떤 사람이 다른 사람을 가르쳐서
   유능한 사람을 길러 내다
   ☐☐☐☐

2) 일본 제국주의에 맞서 싸움
   ☐☐

3) 뜻깊은 일 또는 훌륭한 인물 등을 오래도록
   잊지 않고 마음속에 간직하다
   ☐☐☐☐

4) 특정한 목적에 쓰는 돈
   ☐☐

5) 지지하여 도움
   ☐☐☐

6) 흥에 겨워서 입으로 노래를 자꾸 부르다
   ☐☐☐☐

밑줄 친 곳에 알맞은 낱말을 써 넣어 문장을 완성해 봅시다.

1) 성균관은 조선 최고의 교육 기관으로, 교육과 학문의 연구를 통해 유교적 지식을
   갖춘 관료를 _____ 곳이었다.

2) 독립운동가들은 일제 강점기에 국내외에서 _____ 투쟁을 벌였다.

3) 광복절은 일본에게 빼앗겼던 나라를 되찾은 것을 _____ 날이다.

4) 그는 주택을 구입하기 위한 _____ 의 일부를 은행으로부터 대출 받았다.

5) 윤희순은 숯을 구워 판 돈으로 항일 의병 운동에 필요한 자금을 _____ .

6) 그 노래는 쉽고 경쾌한 멜로디로 되어 있어서 누구나 _____ 싶게 만든다.

아낙네 (아낙)

남의 집 부녀자를 / 부르는 말

예 냇가 빨래터에서 동네 **아낙네**들이 °수다를 떨며 빨래를 하고 있었다.

° 수다   쓸데없이 말이 많음. 또는 그런 말

보람

어떤 일을 한 뒤에 얻어지는 / 만족스러운 느낌 또는 좋은 °결과

예 엄마는 며칠 동안 함께 시험공부한 아이가 백 점을 받자 고생한 **보람**을 느꼈다.

° 결과(結 맺을 결, 果 과실 · 열매 과)   (어떤 원인으로 말미암아) 생긴 일

비 효과(效 본받을 효, 果), 효력(效, 力 힘 력)

불끈

물체, 기운이 갑자기 / 치밀거나 · 솟아오르는 / 모양

예 아이는 °약을 올리는 친구의 말에 화가 **불끈** °치솟아서 주먹으로 책상을 내리쳤다.

° 약(을) 올리다   (비위를 상하게 하여) 언짢게 하다, 은근히 화가 나게 하다

° 치솟다   감정 · 생각 · 힘 따위가 세차게 복받쳐 오르다

눈길

° 주의, 관심을 / 비유적으로 이르는 말

예 주먹으로 책상을 내리치자 교실 안에 있던 학생들의 **눈길**이 아이에게 쏠렸다.

° 주의(注 부을 주, 意 뜻 의)   한 가지 일에 정신을 쏟아부음

비 시선(視 볼 시, 線 줄 선)

집어삼키다

남의 것을 / °부당하게 가로채어 / 자기 것으로 만들다

예 일제는 농민들이 글을 모른다는 것을 °악용하여 온갖 °부당한 방법으로 수많은 토지를 **집어삼켰다**.

° 부당하다(不 아닐 부, 當 마땅 당)   이치에 맞지 않다

° 악용하다(惡 악할 악, 用 쓸 용)   (사람이 무엇을) 잘못 쓰다, 나쁜 일에 쓰다

조정

한자 아침 조 朝
     조정 정 廷

임금과 신하들이 모여 / °나랏일을 의논하고 °집행하는 / 곳

예 제주 목사는 제주도 사람들이 모두 굶어 죽을 위기에 처했다는 사정을 **조정**에 알렸고, **조정**에서는 제주도로 곡식 이만 석을 보내기로 결정했다.

° 나랏일   나라를 다스리는 크고 작은 일

° 집행하다(執 잡을 집, 行 다닐 행)   어떤 일을 실제로 행하다(해 나가다)

1 문장을 읽고, 알맞은 낱말을 써 넣어 봅시다.

1) 남의 집 부녀자를 부르는 말

2) 어떤 일을 한 뒤에 얻어지는 만족스러운 느낌 또는 좋은 결과

3) 물체, 기운이 갑자기 치밀거나 · 솟아오르는 모양

4) 주의, 관심을 비유적으로 이르는 말

5) 남의 것을 부당하게 가로채어 자기 것으로 만들다

6) 임금과 신하들이 모여 나랏일을 의논하고 집행하는 곳

2 밑줄 친 곳에 알맞은 낱말을 써 넣어 문장을 완성해 봅시다.

1) 냇가 빨래터에서 동네 _____ 들이 수다를 떨며 빨래를 하고 있었다.

2) 엄마는 며칠 동안 함께 시험공부한 아이가 백 점을 받자 고생한 _____ 을 느꼈다.

3) 아이는 약을 올리는 친구의 말에 화가 _____ 치솟아서 주먹으로 책상을 내리쳤다.

4) 주먹으로 책상을 내리치자 교실 안에 있던 학생들의 _____ 이 아이에게 쏠렸다.

5) 일제는 농민들이 글을 모른다는 것을 악용하여 온갖 부당한 방법으로 수많은 토지를 _____ .

6) 제주 목사는 제주도 사람들이 모두 굶어 죽을 위기에 처했다는 사정을 _____ 에 알렸고, _____ 에서는 제주도로 곡식 이만 석을 보내기로 결정했다.

1. 작품 속 인물과 나

대신

한자 클 대 大
신하 신 臣

*군주 국가에서 / *장관을 이르는 말

예 왕의 명령이 떨어지자 조정의 **대신**들은 일제히 고개를 조아렸다.

*군주(君 임금 군, 主 임금 · 주인 주) 세습적(世 인간 세, 襲 엄습할 습: 한집안의 재산, 신분, 직업 따위를 대대로 물려주고 물려받는)으로 나라를 다스리는 최고 지위에 있는 사람

*장관(長 길 장, 官 벼슬 관) 예전에, 한 관아의 으뜸 벼슬을 이르던 말

술렁거리다

어떤 소식, 사건으로 / 자꾸 어수선하게 *소란이 일다

예 곧 전쟁이 일어날 거라는 소문에 사람들은 **술렁거리기** 시작했다.

*소란(騷 떠들 소, 亂 어지러울 란) 시끄럽고 어수선함

비 술렁대다, 술렁술렁하다, 술렁이다

달아오르다

분위기, 상황이 / 활기를 띠며 열기가 *고조되다

예 가수가 등장하자 공연장의 *열기가 한껏 **달아올랐다**.

*고조되다(高 높을 고, 調 고를가지런하게 하다 조) 감정 · 분위기 따위가 한창 무르익거나 높아지다

*열기(熱 더울 열, 氣 기운 기) 흥분된 분위기

한몫하다

한 사람으로서 / 맡은 역할을 충분히 하다

예 대청소하는 날이 되면 아이는 자기 방 청소를 열심히 하며 *톡톡히 **한몫했다**.

*톡톡히 구실 · 역할 따위에 충실히

비 기여하다(寄 부칠 기, 與 더불 · 함께할 여), 공헌하다(貢 바칠 공, 獻 드릴 헌)

거침없이

일, 행동 따위가 / 중간에 걸리거나 · 막힘이 / 없이

예 그는 평소에 얌전하지만 기분이 나쁘면 말을 **거침없이** *내뱉어서 *실언을 한다.

*내뱉다 (마음에 내키지 않거나, 못마땅한 태도로) 불쑥 말하다

*실언(失 잃을 실, 言 말씀 언) 하지 않아야 할 말을 실수로 잘못 말함. 또는 그 말

구성지다

*천연덕스럽고 · *구수하며 · 멋지다

예 *소리꾼은 북장단에 맞춰 **구성진** 목소리로 흥부가를 불렀다.

*천연덕스럽다(天 하늘 천, 然 그럴 연) (거짓 · 꾸밈이 없고) 자연스러운 느낌이 있다

*구수하다 (말 · 이야기가 마음을 잡아끄는) 은근한 맛이 있다

*소리꾼 판소리를 직업적으로 부르는 사람

1 문장을 읽고, 알맞은 낱말을 써 넣어 봅시다.

1) 군주 국가에서 장관을 이르는 말

2) 어떤 소식, 사건으로 자꾸 어수선하게
   소란이 일다

3) 분위기, 상황이 활기를 띠며 열기가 고조되다

4) 한 사람으로서 맡은 역할을 충분히 하다

5) 일, 행동 따위가 중간에 걸리거나 · 막힘이 없이

6) 천연덕스럽고 · 구수하며 · 멋지다

2 밑줄 친 곳에 알맞은 낱말을 써 넣어 문장을 완성해 봅시다.

1) 왕의 명령이 떨어지자 조정의 _____ 들은 일제히 고개를 조아렸다.

2) 곧 전쟁이 일어날 거라는 소문에 사람들은 _____ 시작했다.

3) 가수가 등장하자 공연장의 열기가 한껏 _____.

4) 대청소하는 날이 되면 아이는 자기 방 청소를 열심히 하며 톡톡히 _____.

5) 그는 평소에 얌전하지만 기분이 나쁘면 말을 _____ 내뱉어서 실언을 한다.

6) 소리꾼은 북장단에 맞춰 _____ 목소리로 흥부가를 불렀다.

포악하다

한자 사나울 포 暴
악할 악 惡

성질이 / 사납고 · °악하다

예 일제의 **포악한** 탄압에 맞서 우리 민족은 항일 운동으로 투쟁하였다.

°악하다(惡 악할 악)　(언행, 마음씨 따위가) 못되고 나쁘다

강성하다

한자 강할 강 強
°성할 성 盛

힘이 / °강하고 · °왕성하다

예 몽골족의 최고 지도자가 칭기즈 칸은 몽골을 **강성한** °대제국으로 발전시켰다.

°성하다(盛) (기운 · 세력이) 세차고 크게 일어나다
°강하다(強) (물리적인 힘이) 보통 이상으로 세다
°왕성하다(旺 왕성할 왕, 盛)　세력이 한창 일어나다
°대제국(大 큰 대, 帝 임금 제, 國 나라 국) 황제가 다스리고 영토가 매우 넓은 나라

눈물 어리다

눈에 눈물이 괼 정도로 / °애절하고 간절한 감정에 처하다

예 하녀의 **눈물 어린** °호소에도 마님의 °노여움은 좀처럼 풀리지 않았다.

°애절하다(哀 슬플 애, 切 끊을 절)　몹시 애처롭고 슬프다
°호소(呼 부를 호, 訴 하소연 소)　억울하거나 딱한 사정을 남에게 간곡히 알림
°노여움　화가 날 만큼 섭섭하고 분한 감정

하소연

억울한 일, 딱한 사정 등을 / 간곡히 호소함

예 아이는 동생 때문에 짜증이 난다며 친구에게 한바탕 **하소연**을 늘어놓곤 한다.

사기

한자 선비 사 士
기운 기 氣

의욕, 자신감 따위로 가득 차서 / 굽힐 줄 모르는 °기세

예 관중들의 열광적 응원 덕분에 선수들의 **사기**가 하늘을 찌를 듯 °충천했다.

°기세(氣 기운 기) 기운차게 뻗치는 모양이나 상태
°충천하다(衝 찌를 충, 天 하늘 천)　(기운 · 기세가) 뻗쳐올라 하늘을 찌를 듯하다

영향

한자 그림자 영 影
울릴 향 響

무엇의 효과, °작용이 / 다른 것에 미치는 일

예 °농작물의 °생장은 햇빛, 강수량, 기온 등의 자연조건에 크게 **영향**을 받는다.

°작용(作 지을 작, 用 쓸 용)　어떤 현상을 일으키거나 영향을 미침
°농작물(農 농사 농, 作 지을 작, 物 물건 물)　논 · 밭에 심어서 가꾸는 곡식 · 채소
°생장(生 날 생, 長 길 · 자랄 장)　생물이 나서 자람

1 **문장을 읽고, 알맞은 낱말을 써 넣어 봅시다.**

1) 성질이 사납고·악하다

2) 힘이 강하고·왕성하다

3) 눈에 눈물이 괼 정도로 애절하고 간절한
감정에 처하다

4) 억울한 일, 딱한 사정 등을 간곡히 호소함

5) 의욕, 자신감 따위로 가득 차서 굽힐 줄 모르는 기세

6) 무엇의 효과, 작용이 다른 것에 미치는 일

2 **밑줄 친 곳에 알맞은 낱말을 써 넣어 문장을 완성해 봅시다.**

1) 일제의 _____ 탄압에 맞서 우리 민족은 항일 운동으로 투쟁하였다.

2) 몽골족의 최고 지도자가 칭기즈 칸은 몽골을 _____ 대제국으로
발전시켰다.

3) 하녀의 _____ 호소에도 마님의 노여움은 좀처럼 풀리지 않았다.

4) 아이는 동생 때문에 짜증이 난다며 친구에게 한바탕 _____ 을 늘어놓곤
한다.

5) 관중들의 열광적 응원 덕분에 선수들의 _____ 가 하늘을 찌를 듯 충천했다.

6) 농작물의 생장은 햇빛, 강수량, 기온 등의 자연조건에 크게 _____ 을 받는다.

1 문장을 읽고, 알맞은 낱말을 써 넣어 봅시다.

1) 급하게 재촉하여 요구하다 　　　　　　　　　

2) 외적에 대항하여 싸우기 위해 백성들이 스스로 만든 군대
　또는 그 군대의 병사 　　　　　　　　　

3) 의병을 거느린 장수 　　　　　　　　　

4) 어떤 사람이 다른 사람을 가르쳐서 유능한 사람을
　길러 내다 　　　　　　　　　

5) 일본 제국주의에 맞서 싸움 　　　　　　　　　

6) 군주 국가에서 장관을 이르는 말 　　　　　　　　　

7) 뜻깊은 일 또는 훌륭한 인물 등을 오래도록
　잊지 않고 마음속에 간직하다 　　　　　　　　　

8) 특정한 목적에 쓰는 돈 　　　　　　　　　

9) 남의 집 부녀자를 부르는 말 　　　　　　　　　

10) 성질이 사납고·악하다 　　　　　　　　　

11) 힘이 강하고·왕성하다 　　　　　　　　　

12) 남의 것을 강제로 빼앗다 　　　　　　　　　

13) 눈에 눈물이 괼 정도로 애절하고 간절한 감정에 처하다 　　　　　　　　　

14) 지지하여 도움

──» 바른 답 02쪽

15) 억울한 일, 딱한 사정 등을 간곡히 호소함   _____

16) 분위기, 상황이 활기를 띠며 열기가 고조되다   _____

17) 의욕, 자신감 따위로 가득 차서 굽힐 줄 모르는 기세   _____

18) 일, 행동 따위가 중간에 걸리거나·막힘이 없이   _____

19) 자기 나라에 있지 못하고 다른 나라로 몸을 피하다   _____

20) 무엇의 효과, 작용이 다른 것에 미치는 일   _____

21) 어떤 일을 한 뒤에 얻어지는 만족스러운 느낌
     또는 좋은 결과   _____

22) 물체, 기운이 갑자기 치밀거나·솟아오르는 모양   _____

23) 주의, 관심을 비유적으로 이르는 말   _____

24) 남의 것을 부당하게 가로채어 자기 것으로 만들다   _____

25) 어떤 소식, 사건으로 자꾸 어수선하게 소란이 일다   _____

26) 한 사람으로서 맡은 역할을 충분히 하다   _____

27) 천연덕스럽고·구수하며·멋지다   _____

28) 임금과 신하들이 모여 나랏일을 의논하고 집행하는 곳   _____

29) 흥에 겨워서 입으로 노래를 자꾸 부르다   _____

30) 일본 제국주의를 줄여 부르는 말   _____

2 밑줄 친 곳에 알맞은 낱말을 써 넣어 문장을 완성해 봅시다.

1) 일제의 _____ 탄압에 맞서 우리 민족은 항일 운동으로 투쟁하였다.

2) 그 노래는 쉽고 경쾌한 멜로디로 되어 있어서 누구나 _____ 싶게 만든다.

3) 광복절은 일본에게 빼앗겼던 나라를 되찾은 것을 _____ 날이다.

4) 안규홍은 머슴 출신이지만 의병이 되어 누구보다 열심히 앞장서서 일본군과 싸웠으며, 용맹함과 지도력을 인정받아 _____ 으로 추대되었다.

5) 냇가 빨래터에서 동네 _____ 들이 수다를 떨며 빨래를 하고 있었다.

6) 가수가 등장하자 공연장의 열기가 한껏 _____ .

7) 엄마는 며칠 동안 함께 시험공부한 아이가 백 점을 받자 고생한 _____ 을 느꼈다.

8) 윤희순은 숯을 구워 판 돈으로 항일 의병 운동에 필요한 자금을 _____ .

9) 주먹으로 책상을 내리치자 교실 안에 있던 학생들의 _____ 이 아이에게 쏠렸다.

10) 농작물의 생장은 햇빛, 강수량, 기온 등의 자연조건에 크게 _____ 을 받는다.

11) 아이는 동생 때문에 짜증이 난다며 친구에게 한바탕 _____ 을 늘어놓곤 한다.

12) 제주 목사는 제주도 사람들이 모두 굶어 죽을 위기에 처했다는 사정을 _____ 에 알렸고, _____ 에서는 제주도로 곡식 이만 석을 보내기로 결정했다.

13) 하녀의 _____ 호소에도 마님의 노여움은 좀처럼 풀리지 않았다.

14) 성균관은 조선 최고의 교육 기관으로, 교육과 학문의 연구를 통해 유교적 지식을 갖춘 관료를 _____ 곳이었다.

15) 소리꾼은 북장단에 맞춰 _____ 목소리로 흥부가를 불렀다.

16) 몽골족의 최고 지도자 칭기즈 칸은 몽골을 _____ 대제국으로 발전시켰다.

17) 일본 제국주의의 감시와 탄압을 피해 해외로 _____ 사람들이 늘어났다.

18) 왕의 명령이 떨어지자 조정의 _____ 들은 일제히 고개를 조아렸다.

19) 그는 주택을 구입하기 위한 _____ 의 일부를 은행으로부터 대출받았다.

20) 임진왜란이 발발하자 양반, 천민, 승려에 이르기까지 다양한 신분의 사람들이 나라를 구하고자 하는 마음으로 전국 각지에서 _____ 이 되었다.

21) 대청소하는 날이 되면 아이는 자기 방 청소를 열심히 하며 톡톡히 _____ .

22) 그는 평소에 얌전하지만 기분이 나쁘면 말을 _____ 내뱉어서 실언을 한다.

23) 일제는 농민들이 글을 모른다는 것을 악용하여 온갖 부당한 방법으로 수많은 토지를 _____ .

24) 곧 전쟁이 일어날 거라는 소문에 사람들은 _____ 시작했다.

25) 윤희순 선생은 「안사람 의병가」를 지어 부녀자들의 구국 활동을 _____ .

26) 독립운동가들은 일제 강점기에 국내외에서 _____ 투쟁을 벌였다.

27) 우리 민족은 _____ 의 탄압에 맞서 1919년 3월 1일에 독립 만세 운동을 벌였다.

28) 아이는 약을 올리는 친구의 말에 화가 _____ 치솟아서 주먹으로 책상을 내리쳤다.

29) 일제는 1910년부터 1945년까지 우리나라를 _____ 가혹한 탄압과 약탈을 일삼았다.

30) 관중들의 열광적 응원 덕분에 선수들의 _____ 가 하늘을 찌를 듯 충천했다.

1. 작품 속 인물과 나

작품 속 인물의 삶 살펴보기 | 교과서 36~39쪽 |

드높아지다

무엇이 / 매우 높게 되다

예 줄다리기 °우승을 계기로 청팀은 기세가 **드높아졌다.**

°우승(優 넉넉할 · 뛰어날 우, 勝 이길 승) 경기 · 경주 따위에서 이겨 첫째를 차지함

시대적 배경

한자 때 시 時
대신할 대 代
과녁 · 목표 적 的
°등 배 背, 햇빛 경 景

이야기에서 / 일이 일어난 시대 상황

예 이야기에 등장하는 사람들이 독립 만세 운동을 하는 것으로 보아,
   시대적 배경은 일제의 지배를 받던 때이다.

°등   사람이나 동물의 몸통에서 가슴과 배의 반대쪽 부분

인물의 삶과 나 | 교과서 40~51쪽 |

열정

한자 더울 열 熱
뜻 정 情

일에 / °열렬한 °애정을 갖고 / °열중하는 마음

예 사람은 자신이 소중하다고 여기는 것에 애정을 갖고 **열정**을 쏟기 마련이다.

°열렬하다(熱, 烈 매울 렬)   어떤 것에 대한 애정 · 태도가 매우 맹렬하다

°애정(愛 사랑 애, 情)   사랑하는(매우 좋아해서 아끼고 즐기는) 마음

°열중하다(熱, 中 가운데 중)   한 가지 일에 정신을 쏟다

추구하다

한자 °쫓을 추 追
구할 구 求

목적을 이룰 때까지 / 그것을 뒤쫓아 구하다

예 사람은 °불쾌감을 주는 불행을 °회피하고, 쾌감을 주는 행복을 **추구한다.**

°쫓다   (어떤 대상을 잡거나 만나기 위하여) 빠른 속도로 뒤를 따르다

°불쾌감(不 아닐 부, 快 쾌할 쾌, 感 느낄 감)   기분이 좋지 않은 느낌

°회피하다(回 돌아올 회, 避 피할 피) (일 · 상황을 하거나 부딪치기를) 꺼리고 피하다

독창적

한자 홀로 독 獨
비롯할 창 創
과녁 ·
목표 적 的

세상에 없던 것을 / 처음으로 만들어 내는

예 세종 대왕은 집현전 학자들과 함께 훈민정음이라는
   독창적 문자를 °창안했다.

°창안하다(創, 案 책상 · 생각 안)   (어떤 방법 · 물건 따위를)
                              처음으로 생각해 내다

추사체

한자 가을 추 秋
역사 사 史
몸 체 體

조선 후기의 명필인 추사 김정희의 글씨체

예 조선 시대의 뛰어난 °문인 화가이자 학자인 김정희는 독창적인 **추사체**를
   °완성했다.

°문인 화가(文 글월 문, 人 사람 인, 畫 그림 화, 家 집 가)   문인화(직업 화가가 아닌
   시인, 학자 등의 사대부 계층 사람들이 취미로 그린 그림)를 전문적으로 그리는 사람

°완성하다(完 완전할 완, 成 이룰 성)   어떤 일을 완전히 다 이루다

문장을 읽고, 알맞은 낱말을 써 넣어 봅시다.

1) 무엇이 매우 높게 되다

2) 이야기에서 일이 일어난 시대 상황

3) 일에 열렬한 애정을 갖고 열중하는 마음

4) 목적을 이룰 때까지 그것을 뒤쫓아 구하다

5) 세상에 없던 것을 처음으로 만들어 내는

6) 조선 후기의 명필인 추사 김정희의 글씨체

밑줄 친 곳에 알맞은 낱말을 써 넣어 문장을 완성해 봅시다.

1) 줄다리기 우승을 계기로 청팀은 기세가 _____ .

2) 이야기에 등장하는 사람들이 독립 만세 운동을 하는 것으로 보아, _____ 은 일제의 지배를 받던 때이다.

3) 사람은 자신이 소중하다고 여기는 것에 애정을 갖고 _____ 을 쏟기 마련이다.

4) 사람은 불쾌감을 주는 불행을 회피하고, 쾌감을 주는 행복을 _____ .

5) 세종 대왕은 집현전 학자들과 함께 훈민정음이라는 _____ 문자를 창안했다.

6) 조선 시대의 뛰어난 문인 화가이자 학자인 김정희는 독창적인 _____ 를 완성했다.

후학
한자 뒤 후 後
배울 학 學

학문에서의 °후배

예 이 대감은 고향으로 내려가 **후학**을 양성하는 데 남은 생을 바쳤다.

°후배(後, 輩 무리 배) 학문 · 덕행 · 경험 · 나이 등이 자기보다 낮거나 뒤진 사람

산문 (줄글)
한자 흩을 산 散
글월 문 文

소설, 수필처럼 / 글자 수, °운율 따위에 제한 없이 / 문장 형태로 자유롭게 쓴 글

예 **산문** 형식으로 자유롭게 쓴 일기를 °운문 형식의 시로 바꾸어 썼다.

°운율(리듬 rhythm) (韻 소리 울림 운, 律 법칙 률) 음의 장단 · 강약 · 고저 또는
같은 음, 비슷한 음을 규칙적으로 반복 배열하여 음악적인 느낌을 주는 일

°운문(韻文) 시의 형식으로 지은, 일정한 규칙이 있어 운율이 있는 글

경지
한자 °지경 경 境
땅 지 地

몸, 마음이 / 어떤 단계에 °도달한 상태

예 독창적인 추사체를 완성한 김정희는 서예뿐만 아니라 그림, 시, 산문에
이르기까지 예술가로서 최고의 **경지**에 올랐다.

°지경(地境) '경우' '형편' '정도'의 뜻을 나타내는 말

°도달하다(到 이를 도, 達 통달할 달)(목표로 정한 곳, 어떤 수준에) 이르러 다다름

능하다
한자 능할 능 能

어떤 일을 잘하다 또는 어떤 일에 뛰어나다

예 아이는 국어, 영어, 수학에 모두 **능해서** 시험을 보면 항상 백 점을 맞는다.

비 익숙하다, 능숙하다(能,, 熟 익을 숙), 능란하다(能, 爛 빛날 란),
노련하다(老 늙을 노, 鍊 불릴 련)

재능 (능)
한자 재주 재 才
능할 능 能

°타고난 또는 노력을 통해 얻은 / °능력

예 그녀는 음악적 **재능**이 뛰어나서 악기 연주는 물론 작곡에도 매우 능하다.

°타고나다 능력 · 복 · 운명 따위를 태어날 때부터 지니고 있다

°능력(역량) (能, 力 힘 력 · 역, 量 헤아릴 량) 어떤 일을 해낼 수 있는 힘

선사
한자
좌선 · 물려줄 선 禪
스승 사 師

°승려를 높여 부르는 말

예 '**선사**'라는 말은 본래 중국에서 °천자가 덕이 높은 승려를 °포상할 때 내리던
칭호였으나, 훗날에는 승려를 높여 부르는 말로 쓰였다.

°승려(僧 중 승, 侶 짝 · 벗 서로 친하게 사귀는 사람 려) 출가하여 불도를 닦는 사람. 중

°천자(天 하늘 천, 子 아들 자) 하늘을 대신하여 천하를 다스리는 사람. 곧 황제

°포상(褒 기릴 · 칭찬할 포, 賞 상줄 상) 칭찬하고 장려하여 상을 줌

1 문장을 읽고, 알맞은 낱말을 써 넣어 봅시다.

1) 학문에서의 후배

2) 소설, 수필처럼 글자 수, 운율 따위에 제한 없이 문장 형태로 자유롭게 쓴 글

3) 몸, 마음이 어떤 단계에 도달한 상태

4) 어떤 일을 잘하다 또는 어떤 일에 뛰어나다

5) 타고난 또는 노력을 통해 얻은 능력

6) 승려를 높여 부르는 말

2 밑줄 친 곳에 알맞은 낱말을 써 넣어 문장을 완성해 봅시다.

1) 이 대감은 고향으로 내려가 _____ 을 양성하는 데 남은 생을 바쳤다.

2) _____ 형식으로 자유롭게 쓴 일기를 운문 형식의 시로 바꾸어 썼다.

3) 독창적인 추사체를 완성한 김정희는 서예뿐만 아니라 그림, 시, 산문에 이르기까지 예술가로서 최고의 _____ 에 올랐다.

4) 아이는 국어, 영어, 수학에 모두 _____ 시험을 보면 항상 백 점을 맞는다.

5) 그녀는 음악적 _____ 이 뛰어나서 악기 연주는 물론 작곡에도 매우 능하다.

6) ' _____ '라는 말은 본래 중국에서 천자가 덕이 높은 승려를 포상할 때 내리던 칭호였으나, 훗날에는 승려를 높여 부르는 말로 쓰였다.

유배

한자 흐를 유 流
짝지을 ·
귀양 보낼 배 配

죄인을 *귀양 보내던 일

예 김정희는 1840년에 제주도로 **유배**를 가서 무려 9년이나 귀양살이를 했다.

* 귀양　예전에, 죄인을 고향이 아닌 먼 시골이나 섬으로 보내어 일정한 기간 동안 제한된 곳에서만 살게 하는 형벌

일화 (에피소드)

영어 episode

한자 잃을 ·
달아날 일 逸
말할 화 話

세상에 알려지지 않은 / **흥미 있는** 이야기

예 김 교사는 자신이 교통사고를 당했던 **일화**를 학생들에게 들려주었다.

견문

한자 볼 견 見
들을 문 聞

보고 들음 또는 **보고 들어서 깨닫고 얻은** 지식

예 *기행문을 쓸 때는 여행하면서 보고 들은 **견문**을 *구체적으로 써야 한다.

* 기행문(기행) (쓸 기 紀, 다닐 행 行, 글 문 文)　여행하면서 보고, 듣고, 느끼고, 겪은 것을 쓴 글

* 구체적(具 갖출 구, 體 몸 체, 的 과녁 · 목표 적)　자세한 부분까지 담고 있는

혹평하다

한자 심할 혹 酷
평할 평 評

어떤 대상을 좋지 않다고 / *가혹하게 평하다

예 *비평가들은 그 영화가 기대에 못 미치는 *졸작이라고 **혹평하였다.**

* 가혹하다(苛 가혹할 가, 酷)　(무엇이) 매우 모질고 냉정하다

* 비평가(批 비평할 비, 評, 家 집 가)　어떤 대상에 대하여 미추(아름다움과 추함), 시비(옳음과 그름), 선악(착함과 악함) 따위를 평가하는 것을 직업으로 하는 사람

* 졸작(拙 옹졸할 졸, 作 지을 · 만들 작)　보잘것없는(하찮은) 작품

사랑채
(사랑, 사랑방)

한자 집 사 舍
사랑채 랑 廊

여러 채로 된 집 가운데 / *바깥주인이 생활하면서 / 손님들을 접대하는 / *집채

예 대감마님의 **사랑채**는 매일 많은 손님이 드나들어서 항상 북적였다.

* 바깥주인(바깥양반)　한 집안의 남자 주인. 또는 남자 어른

* 집채　여러 채(집을 세는 단위)로 된 집에서, '낱낱의 집'을 일컫는 말

서책 (책)

한자 글 서 書
책 책 冊

*인쇄한 종이를 / 일정한 순서에 따라 꿰어 표지를 붙인 / 물건

예 사랑채 안에 있는 서재에는 온갖 **서책**들이 빽빽이 꽂혀 있었다.

* 인쇄하다(印 도장 인, 刷 인쇄할 쇄)　문자 · 그림 · 사진 등이 그려져 있는 면에 잉크를 발라 종이에 찍어 내다

1 문장을 읽고, 알맞은 낱말을 써 넣어 봅시다.

1) 죄인을 귀양 보내던 일

2) 세상에 알려지지 않은 흥미 있는 이야기

3) 보고 들음 또는 보고 들어서 깨닫고 얻은 지식

4) 어떤 대상을 좋지 않다고 가혹하게 평하다

5) 여러 채로 된 집 가운데 바깥주인이 생활하면서 손님들을 접대하는 집채

6) 인쇄한 종이를 일정한 순서에 따라 꿰어 표지를 붙인 물건

2 밑줄 친 곳에 알맞은 낱말을 써 넣어 문장을 완성해 봅시다.

1) 김정희는 1840년에 제주도로 _____ 를 가서 무려 9년이나 귀양살이를 했다.

2) 김 교사는 자신이 교통사고를 당했던 _____ 를 학생들에게 들려주었다.

3) 기행문을 쓸 때는 여행하면서 보고 들은 _____ 을 구체적으로 써야 한다.

4) 비평가들은 그 영화가 기대에 못 미치는 졸작이라고 _____.

5) 대감마님의 _____ 는 매일 많은 손님이 드나들어서 항상 북적였다.

6) 사랑채 안에 있는 서재에는 온갖 _____ 들이 빽빽이 꽂혀 있었다.

간곡하다

한자 간절할 · 노력할 간 懇 굽을 곡 曲

사람의 말, 행동, 바라는 마음이 / °간절하고 · 정성스럽다

예 "제발 얼마라도 돈을 빌려 달라"는 친구의 **간곡한** 요청을 °거절할 수 없었다.

°간절하다(懇, 切 끊을 절)　(마음속으로) 바라는 정도가 매우 급하고 크다

°거절하다(拒 막을 거, 絕 끊을 절)　상대편의 요구를 받아들이지 않고 물리치다

문하생 (문하)

한자 문 문 門 아래 하 下 낳을 · 살 · 선비 생 生

°문하에서 배우는 / 제자

예 그의 °명성을 듣고 화가 °지망생들이 **문하생**이 되고자 그를 찾아가 제자로 받아달라고 간곡하게 부탁했다.

°문하(門下)　가르침을 받는 스승의 아래(밑)

°명성(名 이름 · 평판 명, 聲 소리 · 명성 성)　세상에 널리 알려진 좋은 평판

°지망생(志 뜻 지, 望 바랄 망, 生)　어떤 일에 뜻을 두고 그 일을 하려고 하거나 배우려고 하는 사람

호통치다

몹시 화가 나서 / 큰소리로 꾸짖다

예 아이의 성적표를 보고 화가 많이 난 아버지는 소리를 몹시 지르며 **호통쳤다**.

연적

한자 벼루 연 硯 물방울 적 滴

°벼루에 먹을 °갈 때 쓸 / 물을 담아 두는 / 그릇

예 선비는 붓글씨를 쓰려고 **연적**에 채운 물을 벼루에 붓고 먹을 갈기 시작했다.

°벼루　먹을 가는 데 쓰는 도구

°갈다　먹을 풀기 위하여 벼루에 대고 문지르다

은은하다

한자 숨을 은 隱, 隱

겉으로 뚜렷하게 드러나지 않고 / °희미하고 · 흐릿하다

예 주변을 °간신히 밝히는 **은은한** 달빛에 °의지하며 한밤에 산길을 걸었다.

°희미하다(稀 드물 희, 微 작을 미)　(색 · 형체가) 잘 보이지 않다

°간신히(艱 어려울 간, 辛 매울 · 고생할 신)　가까스로. 겨우

°의지하다(依 의지할 · 기댈 의, 支 지탱할 지)　(마음을 기대어) 도움을 받다

미간 (양미간)

한자 눈썹 미 眉 사이 간 間 두 양 兩

눈썹의 / 사이

예 안경을 집에 두고 온 아이는 칠판을 쳐다볼 때마다 **미간**을 찌푸렸다.

1 문장을 읽고, 알맞은 낱말을 써 넣어 봅시다.

2주
4일

1) 사람의 말, 행동, 바라는 마음이 간절하고 · 정성스럽다

2) 문하에서 배우는 제자

3) 몹시 화가 나서 큰소리로 꾸짖다

4) 벼루에 먹을 갈 때 쓸 물을 담아 두는 그릇

5) 겉으로 뚜렷하게 드러나지 않고 희미하고 · 흐릿하다

6) 두 눈썹의 사이

2 밑줄 친 곳에 알맞은 낱말을 써 넣어 문장을 완성해 봅시다.

1) "제발 얼마라도 돈을 빌려 달라"는 친구의 _____ 요청을 거절할 수 없었다.

2) 그의 명성을 듣고 화가 지망생들이 _____ 이 되고자 그를 찾아가 제자로 받아달라고 간곡하게 부탁했다.

3) 아이의 성적표를 보고 화가 많이 난 아버지는 소리를 몹시 지르며 _____ .

4) 선비는 붓글씨를 쓰려고 _____ 에 채운 물을 벼루에 붓고 먹을 갈기 시작했다.

5) 주변을 간신히 밝히는 _____ 달빛에 의지하며 한밤에 산길을 걸었다.

6) 안경을 집에 두고 온 아이는 칠판을 쳐다볼 때마다 _____ 을 찌푸렸다.

5일 1. 작품 속 인물과 나

| | |

무심하다

한자 없을 무 無
　　마음 심 心

남의 일에, 무엇에 / 관심이 전혀 없다

예 그는 제발 도와달라고 간곡히 부탁했지만, 친구는 전혀 관심이 없다는 듯 **무심한** 표정을 지으며 그의 부탁을 거절했다.

비 무관심하다(無, 關 관계할 관, 心), 무정하다(無, 情 뜻 정)

애당초

한자 마땅할 당 當
　　처음 ·
　　시작 초 初

일의 맨 처음이라는 뜻으로 / '당초'를 강조하여 이르는 말

예 공부를 전혀 하지 않고 백 점을 맞는다는 것은 **애당초** 불가능한 일이었다.

˚강조하다(强 강할 강, 調 고를 조)　어떤 부분을 특히 강하게 힘주어 말하다

비 애초(初), 당초(當初)

쏘아보다

상대를 / ˚날카로운 ˚눈초리로 / 뚫어지게 보다

예 다툼을 벌인 두 아이는 눈길이 마주칠 때마다 미간을 찌푸리며 눈싸움이라도 하듯 뚫어지게 서로를 **쏘아보았다**.

˚날카롭다　(남이 겁을 낼 만큼 성질 · 기운 · 태도 따위가) 차갑다

˚눈초리　　어떤 대상을 바라볼 때 눈에 나타나는 표정

비 노려보다

흔쾌하다

한자 기뻐할 흔 欣
　　유쾌할 쾌 快

기쁘고 · ˚유쾌하다

예 시험을 잘 본 아이는 **흔쾌한** 기분이 들어 콧노래를 부르며 집으로 향했다.

˚유쾌하다(愉 즐거울 · 기뻐할 유, 快)　즐겁고 상쾌하다(시원하고 산뜻하다)

개의

한자 끼일 개 介
　　뜻 의 意

어떤 일 따위를 / 마음에 두고 생각함

예 아이는 교사의 지적에 **개의**치 않고 수업 시간마다 쓸데없는 ˚잡소리를 늘어놓았다.

˚잡소리(잡말) (雜 섞일 · 어수선할 잡)　쓸데없이 하는 자질구레한 말

심드렁하다

마음에 탐탁지 않아 / 관심이 거의 없다

예 그는 ˚내심 기뻤지만 ˚내색하지 않고 오히려 **심드렁한** 표정을 지으며 대꾸했다.

˚내심(內 안 내, 心 마음 심)　(겉으로 드러나지 않는) 속마음

˚내색하다(色 빛깔 · 얼굴빛 색)　마음속 느낀 것을 얼굴에 드러내다

1 문장을 읽고, 알맞은 낱말을 써 넣어 봅시다.

1) 남의 일에, 무엇에 관심이 전혀 없다

2) 일의 맨 처음이라는 뜻으로 '당초'를 강조하여 이르는 말

3) 상대를 날카로운 눈초리로 뚫어지게 보다

4) 기쁘고 · 유쾌하다

5) 어떤 일 따위를 마음에 두고 생각함

6) 마음에 탐탁지 않아 관심이 거의 없다

2 밑줄 친 곳에 알맞은 낱말을 써 넣어 문장을 완성해 봅시다.

1) 그는 제발 도와달라고 간곡히 부탁했지만, 친구는 전혀 관심이 없다는 듯
_____ 표정을 지으며 그의 부탁을 거절했다.

2) 공부를 전혀 하지 않고 백 점을 맞는다는 것은 _____ 불가능한 일이었다.

3) 다툼을 벌인 두 아이는 눈길이 마주칠 때마다 미간을 찌푸리며 눈싸움이라도 하듯
뚫어지게 서로를 _____ .

4) 시험을 잘 본 아이는 _____ 기분이 들어 콧노래를 부르며 집으로 향했다.

5) 아이는 교사의 지적에 _____치 않고 수업 시간마다 쓸데없는 잡소리를
늘어놓았다.

6) 그는 내심 기뻤지만 내색하지 않고 오히려 _____ 표정을 지으며 대꾸했다.

1 문장을 읽고, 알맞은 낱말을 써 넣어 봅시다.

1) 겉으로 뚜렷하게 드러나지 않고 희미하고 · 흐릿하다 _____

2) 무엇이 매우 높게 되다 _____

3) 승려를 높여 부르는 말 _____

4) 이야기에서 일이 일어난 시대 상황 _____

5) 죄인을 귀양 보내던 일 _____

6) 몹시 화가 나서 큰소리로 꾸짖다 _____

7) 세상에 알려지지 않은 흥미 있는 이야기 _____

8) 보고 들음 또는 보고 들어서 깨닫고 얻은 지식 _____

9) 남의 일에, 무엇에 관심이 전혀 없다 _____

10) 학문에서의 후배 _____

11) 일의 맨 처음이라는 뜻으로 '당초'를 강조하여 이르는 말 _____

12) 어떤 대상을 좋지 않다고 가혹하게 평하다 _____

13) 상대를 날카로운 눈초리로 뚫어지게 보다 _____

14) 소설, 수필처럼 글자 수, 운율 따위에 제한 없이
문장 형태로 자유롭게 쓴 글 _____

15) 문하에서 배우는 제자 _____

→ 바른 답 03쪽

16) 기쁘고 · 유쾌하다 _____

17) 어떤 일을 잘하다 또는 어떤 일에 뛰어나다 _____

18) 마음에 탐탁지 않아 관심이 거의 없다 _____

19) 여러 채로 된 집 가운데 바깥주인이 생활하면서
손님들을 접대하는 집채 _____

20) 인쇄한 종이를 일정한 순서에 따라 꿰어 표지를 붙인 물건 _____

21) 목적을 이룰 때까지 그것을 뒤쫓아 구하다 _____

22) 사람의 말, 행동, 바라는 마음이 간절하고 · 정성스럽다 _____

23) 벼루에 먹을 갈 때 쓸 물을 담아 두는 그릇 _____

24) 두 눈썹의 사이 _____

25) 조선 후기의 명필인 추사 김정희의 글씨체 _____

26) 일에 열렬한 애정을 갖고 열중하는 마음 _____

27) 몸, 마음이 어떤 단계에 도달한 상태 _____

28) 세상에 없던 것을 처음으로 만들어 내는 _____

29) 타고난 또는 노력을 통해 얻은 능력 _____

30) 어떤 일 따위를 마음에 두고 생각함 _____

2 밑줄 친 곳에 알맞은 낱말을 써 넣어 문장을 완성해 봅시다.

1) 아이는 국어, 영어, 수학에 모두 _____ 시험을 보면 항상 백 점을 맞는다.

2) 기행문을 쓸 때는 여행하면서 보고 들은 _____ 을 구체적으로 써야 한다.

3) 그는 제발 도와달라고 간곡히 부탁했지만, 친구는 전혀 관심이 없다는 듯 _____ 표정을 지으며 그의 부탁을 거절했다.

4) _____ 형식으로 자유롭게 쓴 일기를 운문 형식의 시로 바꾸어 썼다.

5) 공부를 전혀 하지 않고 백 점을 맞는다는 것은 _____ 불가능한 일이었다.

6) 세종 대왕은 집현전 학자들과 함께 훈민정음이라는 _____ 문자를 창안했다.

7) 선비는 붓글씨를 쓰려고 _____ 에 채운 물을 벼루에 붓고 먹을 갈기 시작했다.

8) "제발 얼마라도 돈을 빌려 달라"는 친구의 _____ 요청을 거절할 수 없었다.

9) 사람은 자신이 소중하다고 여기는 것에 애정을 갖고 _____ 을 쏟기 마련이다.

10) 대감마님의 _____ 는 매일 많은 손님이 드나들어서 항상 북적였다.

11) 그녀는 음악적 _____ 이 뛰어나서 악기 연주는 물론 작곡에도 매우 능하다.

12) 김 교사는 자신이 교통사고를 당했던 _____ 를 학생들에게 들려주었다.

13) 사랑채 안에 있는 서재에는 온갖 _____ 들이 빽빽이 꽂혀 있었다.

14) 시험을 잘 본 아이는 _____ 기분이 들어 콧노래를 부르며 집으로 향했다.

→ 바른 답 03쪽

2주
평가

15) 주변을 간신히 밝히는 _____ 달빛에 의지하며 한밤에 산길을 걸었다.

16) 아이는 교사의 지적에 _____ 치 않고 수업 시간마다 쓸데없는 잡소리를 늘어놓았다.

17) 그의 명성을 듣고 화가 지망생들이 _____ 이 되고자 그를 찾아가 제자로 받아달라고 간곡하게 부탁했다.

18) 그는 내심 기뻤지만 내색하지 않고 오히려 _____ 표정을 지으며 대꾸했다.

19) 안경을 집에 두고 온 아이는 칠판을 쳐다볼 때마다 _____ 을 찌푸렸다.

20) 이야기에 등장하는 사람들이 독립 만세 운동을 하는 것으로 보아, _____ 은 일제의 지배를 받던 때이다.

21) 김정희는 1840년에 제주도로 _____ 를 가서 무려 9년이나 귀양살이를 했다.

22) 비평가들은 그 영화가 기대에 못 미치는 졸작이라고 _____ .

23) 이 대감은 고향으로 내려가 _____ 을 양성하는 데 남은 생을 바쳤다.

24) 아이의 성적표를 보고 화가 많이 난 아버지는 소리를 몹시 지르며 _____ .

25) 독창적인 추사체를 완성한 김정희는 서예뿐만 아니라 그림, 시, 산문에 이르기까지 예술가로서 최고의 _____ 에 올랐다.

26) 줄다리기 우승을 계기로 청팀은 기세가 _____ .

27) 사람은 불쾌감을 주는 불행을 회피하고, 쾌감을 주는 행복을 _____ .

28) 조선 시대의 뛰어난 문인 화가이자 학자인 김정희는 독창적인 _____ 를 완성했다.

29) '_____ '라는 말은 본래 중국에서 천자가 덕이 높은 승려를 포상할 때 내리던 칭호였으나, 훗날에는 승려를 높여 부르는 말로 쓰였다.

30) 다툼을 벌인 두 아이는 눈길이 마주칠 때마다 미간을 찌푸리며 눈싸움이라도 하듯 뚫어지게 서로를 _____ .

아리송하다	그런 것 같기도 하고, 그렇지 않은 것 같기도 하여 / °분간하기 어렵다

예 친구가 고개를 끄덕이며 "글쎄"라고 대답해서, °긍정인지 °부정인지 **아리송했다.**

°**분간하다(分** 나눌 분, **揀** 가릴 간) (옳고 그름, 좋고 나쁨 따위를) 가려서 알다

°**긍정(肯** 즐길 긍, **定** 정할 정) 어떤 사실이나 생각에 대하여 옳다고 인정함

°**부정(否** 아닐 부, **定)** 그렇지 않다고 단정함. 또는 그렇다고 인정하지 않음

청하다
한자 청할 청 請

다른 사람에게 / 어떤 일을 해 달라고 / °부탁하다

예 나그네는 °객줏집 주인에게 °객방에서 하룻밤 °묵어가기를 **청했다.**

°**부탁하다(付** 줄 부, **託** 부탁할 탁) (일을 해 달라고) 남에게 청하다 · 원하다 · 바라다

°**객줏집(客** 손 객, **主** 임금 · 주인 주) 예전에, 나그네들에게 술이나 음식을 팔고 묵을 방을 내주던 집

°**객방(客, 房** 방 방) 손님이 묵는 방 °**묵다** (어디에서) 잠을 자며 임시로 머무르다

비 부탁하다(付託), 원하다(願 원할 원), 요청하다(要 요긴할 요, 請), 청탁하다(請託)

완전히
한자 완전할 완 完
온전할 전 全

어떤 다른 여지도 없이 / 철저하게

예 공부를 **완전히** °접은 아이는 수업 시간에 °일절 교과서를 펼치지 않았다.

°**접다** (지속적으로 하던 일 · 행위 따위를) 그만두다

°**일절(一** 한 일, **切** 끊을 절) 아주. 도무지. 전혀. 절대로. 결코

근면

부지런히 **일하며** 힘씀

예 그는 잠깐의 시간도 허투루 쓰지 않았던 **근면**을 °성공의 °제일 비결로 꼽았다.

°**성공(成** 이룰 성, **功** 공 공) 목적을 이룸. 뜻을 이룸

°**제일(第** 차례 제, **一** 한 일) 여럿 가운데 첫째가는 것

혀를 내두르다

어떤 일에 / 몹시 놀라서 또는 어이**가** 없어서 / 말을 못하다

예 태권도 °시범단의 현란한 발차기를 지켜본 사람들은 모두 **혀를 내둘렀다.**

°**시범단(示** 보일 시, **範** 법 · 본보기 범, **團** 둥글 · 모일 단) 모범(본받아 배울 만한 본보기)을 보이는 사람으로 이루어진 단체

획
한자 그을 획 劃

글씨, 그림에서 / 연필, 붓 따위로 한 번 그은 / 선

예 아이는 '가'와 '사'를 종이 위에 적더니 세로로 **획**을 하나씩 그어 '개'와 '새'라는 글자로 바꾸었다.

1 문장을 읽고, 알맞은 낱말을 써 넣어 봅시다.

1) 그런 것 같기도 하고, 그렇지 않은 것 같기도 하여 분간하기 어렵다

2) 다른 사람에게 어떤 일을 해 달라고 부탁하다

3) 어떤 다른 여지도 없이 철저하게

4) 부지런히 일하며 힘씀

5) 어떤 일에 몹시 놀라서 또는 어이가 없어서 말을 못하다

6) 글씨, 그림에서 연필, 붓 따위로 한 번 그은 선

2 밑줄 친 곳에 알맞은 낱말을 써 넣어 문장을 완성해 봅시다.

1) 친구가 고개를 끄덕이며 "글쎄"라고 대답해서, 긍정인지 부정인지 _____.

2) 나그네는 객줏집 주인에게 객방에서 하룻밤 묵어가기를 _____.

3) 공부를 _____ 접은 아이는 수업 시간에 일절 교과서를 펼치지 않았다.

4) 그는 잠깐의 시간도 허투루 쓰지 않았던 _____ 을 성공의 제일 비결로 꼽았다.

5) 태권도 시범단의 현란한 발차기를 지켜본 사람들은 모두 _____.

6) 아이는 '가'와 '사'를 종이 위에 적더니 세로로 _____ 을 하나씩 그어 '개'와 '새'라는 글자로 바꾸었다.

3주 1일

1. 작품 속 인물과 나

대가
한자 큰 대 大
집 가 家

어떤 분야에서 아주 뛰어난 전문가로 인정받는 / 사람
예 김홍도는 *풍속화의 **대가**로, 조선 백성들의 다양한 생활 모습을 그림으로 남겼다.
*풍속화(風 바람 풍, 俗 풍속 속, 畵 그림 화)　서민들의 생활하는 평범한 모습, 습관, 행사, 놀이, 종교적인 의례 등을 그린 그림
비 거장(巨 클 거, 匠 장인 장), 명인(名 이름 명, 人 사람 인), 달인(達 통달할 달, 人)

명필 (명필가)
한자 이름 명 名
붓 필 筆
집 가 家

글씨 잘 쓰기로 세상에 / 이름이 알려진 사람
예 조선 말기 김정희는 그림뿐 아니라 서예에도 능해 **명필**로 명성을 떨쳤다.

서체
한자 글 서 書
몸 체 體

붓글씨에서 / 글씨를 쓰는 일정한 모양
예 김정희는 중국 명필 **서체**의 장점을 취해 독창적인 **서체**인 추사체를 완성했다.

우러르다

어떤 사람이 / 다른 사람, 대상을 / 받들어 *공경하는 마음을 지니다
예 허련은 대가의 경지에 이른 스승 김정희를 보며 **우러르는** 마음이 *절로 생겼다.
*공경하다(恭 공손할 공, 敬 공경 경)　예의 바르고 겸손하게 받들어 모시다
*절로(저절로)　다른 힘을 빌리지 않고 저 스스로. 자연적으로
비 공경하다, 받들다, 숭상하다(崇 높을 숭, 尙 오히려 상)

화첩
한자 그림 화 畵
문서 첩 帖

그림을 모아 엮어 놓은 / 책
예 그는 인터넷에 떠도는 반 고흐의 그림들을 인쇄하여 **화첩**으로 만들어 보관했다.
비 화보(畵, 譜 족보 보)

황송하다
한자 두려워할 황 惶
두려워할 송 悚

은혜, 배려가 / 분에 넘쳐 어찌할 바 모를 정도로 / 매우 고맙고도 *송구하다
예 그는 분에 넘치는 *극진한 *대접을 받고 **황송한** 마음을 금할 길 없었다.
*송구하다(悚, 懼 두려워할 구)　(마음이) 두렵고 편하지 않다
*극진하다(極 극진할·다할 극, 盡 다할 진)　(마음, 대접이) 매우 정성스럽다
*대접(待 기다릴 대, 接 이을 접)　마땅한 예로써 대함

→ 바른 답 03쪽

1 문장을 읽고, 알맞은 낱말을 써 넣어 봅시다.

1) 어떤 분야에서 아주 뛰어난 전문가로 인정받는 사람

2) 글씨 잘 쓰기로 세상에 이름이 알려진 사람

3) 붓글씨에서 글씨를 쓰는 일정한 모양

4) 어떤 사람이 다른 사람, 대상을 받들어
   공경하는 마음을 지니다

5) 그림을 모아 엮어 놓은 책

6) 은혜, 배려가 분에 넘쳐 어찌할 바 모를 정도로
   매우 고맙고도 송구하다

3주 2일

2 밑줄 친 곳에 알맞은 낱말을 써 넣어 문장을 완성해 봅시다.

1) 김홍도는 풍속화의 _____ 로, 조선 백성들의 다양한 생활 모습을 그림으로
   남겼다.

2) 조선 말기 김정희는 그림뿐 아니라 서예에도 능해 _____ 로 명성을 떨쳤다.

3) 김정희는 중국 명필 _____ 의 장점을 취해 독창적인 _____ 인
   추사체를 완성했다.

4) 허련은 대가의 경지에 이른 스승 김정희를 보며 _____ 마음이 절로 생겼다.

5) 그는 인터넷에 떠도는 반 고흐의 그림들을 인쇄하여 _____ 으로 만들어
   보관했다.

6) 그는 분에 넘치는 극진한 대접을 받고 _____ 마음을 금할 길 없었다.

3일

1. 작품 속 인물과 나

공들이다

한자 •공 공 功

무엇을 이루려고 / 정성과 노력을 많이 쏟다

예 엄마는 아이가 정성껏 **공들여** 그린 그림들을 화첩으로 만들어 주었다.

•**공(功)** (어떤 일을 마치거나, 목적을 이루는 데) 들인 노력과 수고

기법

한자 재주 기 技
법 법 法

•기교를 •부리는 / 방법

예 •발명의 **기법**에는 더하기 빼기, 크게 만들기 작게 만들기 등이 있다.

•**기교(技, 巧 공교할 교)** 남달리 재치 있고 뛰어난 기술이나 솜씨

•**부리다** 어떤 행동이나 태도를 나타내다

•**발명(發 필 발, 明 밝을 명)** 전에 없던 것을 처음으로 만들어 냄

이상

한자 다스릴 이 理
생각 상 想

가장 완전하다고 여겨지는 상태

예 사람들은 복권을 사며 •당첨이 되는 **이상**을 꿈꾸지만,
현실은 대부분 •낙첨이다.

•**당첨(當 마땅 당, 籤 제비 첨)** 추첨에 뽑힘

•**낙첨(落 떨어질 락, 籤)** 추첨에서 뽑히지 아니함

내면

한자 안 내 內
낯 면 面

밖으로 드러나지 않는 / 사람의 속마음

예 그는 사람을 판단할 때 •외면보다 드러나지 않는 **내면**을 더 중요하게 여겼다.

•**외면(外 바깥 외, 面)** 사람의 겉으로 드러나 보이는 모양이나 모습

그윽하다

뜻, 생각이 / 깊다

예 그녀는 **그윽한** •상념에 잠겨 누군가 그녀를 부르는 소리를 미처 듣지
못했다.

•**상념(想 생각 상, 念 생각 념)** (마음속에 떠오르는) 여러 가지 생각

의식

한자 뜻 의 意
알 식 識

역사적, 사회적으로 형성되는 / •사물, 일에 대한 / 개인적, 집단적 감정, 견해, 생각

예 예전에는 •공동체 **의식**이 강한 탓에 개인주의를 •부정적으로 보는
•경향이 있었다.

•**사물(일 사 事, 만물 물 物)** 구체적이고 개별적인 대상을 통틀어 이르는 말

•**공동체 의식(共 한가지 공, 同 한가지 · 무리 동, 體 몸 체)** (운명, 생활, 목적 따위가)
같이하는 집단에 속해 있다는 의식

•**부정적(否 아닐 부, 定 정할 정, 的 과녁 · 목표 적)** 바람직하지 못한 (것)

•**경향(傾 기울어질 경, 向 향할 · 나아갈 향)** 생각, 행동 따위가 어떤 방향으로 기울어짐

1 문장을 읽고, 알맞은 낱말을 써 넣어 봅시다.

1) 무엇을 이루려고 정성과 노력을 많이 쏟다

2) 기교를 부리는 방법

3) 가장 완전하다고 여겨지는 상태

4) 밖으로 드러나지 않는 사람의 속마음

5) 뜻, 생각이 깊다

6) 역사적, 사회적으로 형성되는 사물, 일에 대한
개인적, 집단적 감정, 견해, 생각

3주
3일

2 밑줄 친 곳에 알맞은 낱말을 써 넣어 문장을 완성해 봅시다.

1) 엄마는 아이가 정성껏 _____ 그린 그림들을 화첩으로 만들어 주었다.

2) 발명의 _____ 에는 더하기 빼기, 크게 만들기 작게 만들기 등이 있다.

3) 사람들은 복권을 사며 당첨이 되는 _____ 을 꿈꾸지만, 현실은 대부분
낙첨이다.

4) 그는 사람을 판단할 때 외면보다 드러나지 않는 _____ 을 더 중요하게
여겼다.

5) 그녀는 _____ 상념에 잠겨 누군가 그녀를 부르는 소리를 미처 듣지 못했다.

6) 예전에는 공동체 _____ 이 강한 탓에 개인주의를 부정적으로 보는
경향이 있었다.

1. 작품 속 인물과 나

우선되다

한자 뛰어날 우 優
먼저 선 先

(무엇이) 다른 것보다 / 앞에 놓이다 또는 더 중요하게 여기다

예 내면을 *중시하는 그는 "큰일을 함에 있어 무엇보다도 정신 *무장이 **우선되어야** 한다"고 강조했다.

*중시(重 무거울 · 귀중할 중, 視 볼 시) 매우 크고 중요하게 여김

*무장(武 무인 무, 裝 꾸밀 장) 어떤 일에 필요한 마음 자세를 단단히 갖춤

오롯이

다른 것은 있을 수 없고 오직 또는 **모자람이 없이** *온전히

예 그녀는 자신의 모든 열정과 기대를 자식에게 **오롯이** 쏟아붓고 살았다.

*온전히(穩 편안할 온, 全 온전할 전) (변하지 않고) 본바탕 그대로 고스란히

안목

한자 눈 안 眼
눈 목 目

사물을 보고 / 좋고 나쁨, 옳고 그름, 가치 따위를 *분별하는 능력

예 미술품 *감정 전문가가 되려면 *진품을 가려보는 **안목**이 있어야 한다.

*분별하다(分 나눌 분, 別 나눌 별) 세상 물정에 대한 바른 생각 · 판단을 하다

*감정(鑑 거울 감, 定 정할 정) 사물의 특성 · 참과 거짓 · 좋고 나쁨을 가려내어 정함

*진품(眞 참 진, 品 물건 품) 진짜 물건

기껍다

마음속으로 / 은근히 기쁘다

예 그는 매일 새벽에 일어나 공부하는 게 힘들었지만, 시험에 합격한 자신의 모습이 그려질 때면 책상에 앉는 일이 **기꺼웠다**.

악평

한자 악할 ·
나쁠 악 惡
평할 평 評

나쁘게 *평함 또는 나쁜 평가

예 항상 *호평을 받던 김 감독은 이번 영화로 인해 *뭇사람에게 **악평**을 들었다.

*평하다(評) 옳고 그름, 좋고 나쁨, 잘되고 못됨, 수준의 높고 낮음 등을 따져 말하다

*호평(好 좋을 호, 評) 좋게 평함. 또는 그런 평

*뭇사람 여러 사람. 수많은 사람

물끄러미

*우두커니 / 한곳만 / 바라보는 **모양**

예 그녀는 훈련소에 *입소하는 아들의 뒷모습이 사라질 때까지 **물끄러미** 바라보았다.

*우두커니 넋이 나간 듯이 가만히 한 자리에 서 있거나 앉아 있는 모양

*입소하다(入 들 입, 所 바 소) 훈련소 · 연구소 · 교도소 따위에 들어가다

1 문장을 읽고, 알맞은 낱말을 써 넣어 봅시다.

1) (무엇이) 다른 것보다 앞에 놓이다 또는
   더 중요하게 여기다

2) 다른 것은 있을 수 없고 오직 또는 모자람이 없이 온전히

3) 사물을 보고 좋고 나쁨, 옳고 그름, 가치 따위를 분별하는 능력

4) 마음속으로 은근히 기쁘다

5) 나쁘게 평함 또는 나쁜 평가

6) 우두커니 한곳만 바라보는 모양

3주 4일

2 밑줄 친 곳에 알맞은 낱말을 써 넣어 문장을 완성해 봅시다.

1) 내면을 중시하는 그는 "큰일을 함에 있어 무엇보다도 정신 무장이 _____
   한다"고 강조했다.

2) 그녀는 자신의 모든 열정과 기대를 자식에게 _____ 쏟아붓고 살았다.

3) 미술품 감정 전문가가 되려면 진품을 가려보는 _____ 이 있어야 한다.

4) 그는 매일 새벽에 일어나 공부하는 게 힘들었지만, 시험에 합격한 자신의 모습이
   그려질 때면 책상에 앉는 일이 _____.

5) 항상 호평을 받던 김 감독은 이번 영화로 인해 뭇사람에게 _____ 을 들었다.

6) 그녀는 훈련소에 입소하는 아들의 뒷모습이 사라질 때까지 _____
   바라보았다.

5일 1. 작품 속 인물과 나

황홀하다
한자 황홀할 황 恍
황홀할 홀 惚

어떤 사물에 / 마음이 팔려 흥분되다
예 °커피광이었던 그녀는 방안에 커피 향이 가득 퍼질 때면 **황홀한** 기분을 느꼈다.
°커피광(coffee, 狂 미칠 광)   커피를 몹시 좋아하여 열광적으로 즐기는 사람

행장
한자 다닐 행 行
꾸밀 장 裝

여행할 때 쓰는 / 물건과 °차림
예 친구의 갑작스런 초대를 받은 그는 **행장**을 °꾸려서 서둘러 제주도로 향했다.
°차림   옷, 몸치장(장신구 따위로 몸을 맵시 있게 꾸밈)을 차려 갖추는 일
°꾸리다   짐이나 물건 따위를 싸서 묶다

탁본하다
한자 박을 탁 拓
근본 본 本

°비석 따위에 새겨진 글씨, 그림, 무늬를 / 종이에 그대로 °뜨다
예 학자들은 새로 발견된 비석에 쓰인 내용을 °판독하기 위해 글씨를 **탁본했다.**
°비석 (비석 비 碑, 돌 석 石)   돌로 만든 비
°뜨다   새겨진 글씨나 무늬 따위를 드러나게 하다
°판독하다(判 판단할 판, 讀 읽을 독)   어려운 문장, 암호의 뜻을 헤아리며 읽다

부임지
한자 나아갈 부 赴
맡길 임 任
땅 지 地

°임명을 받아 근무하는 / 장소
예 김 교사는 교직 생활의 첫 **부임지**인 OO학교에서 만난 제자들을 °각별히 여겼다.
°임명(任, 命 목숨 명)   일정한 직무나 직책을 맡김
°각별히(各 각각 각, 別 나눌 별)   어떤 일에 대하여 유달리 특별한 마음가짐으로

성글다

물건의 사이가 / 여기저기 °떠서 빈 곳이 많다
예 씨앗이 얼마 없어서 °듬성듬성 뿌렸더니 새싹이 여기저기 **성글게** 자라났다.
°뜨다   착 달라붙지 않고 틈이 생기다
°듬성듬성   촘촘하지 않고 간격이 벌어진 모양

고적하다
한자 외로울 고 孤
고요할 ·
쓸쓸할 적 寂

쓸쓸한 느낌이 들 만큼 / °고요하다
예 강가의 바위 위에 °허물어질 듯한 낡은 °정자가 홀로 **고적하게** 서 있다.
°**고요하다**   (아무런 소리도 들리지 않고) 조용하다
°**허물어지다** (쌓인 것이) 무너져 내리다
°**정자(정자 정 亭, 아들 자 子)** 경치가 좋은 곳에 놀거나 쉬기 위하여 지은 집
비 호젓하다, 적막하다(寂, 寞 고요할 막)

1 문장을 읽고, 알맞은 낱말을 써 넣어 봅시다.

1) 어떤 사물에 마음이 팔려 흥분되다

2) 여행할 때 쓰는 물건과 차림

3) 비석 따위에 새겨진 글씨, 그림, 무늬를
   종이에 그대로 뜨다

4) 임명을 받아 근무하는 장소

5) 물건의 사이가 여기저기 떠서 빈 곳이 많다

6) 쓸쓸한 느낌이 들 만큼 고요하다

3주
5일

2 밑줄 친 곳에 알맞은 낱말을 써 넣어 문장을 완성해 봅시다.

1) 커피광이었던 그녀는 방안에 커피 향이 가득 퍼질 때면 _____ 기분을
   느꼈다.

2) 친구의 갑작스런 초대를 받은 그는 _____ 을 꾸려서 서둘러 제주도로 향했다.

3) 학자들은 새로 발견된 비석에 쓰인 내용을 판독하기 위해 글씨를 _____ .

4) 김 교사는 교직 생활의 첫 _____ 인 ○○학교에서 만난 제자들을 각별히
   여겼다.

5) 씨앗이 얼마 없어서 듬성듬성 뿌렸더니 새싹이 여기저기 _____ 자라났다.

6) 강가의 바위 위에 허물어질 듯한 낡은 정자가 홀로 _____ 서 있다.

1 문장을 읽고, 알맞은 낱말을 써 넣어 봅시다.

1) 어떤 일에 몹시 놀라서 또는 어이가 없어서 말을 못하다 _____

2) 부지런히 일하며 힘씀 _____

3) (무엇이) 다른 것보다 앞에 놓이다 또는
   더 중요하게 여기다 _____

4) 우두커니 한곳만 바라보는 모양 _____

5) 무엇을 이루려고 정성과 노력을 많이 쏟다 _____

6) 글씨, 그림에서 연필, 붓 따위로 한 번 그은 선 _____

7) 기교를 부리는 방법 _____

8) 가장 완전하다고 여겨지는 상태 _____

9) 어떤 사물에 마음이 팔려 흥분되다 _____

10) 붓글씨에서 글씨를 쓰는 일정한 모양 _____

11) 여행할 때 쓰는 물건과 차림 _____

12) 마음속으로 은근히 기쁘다 _____

13) 임명을 받아 근무하는 장소 _____

14) 은혜, 배려가 분에 넘쳐 어찌할 바 모를 정도로
    매우 고맙고도 송구하다 _____

15) 쓸쓸한 느낌이 들 만큼 고요하다 _____

⟶ 바른 답 04쪽

16) 밖으로 드러나지 않는 사람의 속마음   _____

17) 뜻, 생각이 깊다   _____

18) 어떤 사람이 다른 사람, 대상을 받들어 공경하는
     마음을 지니다   _____

19) 역사적, 사회적으로 형성되는 사물, 일에 대한
     개인적, 집단적 감정, 견해, 생각   _____

20) 그림을 모아 엮어 놓은 책   _____

21) 다른 사람에게 어떤 일을 해 달라고 부탁하다   _____

22) 어떤 다른 여지도 없이 철저하게   _____

23) 물건의 사이가 여기저기 떠서 빈 곳이 많다   _____

24) 어떤 분야에서 아주 뛰어난 전문가로 인정받는 사람   _____

25) 비석 따위에 새겨진 글씨, 그림, 무늬를 종이에 그대로 뜨다   _____

26) 사물을 보고 좋고 나쁨, 옳고 그름, 가치 따위를
     분별하는 능력   _____

27) 나쁘게 평함 또는 나쁜 평가   _____

28) 다른 것은 있을 수 없고 오직 또는 모자람이 없이 온전히   _____

29) 글씨 잘 쓰기로 세상에 이름이 알려진 사람   _____

30) 그런 것 같기도 하고, 그렇지 않은 것 같기도 하여
     분간하기 어렵다   _____

2 밑줄 친 곳에 알맞은 낱말을 써 넣어 문장을 완성해 봅시다.

1) 발명의 _____ 에는 더하기 빼기, 크게 만들기 작게 만들기 등이 있다.

2) 씨앗이 얼마 없어서 듬성듬성 뿌렸더니 새싹이 여기저기 _____ 자라났다.

3) 사람들은 복권을 사며 당첨이 되는 _____ 을 꿈꾸지만, 현실은 대부분 낙첨이다.

4) 태권도 시범단의 현란한 발차기를 지켜본 사람들은 모두 _____.

5) 나그네는 객줏집 주인에게 객방에서 하룻밤 묵어가기를 _____.

6) 내면을 중시하는 그는 "큰일을 함에 있어 무엇보다도 정신 무장이 _____ 한다"고 강조했다.

7) 예전에는 공동체 _____ 이 강한 탓에 개인주의를 부정적으로 보는 경향이 있었다.

8) 공부를 _____ 접은 아이는 수업 시간에 일절 교과서를 펼치지 않았다.

9) 김홍도는 풍속화의 _____ 로, 조선 백성들의 다양한 생활 모습을 그림으로 남겼다.

10) 김 교사는 교직 생활의 첫 _____ 인 OO학교에서 만난 제자들을 각별히 여겼다.

11) 조선 말기 김정희는 그림뿐 아니라 서예에도 능해 _____ 로 명성을 떨쳤다.

12) 강가의 바위 위에 허물어질 듯한 낡은 정자가 홀로 _____ 서 있다.

13) 커피광이었던 그녀는 방안에 커피 향이 가득 퍼질 때면 _____ 기분을 느꼈다.

14) 그녀는 _____ 상념에 잠겨 누군가 그녀를 부르는 소리를 미처 듣지 못했다.

15) 친구의 갑작스런 초대를 받은 그는 _____ 을 꾸려서 서둘러 제주도로 향했다.

→ 바른 답 04쪽

3주
평가

16) 그는 인터넷에 떠도는 반 고흐의 그림들을 인쇄하여 _____ 으로 만들어 보관했다.

17) 그는 매일 새벽에 일어나 공부하는 게 힘들었지만, 시험에 합격한 자신의 모습이 그려질 때면 책상에 앉는 일이 _____ .

18) 학자들은 새로 발견된 비석에 쓰인 내용을 판독하기 위해 글씨를 _____ .

19) 그는 사람을 판단할 때 외면보다 드러나지 않는 _____ 을 더 중요하게 여겼다.

20) 그녀는 훈련소에 입소하는 아들의 뒷모습이 사라질 때까지 _____ 바라보았다.

21) 아이는 '가'와 '사'를 종이 위에 적더니 세로로 _____ 을 하나씩 그어 '개' 와 '새'라는 글자로 바꾸었다.

22) 항상 호평을 받던 김 감독은 이번 영화로 인해 뭇사람에게 _____ 을 들었다.

23) 그는 분에 넘치는 극진한 대접을 받고 _____ 마음을 금할 길 없었다.

24) 그는 잠깐의 시간도 허투루 쓰지 않았던 _____ 을 성공의 제일 비결로 꼽았다.

25) 김정희는 중국 명필 _____ 의 장점을 취해 독창적인 _____ 인 추사체를 완성했다.

26) 그녀는 자신의 모든 열정과 기대를 자식에게 _____ 쏟아붓고 살았다.

27) 허련은 대가의 경지에 이른 스승 김정희를 보며 _____ 마음이 절로 생겼다.

28) 친구가 고개를 끄덕이며 "글쎄"라고 대답해서, 긍정인지 부정인지 _____ .

29) 엄마는 아이가 정성껏 _____ 그린 그림들을 화첩으로 만들어 주었다.

30) 미술품 감정 전문가가 되려면 진품을 가려보는 _____ 이 있어야 한다.

1. 작품 속 인물과 나

고목 (고목나무)
한자 옛 고 古
나무 목 木

오래 °묵어 / 나이가 많고 · 키가 큰 / 나무

예 마을 °어귀에는 수백 년은 된 것처럼 보이는 **고목** 한 그루가 서 있었다.

°묵다 　　　물건이 오래되다　　　°어귀　　　들어가고 나가는 곳이 시작되는 지점

세속
한자 인간 ·
일생 세 世
풍속 속 俗

평범한 사람들이 사는 / °사회

예 °인생무상을 느낀 그는 **세속**을 떠나 산골의 고적한 °외딴집에서 °여생을 보냈다.

°사회(社 모일 사, 會 모일 회) (가족 · 마을 · 조합 · 계급 · 국가 · 회사 따위의) 공동생활을 하는 모든 형태의 인간 집단

°인생무상(人 사람 인, 生 날 생, 無 없을 무, 常 떳떳할 상) 인생이 헛되고 허전함

°외딴집　　　홀로 따로 떨어져 있는 집

°여생(餘 남을 여, 生 날 · 살 생)　　　앞으로 남은 인생

비 속세(俗世)

섭리
한자 다스릴 섭 攝
다스릴 리 理

°자연계를 지배하고 있는 / °원리와 법칙

예 씨앗을 뿌리면 어김없이 새싹이 트는 것을 보고 자연의 위대한 **섭리**를 느꼈다.

°자연계(自 스스로 자, 然 그럴 연, 界 지경 계) (동물, 식물, 산, 강, 바다, 천체 따위의) 인간 세계를 둘러싸고 있는 모든 세계

°원리(原 언덕 · 근원 원, 理)　　사물 · 현상의 근본이 되는 이치 · 방법 · 순서

탄식
한자 탄식할 탄 歎
숨쉴 식 息

몹시 억울하거나 · 후회하거나 · 원망스럽게 생각하여 / 길게 몰아서
°한숨을 내쉼 또는 그 한숨

예 시험을 망친 아이는 **탄식**을 내뱉으며 "아, 엄마한테 혼날 거 같아"라고 말했다.

°한숨　　　(근심 · 서러움이 있을 때, 마음이 놓일 때) 길게 몰아서 쉬는 숨

비 한탄(恨 한 한, 歎), 한숨

필법
한자 붓 필 筆
법도 법 法

붓글씨 쓰거나 · 그림을 그릴 때 / 붓을 쓰는 방법

예 붓은 힘을 얼마나 주느냐에 따라 다른 굵기의 획을 만들어 낼 수 있어서 여러 가지 **필법**으로 글씨를 쓸 수 있다.

인기척
한자 사람 인 人

사람이 있음을 알 수 있게 하는 / 소리, °기색

예 대문을 아무리 퉁탕퉁탕 두드려도 집안에서는 아무런 **인기척**이 없었다.

°기색(氣 기운 기, 色 빛 색)　　　앞으로 일어날 현상이나 행동 따위를 미리 알 수 있게 해 주는 눈치나 낌새

1 문장을 읽고, 알맞은 낱말을 써 넣어 봅시다.

1) 오래 묵어 나이가 많고 · 키가 큰 나무

2) 평범한 사람들이 사는 사회

3) 자연계를 지배하고 있는 원리와 법칙

4) 몹시 억울하거나 · 후회하거나 · 원망스럽게 생각하여
길게 몰아서 한숨을 내쉼 또는 그 한숨

5) 붓글씨 쓰거나 · 그림을 그릴 때 붓을 쓰는 방법

6) 사람이 있음을 알 수 있게 하는 소리, 기색

4주
1일

2 밑줄 친 곳에 알맞은 낱말을 써 넣어 문장을 완성해 봅시다.

1) 마을 어귀에는 수백 년은 된 것처럼 보이는 _____ 한 그루가 서 있었다.

2) 인생무상을 느낀 그는 _____을 떠나 산골의 고적한 외딴집에서 여생을
보냈다.

3) 씨앗을 뿌리면 어김없이 새싹이 트는 것을 보고 자연의 위대한 _____를
느꼈다.

4) 시험을 망친 아이는 _____ 을 내뱉으며 "아, 엄마한테 혼날 거 같아"라고
말했다.

5) 붓은 힘을 얼마나 주느냐에 따라 다른 굵기의 획을 만들어 낼 수 있어서 여러 가지
_____ 으로 글씨를 쓸 수 있다.

6) 대문을 아무리 퉁탕퉁탕 두드려도 집안에서는 아무런 _____ 이 없었다.

능선 (산등성이)

한자 *모날 능 稜
줄 선 線

산, 언덕의 꼭대기가 / 일정 간격을 두고 연결되어 / 죽 이어진 / 선

예 **능선** 주변으로 *여명이 밝아 오더니 *봉우리 위로 태양이 모습을 드러냈다.

*모나다   각이 지거나, 모(물건의 거죽으로 쑥 나온 귀퉁이)가 져 있다

*여명(黎 검을 여, 明 밝을 명) 희미하게 밝아 오는 빛. 또는 그런 무렵

*산봉우리(봉, 봉우리)   산에서 뾰족하게 높이 솟은 부분

투박하다

생김새가 볼품없이 / 튼튼하기만 **하다**

예 손재주가 없는 아이는 찰흙을 대충 뭉쳐서 볼품없는 **투박한** 그릇을 만들었다.

질감

한자 바탕 질 質
느낄 감 感

*재료가 가지는 성질의 차이에 따라 / 달리 느껴지는 *독특한 / 느낌

예 이 소파는 가죽과 *원목으로 만들어져 두 가지 **질감**을 동시에 느낄 수 있다.

*재료(材 재목 재, 料 헤아릴 료)   어떤 물건을 만드는 데 쓰인
(사용된) 것

*독특하다(獨 홀로 독, 特 특별할 특)특별하게 다르다

*원목(原 근원 원, 木 나무 목) 베어 낸 그대로의 상태인 나무

체면

한자 몸 체 體
낯 면 面

남을 대하는 *도리 또는 **다른 사람과의 관계에서** 떳떳할 만한 입장

예 "**체면**이 사람 죽인다"는 속담은 지나치게 **체면**만 차리다가 결국 할 일도 못하고 먹을 것도 못 먹고 손해만 보게 되다는 뜻이다.

*도리(道 길 도, 理 다스릴 리) 사람이 마땅히 행하여야 할 바른 길

윤택하다

한자 물에 불을 ·
윤택할 윤 潤
윤택 택 澤

눈에 들어오는 맵시, 빛깔이 / 부드럽고 번지르르하다

예 주인집 작은 *아씨는 영양 상태가 좋아서 피부가 **윤택하고** *탄력이 있었다.

*아씨   아랫사람들이 젊은 부녀자를 높여 부르는 말

*탄력(彈 탄알 탄, 力 힘 력)   팽팽하게 버티는 힘

사방

한자 넉 사 四
모 방 方

모든 곳 또는 여러 곳을 / 비유적으로 이르는 말

예 소나기가 내리자 *무수히 많은 물방울이 **사방**으로 튀었다.

*무수히(無 없을 무, 數 셈 수) 헤아릴 수 없이 많이

1 문장을 읽고, 알맞은 낱말을 써 넣어 봅시다.

1) 산, 언덕의 꼭대기가 일정 간격을 두고 연결되어 죽 이어진 선

2) 생김새가 볼품없이 튼튼하기만 하다

3) 재료가 가지는 성질의 차이에 따라 달리 느껴지는 독특한 느낌

4) 남을 대하는 도리 또는 다른 사람과의 관계에서 떳떳할 만한 입장

5) 눈에 들어오는 맵시, 빛깔이 부드럽고 번지르르하다

6) 모든 곳 또는 여러 곳을 비유적으로 이르는 말

4주
2일

2 밑줄 친 곳에 알맞은 낱말을 써 넣어 문장을 완성해 봅시다.

1) _____ 주변으로 여명이 밝아 오더니 봉우리 위로 태양이 모습을 드러냈다.

2) 손재주가 없는 아이는 찰흙을 대충 뭉쳐서 볼품없는 _____ 그릇을 만들었다.

3) 이 소파는 가죽과 원목으로 만들어져 두 가지 _____을 동시에 느낄 수 있다.

4) "_____ 이 사람 죽인다"는 속담은 지나치게 _____만 차리다가 결국 할 일도 못하고 먹을 것도 못 먹고 손해만 보게 되다는 뜻이다.

5) 주인집 작은 아씨는 영양 상태가 좋아서 피부가 _____ 탄력이 있었다.

6) 소나기가 내리자 무수히 많은 물방울이 _____ 튀었다.

사선

한자 비낄 ·
비스듬할 사 斜
선 선 線

•비스듬하게 그은 / 줄

예 직사각형의 마주보는 두 꼭짓점에 **사선**을 그어서 •대각선을 그렸다.
•비스듬하다 한쪽으로 조금 기운 듯하다
•대각선(對 대할 · 마주할 대, 角 뿔 각, 線 줄 선) 　다각형에서 서로 이웃하지 않는
두 각의 꼭짓점을 잇는 직선

환희

한자 기쁠 환 歡
기쁠 희 喜

매우 기뻐함 또는 큰 기쁨

예 금메달을 목에 건 선수들은 **환희**에 찬 표정으로 •관중들에게 손을 흔들었다.
•관중(觀 볼 관, 衆 무리 중) 　연극이나 운동 경기 따위를 구경하는 사람들

산수화

한자 메 산 山
물 수 水
그림 화 畵

산과 물이 어우러진 / 아름다운 •풍경을 그린 / 그림

예 서재에 산과 물이 잘 어우러진 아름다운 **산수화** 한 폭이 걸려 있었다.
•풍경(風 바람 풍, 景 햇빛 경) (산 · 들 · 강 · 바다 따위의) 자연,
지역의 모습

몰두하다

한자 빠질 몰 沒
머리 두 頭

어떤 일에 모든 관심을 / 기울이다

예 아이는 밥 먹으라는 엄마의 외침이 들리지 않을 정도로 공부에 **몰두했다.**
비 골몰하다(汨 골몰할 골, 沒), 몰입하다(沒, 入 들 입), 집중하다
(集 모을 집, 中 가운데 중), 열중하다(熱 더울 열, 中)

유난스럽다

사람, 언행이 / 보통과 다른 **특별한** 면이 있다

예 평소에 무관심한 친구가 오늘따라 **유난스럽게** •호들갑을 떨며 나를 반겼다.
•호들갑 　가볍고 방정맞게 야단(매우 떠들썩하게 일을 벌임)을 피우는 말이나
행동
비 남다르다, 별나다(別 나눌 · 다를 별), 유별나다(有 있을 유, 別)

잠꼬대

잠을 자면서 **자기도 모르게 중얼거리는** / •헛소리

예 깊이 잠이 든 그는 가쁜 숨을 몰아쉬며 •손사랫짓까지 섞어 **잠꼬대**를 했다.
•헛소리 　정신을 잃은 상태에서 중얼거리는 말
•손사랫짓 　손을 펴서 함부로 휘젓는 짓

문장을 읽고, 알맞은 낱말을 써 넣어 봅시다.

1) 비스듬하게 그은 줄

2) 매우 기뻐함 또는 큰 기쁨

3) 산과 물이 어우러진 아름다운 풍경을 그린 그림

4) 어떤 일에 모든 관심을 기울이다

5) 사람, 언행이 보통과 다른 특별한 면이 있다

6) 잠을 자면서 자기도 모르게 중얼거리는 헛소리

4주
3일

 밑줄 친 곳에 알맞은 낱말을 써 넣어 문장을 완성해 봅시다.

1) 직사각형의 마주보는 두 꼭짓점에 _____ 을 그어서 대각선을 그렸다.

2) 금메달을 목에 건 선수들은 _____ 에 찬 표정으로 관중들에게 손을 흔들었다.

3) 서재에 산과 물이 잘 어우러진 아름다운 _____ 한 폭이 걸려 있었다.

4) 아이는 밥 먹으라는 엄마의 외침이 들리지 않을 정도로 공부에 _____ .

5) 평소에 무관심한 친구가 오늘따라 _____ 호들갑을 떨며 나를 반겼다.

6) 깊이 잠이 든 그는 가쁜 숨을 몰아쉬며 손사랫짓까지 섞어 _____ 를 했다.

모처럼

애써서 오래간만에

예 결혼식을 맞아 °각지에 뿔뿔이 흩어져 사는 친척들이 **모처럼** 한자리에 모였다.

°**각지(各** 각각 각, **地** 땅 지)　각 지방. 여러 곳. 여러 장소. 각 처

물리다

다른 쪽으로 옮겨 놓다

예 사랑채 °아랫목에 앉아 식사를 하던 그는 손님이 오자 밥상을 방 밖으로 **물렸다.**

°**아랫목**　온돌방에서 아궁이에 가까운 쪽의 방바닥

한나절

하루 °낮의 반(1/2) 동안

예 하루 낮을 둘로 나누어 '나절'이라 하는데, **한나절**은 하루 '낮'을 둘로 나눈 것으로 대략 6시간쯤 되고, 반나절은 하루 낮의 4분의 1로 대략 3시간쯤 된다.

°**낮**　해가 떠 있는 동안. 해가 떴다가 지는 동안

꿰뚫다

어떤 사람이 / 일, 다른 사람의 마음 따위를 / °훤히 잘 알다

예 아이의 마음속을 **꿰뚫고** 있는 엄마는 칭얼대는 아이가 뭘 바라는지 훤히 알았다.

°**훤히**　(어떤 일·대상에 대하여) 잘 알고 있는 상태로

야속하다

한자 들판 야 野
풍속 속 俗

°무정한 행동이 또는 그런 행동을 한 사람이 / °섭섭하게 여겨져 °언짢다

예 아이는 친구들이 자신만 따돌리는 것 같아서 **야속한** 마음이 들었다.

°**무정하다(無** 없을 무, **情** 뜻 정)　(성격·행동이) 따뜻한 정이 없고 차갑다

°**섭섭하다**　기대에 어그러져 마음이 서운하거나 불만스럽다

°**언짢다**　마음에 들지 않거나 불쾌하다(기분이 좋지 않다)

기색

한자 기운 기 氣
빛 색 色

감정의 작용으로 / 얼굴에 나타나는 / 기분과 °얼굴색

예 아이는 주저하는 **기색**이 없이 선생님의 말에 °또박또박 °말대답을 했다.

°**얼굴색(얼굴빛)**　감정·느낌 따위가 내비치는 얼굴 표정

°**또박또박**　말·글씨가 또똑하고 분명한 모양을 나타내는 말

°**말대답(對** 대할 대, **答** 대답 답)　손윗사람의 말에 이유를 붙여 반대하는 뜻으로 말함. 또는 그런 대답

비 낯빛, 얼굴빛, 얼굴색(色), 면색(面 낯·얼굴 면, 色), 안색(顔 낯·얼굴 안, 色)

→ 바른 답 04쪽

1 문장을 읽고, 알맞은 낱말을 써 넣어 봅시다.

1) 애써서 오래간만에

2) 다른 쪽으로 옮겨 놓다

3) 하루 낮의 반(1/2) 동안

4) 어떤 사람이 일, 다른 사람의 마음 따위를 훤히 잘 알다

5) 무정한 행동이 또는 그런 행동을 한 사람이
   섭섭하게 여겨져 언짢다

6) 감정의 작용으로 얼굴에 나타나는 기분과 얼굴색

4주
4일

2 밑줄 친 곳에 알맞은 낱말을 써 넣어 문장을 완성해 봅시다.

1) 결혼식을 맞아 각지에 뿔뿔이 흩어져 사는 친척들이 _____ 한자리에
   모였다.

2) 사랑채 아랫목에 앉아 식사를 하던 그는 손님이 오자 밥상을 방 밖으로
   _____ .

3) 하루 낮을 둘로 나누어 '나절'이라 하는데, _____ 은 하루 '낮'을 둘로 나눈
   것으로 대략 6시간쯤 되고, 반나절은 하루 낮의 4분의 1로 대략 3시간쯤 된다.

4) 아이의 마음속을 _____ 있는 엄마는 칭얼대는 아이가 뭘 바라는지 훤히
   알았다.

5) 아이는 친구들이 자신만 따돌리는 것 같아서 _____ 마음이 들었다.

6) 아이는 주저하는 _____ 이 없이 선생님의 말에 또박또박 말대답을 했다.

고단하다

몸이 지쳐서 / 피곤하고 · 기운이 없다

예 그는 하루에 18시간을 일하고 새벽에 잠드는 **고단한** 생활을 수년째 하고 있다.

비 피곤하다(疲 피곤할 피, 困 곤할기운 없이 나른하다 곤), 피로하다(疲, 勞 일할 로), 고달프다

뾰로통하다

잔뜩 성이 나서 / 얼굴에 °노여워하는 빛이 나타나 있다

예 서운함을 느낀 아이는 야속한 기색을 숨기지 못하고 **뾰로통한** 표정을 지었다.

°**노여워하다** 화가 치밀 만큼 분해하거나 섭섭해하다

출동하다

한자 날 출 出
움직일 동 動

군대, 경찰, 소방대 따위가 / 일정한 목적을 °실행하기 위해 / 떠나다

예 °화재 신고를 받고 **출동한** 소방관들이 °진화 작업에 나섰다.

°**실행하다**(實 열매 실, 行 다닐 · 갈 행)   실제의 행동으로 옮기다

°**화재**(火 불 화, 災 재앙 재)   불이 나는 불행한 사고. 불로 인한 불행한 일

°**진화**(鎭 진압할강압적인 힘으로 억눌러 진정시키다 진, 火)   불이 난 것을 끔

예고

한자 미리 예 豫
알릴 고 告

미리 알림

예 사고는 **예고** 없이 갑작스럽게 닥치기 때문에 °사전에 °조심하는 것이 최선이다.

°**사전**(事 일 사, 前 앞 전) 일이 있기 전. 일을 시작하기 전

°**조심하다**(操 잡을 조, 心 마음 심)   잘못 · 실수가 없도록 말과 행동에 신경쓰다

일렁이다
(일렁거리다)

촛불 따위가 / 이리저리 자꾸 흔들리다

예 가을바람이 불자 황금 들판에 누렇게 익은 벼들이 물결치듯 **일렁였다**.

재래시장

한자 있을 재 在
올 래 來
저자 시 市
마당 장 場

예전부터 있어 전하여 내려오는 / 시장

예 지역 주민들 간에 거래가 이루어지는 **재래시장**은 지역 경제 °활성화에 °기여한다.

°**활성화**(活 살 활, 性 성품 성, 化 될 화)   기능을 활발하게 함

°**기여하다**(寄 부칠 · 보낼 기, 與 더불 · 함께할 여)   도움이 되게 하다

공부한 날   월   일   학습평가 ☑

1 문장을 읽고, 알맞은 낱말을 써 넣어 봅시다.

1) 몸이 지쳐서 피곤하고 · 기운이 없다

2) 잔뜩 성이 나서 얼굴에 노여워하는
빛이 나타나 있다

3) 군대, 경찰, 소방대 따위가 일정한 목적을
실행하기 위해 떠나다

4) 미리 알림

5) 촛불 따위가 이리저리 자꾸 흔들리다

6) 예전부터 있어 전하여 내려오는 시장

2 밑줄 친 곳에 알맞은 낱말을 써 넣어 문장을 완성해 봅시다.

1) 그는 하루에 18시간을 일하고 새벽에 잠드는 _____ 생활을 수년째 하고
있다.

2) 서운함을 느낀 아이는 야속한 기색을 숨기지 못하고 _____ 표정을 지었다.

3) 화재 신고를 받고 _____ 소방관들이 진화 작업에 나섰다.

4) 사고는 _____ 없이 갑작스럽게 닥치기 때문에 사전에 조심하는 것이
최선이다.

5) 가을바람이 불자 황금 들판에 누렇게 익은 벼들이 물결치듯 _____ .

6) 지역 주민들 간에 거래가 이루어지는 _____ 은 지역 경제 활성화에
기여한다.

1 문장을 읽고, 알맞은 낱말을 써 넣어 봅시다.

1) 사람, 언행이 보통과 다른 특별한 면이 있다 _____

2) 산과 물이 어우러진 아름다운 풍경을 그린 그림 _____

3) 생김새가 볼품없이 튼튼하기만 하다 _____

4) 어떤 사람이 일, 다른 사람의 마음 따위를 훤히 잘 알다 _____

5) 예전부터 있어 전하여 내려오는 시장 _____

6) 잔뜩 성이 나서 얼굴에 노여워하는 빛이 나타나 있다 _____

7) 산, 언덕의 꼭대기가 일정 간격을 두고 연결되어
죽 이어진 선 _____

8) 군대, 경찰, 소방대 따위가 일정한 목적을
실행하기 위해 떠나다 _____

9) 애써서 오래간만에 _____

10) 눈에 들어오는 맵시, 빛깔이 부드럽고 번지르르하다 _____

11) 다른 쪽으로 옮겨 놓다 _____

12) 어떤 일에 모든 관심을 기울이다 _____

13) 하루 낮의 반(1/2) 동안 _____

14) 비스듬하게 그은 줄 _____

15) 모든 곳 또는 여러 곳을 비유적으로 이르는 말 _____

──» 바른 답 04쪽

16) 매우 기뻐함 또는 큰 기쁨 _____

17) 오래 묵어 나이가 많고·키가 큰 나무 _____

18) 미리 알림 _____

19) 감정의 작용으로 얼굴에 나타나는 기분과 얼굴색 _____

20) 자연계를 지배하고 있는 원리와 법칙 _____

21) 촛불 따위가 이리저리 자꾸 흔들리다 _____

22) 붓글씨 쓰거나·그림을 그릴 때 붓을 쓰는 방법 _____

23) 사람이 있음을 알 수 있게 하는 소리, 기색 _____

24) 남을 대하는 도리 또는 다른 사람과의 관계에서
    떳떳할 만한 입장 _____

25) 몸이 지쳐서 피곤하고·기운이 없다 _____

26) 몹시 억울하거나·후회하거나·원망스럽게 생각하여
    길게 몰아서 한숨을 내쉼 또는 그 한숨 _____

27) 잠을 자면서 자기도 모르게 중얼거리는 헛소리 _____

28) 재료가 가지는 성질의 차이에 따라 달리 느껴지는
    독특한 느낌 _____

29) 무정한 행동이 또는 그런 행동을 한 사람이 섭섭하게
    여겨져 언짢다 _____

30) 평범한 사람들이 사는 사회 _____

4주
평가

2 **밑줄 친 곳에 알맞은 낱말을 써 넣어 문장을 완성해 봅시다.**

1) 아이는 주저하는 _____ 이 없이 선생님의 말에 또박또박 말대답을 했다.

2) 아이의 마음속을 _____ 있는 엄마는 칭얼대는 아이가 뭘 바라는지 훤히 알았다.

3) 사고는 _____ 없이 갑작스럽게 닥치기 때문에 사전에 조심하는 것이 최선이다.

4) 깊이 잠이 든 그는 가쁜 숨을 몰아쉬며 손사랫짓까지 섞어 _____ 를 했다.

5) 마을 어귀에는 수백 년은 된 것처럼 보이는 _____ 한 그루가 서 있었다.

6) 인생무상을 느낀 그는 _____ 을 떠나 산골의 고적한 외딴집에서 여생을 보냈다.

7) 대문을 아무리 퉁탕퉁탕 두드려도 집안에서는 아무런 _____ 이 없었다.

8) 사랑채 아랫목에 앉아 식사를 하던 그는 손님이 오자 밥상을 방 밖으로 _____ .

9) 씨앗을 뿌리면 어김없이 새싹이 트는 것을 보고 자연의 위대한 _____ 를 느꼈다.

10) 지역 주민들 간에 거래가 이루어지는 _____ 은 지역 경제 활성화에 기여한다.

11) 서운함을 느낀 아이는 야속한 기색을 숨기지 못하고 _____ 표정을 지었다.

12) 시험을 망친 아이는 _____ 을 내뱉으며 "아, 엄마한테 혼날 거 같아"라고 말했다.

13) 이 소파는 가죽과 원목으로 만들어져 두 가지 _____ 을 동시에 느낄 수 있다.

⟶ 바른 답 04쪽

14) _____ 주변으로 여명이 밝아 오더니 봉우리 위로 태양이 모습을 드러냈다.

15) 하루 낮을 둘로 나누어 '나절'이라 하는데, _____ 은 하루 '낮'을 둘로 나눈 것으로 대략 6시간쯤 되고, 반나절은 하루 낮의 4분의 1로 대략 3시간쯤 된다.

16) 평소에 무관심한 친구가 오늘따라 _____ 호들갑을 떨며 나를 반겼다.

17) 직사각형의 마주보는 두 꼭짓점에 _____ 을 그어서 대각선을 그렸다.

18) 소나기가 내리자 무수히 많은 물방울이 _____ 튀었다.

19) 가을바람이 불자 황금 들판에 누렇게 익은 벼들이 물결치듯 _____ .

20) 서재에 산과 물이 잘 어우러진 아름다운 _____ 한 폭이 걸려 있었다.

21) 결혼식을 맞아 각지에 뿔뿔이 흩어져 사는 친척들이 _____ 한자리에 모였다.

22) 붓은 힘을 얼마나 주느냐에 따라 다른 굵기의 획을 만들어 낼 수 있어서 여러 가지 _____ 으로 글씨를 쓸 수 있다.

23) 손재주가 없는 아이는 찰흙을 대충 뭉쳐서 볼품없는 _____ 그릇을 만들었다.

24) "_____ 이 사람 죽인다"는 속담은 지나치게 _____ 만 차리다가 결국 할 일도 못하고 먹을 것도 못 먹고 손해만 보게 되다는 뜻이다.

25) 아이는 친구들이 자신만 따돌리는 것 같아서 _____ 마음이 들었다.

26) 아이는 밥 먹으라는 엄마의 외침이 들리지 않을 정도로 공부에 _____ .

27) 그는 하루에 18시간을 일하고 새벽에 잠드는 _____ 생활을 수년째 하고 있다.

28) 화재 신고를 받고 _____ 소방관들이 진화 작업에 나섰다.

29) 주인집 작은 아씨는 영양 상태가 좋아서 피부가 _____ 탄력이 있었다.

30) 금메달을 목에 건 선수들은 _____ 에 찬 표정으로 관중들에게 손을 흔들었다.

4주

평가

1 문장을 읽고, 알맞은 낱말을 써 넣어 봅시다.

1) 남의 일에, 무엇에 관심이 전혀 없다 ( )

2) 어떤 일에 몹시 놀라서 또는 어이가 없어서 말을 못하다 ( )

3) 자기 나라에 있지 못하고 다른 나라로 몸을 피하다 ( )

4) 다른 것은 있을 수 없고 오직 또는 모자람이 없이 온전히 ( )

5) 어떤 일을 잘하다 또는 어떤 일에 뛰어나다 ( )

6) 우두커니 한곳만 바라보는 모양 ( )

7) 급하게 재촉하여 요구하다 ( )

8) 사람, 언행이 보통과 다른 특별한 면이 있다 ( )

9) 일의 맨 처음이라는 뜻으로 '당초'를 강조하여 이르는 말 ( )

10) 눈에 들어오는 맵시, 빛깔이 부드럽고 번지르르하다 ( )

11) 남의 것을 부당하게 가로채어 자기 것으로 만들다 ( )

12) 자연계를 지배하고 있는 원리와 법칙 ( )

13) 한 사람으로서 맡은 역할을 충분히 하다 ( )

14) 매우 기뻐함 또는 큰 기쁨 ( )

15) 몹시 화가 나서 큰소리로 꾸짖다 ( )

16) 성질이 사납고 · 악하다 ( )

⟶ 바른 답 05쪽

17) 마음속으로 은근히 기쁘다 　　　　　　　　　　(　　　　　　　)

18) 겉으로 뚜렷하게 드러나지 않고 희미하고 · 흐릿하다 　(　　　　　　　)

19) 몹시 억울하거나 · 후회하거나 · 원망스럽게 생각하여
길게 몰아서 한숨을 내쉼 또는 그 한숨 　　　　　(　　　　　　　)

20) 어떤 대상을 좋지 않다고 가혹하게 평하다 　　　　(　　　　　　　)

21) 억울한 일, 딱한 사정 등을 간곡히 호소함 　　　　(　　　　　　　)

22) 비석 따위에 새겨진 글씨, 그림, 무늬를 종이에 그대로 뜨다 (　　　　　　　)

23) 벼루에 먹을 갈 때 쓸 물을 담아 두는 그릇 　　　　(　　　　　　　)

24) 어떤 사람이 다른 사람, 대상을 받들어 공경하는
마음을 지니다 　　　　　　　　　　　　　(　　　　　　　)

25) 어떤 사람이 다른 사람을 가르쳐서 유능한 사람을
길러 내다 　　　　　　　　　　　　　　　(　　　　　　　)

26) 무정한 행동이 또는 그런 행동을 한 사람이 섭섭하게
여겨져 언짢다 　　　　　　　　　　　　　(　　　　　　　)

27) 몸, 마음이 어떤 단계에 도달한 상태 　　　　　　(　　　　　　　)

28) 흥에 겨워서 입으로 노래를 자꾸 부르다 　　　　　(　　　　　　　)

29) 어떤 사물에 마음이 팔려 흥분되다 　　　　　　　(　　　　　　　)

30) 생김새가 볼품없이 튼튼하기만 하다 　　　　　　(　　　　　　　)

2 밑줄 친 곳에 알맞은 낱말을 써 넣어 문장을 완성해 봅시다.

1) 씨앗이 얼마 없어서 듬성듬성 뿌렸더니 새싹이 여기저기 _____ 자라났다.

2) 다툼을 벌인 두 아이는 눈길이 마주칠 때마다 미간을 찌푸리며 눈싸움이라도 하듯 뚫어지게 서로를 _____ .

3) 광복절은 일본에게 빼앗겼던 나라를 되찾은 것을 _____ 날이다.

4) 서운함을 느낀 아이는 야속한 기색을 숨기지 못하고 _____ 표정을 지었다.

5) 김정희는 1840년에 제주도로 _____ 를 가서 무려 9년이나 귀양살이를 했다.

6) 임진왜란이 발발하자 양반, 천민, 승려에 이르기까지 다양한 신분의 사람들이 나라를 구하고자 하는 마음으로 전국 각지에서 _____ 이 되었다.

7) 강가의 바위 위에 허물어질 듯한 낡은 정자가 홀로 _____ 서 있다.

8) 곧 전쟁이 일어날 거라는 소문에 사람들은 _____ 시작했다.

9) 아이는 밥 먹으라는 엄마의 외침이 들리지 않을 정도로 공부에 _____ .

10) 주변을 간신히 밝히는 _____ 달빛에 의지하며 한밤에 산길을 걸었다.

11) 친구의 갑작스런 초대를 받은 그는 _____ 을 꾸려서 서둘러 제주도로 향했다.

12) 그는 내심 기뻤지만 내색하지 않고 오히려 _____ 표정을 지으며 대꾸했다.

13) 성균관은 조선 최고의 교육 기관으로, 교육과 학문의 연구를 통해 유교적 지식을 갖춘 관료를 _____ 곳이었다.

14) 김 교사는 자신이 교통사고를 당했던 _____ 를 학생들에게 들려주었다.

15) 가을바람이 불자 황금 들판에 누렇게 익은 벼들이 물결치듯 _____ .

→ 바른 답 05쪽

16) 주먹으로 책상을 내리치자 교실 안에 있던 학생들의 ———— 이 아이에게 쏠렸다.

17) " ———— 이 사람 죽인다"는 속담은 지나치게 ———— 만 차리다가 결국 할 일도 못하고 먹을 것도 못 먹고 손해만 보게 되다는 뜻이다.

18) 이야기에 등장하는 사람들이 독립 만세 운동을 하는 것으로 보아, ———————— 은 일제의 지배를 받던 때이다.

19) 김 교사는 교직 생활의 첫 ———————— 인 ○○학교에서 만난 제자들을 각별히 여겼다.

20) 아이의 마음속을 ———————— 있는 엄마는 칭얼대는 아이가 뭘 바라는지 훤히 알았다.

21) 관중들의 열광적 응원 덕분에 선수들의 ———— 가 하늘을 찌를 듯 충천했다.

22) 붓은 힘을 얼마나 주느냐에 따라 다른 굵기의 획을 만들어 낼 수 있어서 여러 가지 ———————— 으로 글씨를 쓸 수 있다.

23) "제발 얼마라도 돈을 빌려 달라"는 친구의 ————— 요청을 거절할 수 없었다.

24) 지역 주민들 간에 거래가 이루어지는 ———————— 은 지역 경제 활성화에 기여한다.

25) 그는 분에 넘치는 극진한 대접을 받고 ———————— 마음을 금할 길 없었다.

26) 몽골족의 최고 지도자가 칭기즈 칸은 몽골을 ————— 대제국으로 발전시켰다.

27) 엄마는 아이가 정성껏 ———————— 그린 그림들을 화첩으로 만들어 주었다.

28) 냇가 빨래터에서 동네 ———————— 들이 수다를 떨며 빨래를 하고 있었다.

29) 인생무상을 느낀 그는 ———— 을 떠나 산골의 고적한 외딴집에서 여생을 보냈다.

30) 줄다리기 우승을 계기로 청팀은 기세가 ————————.

5~8주

칭찬 사과 색칠놀이

하루 공부를 잘 마쳤다면 나에게 칭찬 사과를 선물하세요.
사과 나무에 사과가 주렁주렁 열릴 때까지 열심히 공부합시다!

■ 하루 공부가 끝나면 사과 한 개씩 예쁘게 색칠해 보세요.

칭찬 사과를
색칠해 보세요!!

1 일

1. 작품 속 인물과 나

매캐하다

연기, 먼지, 냄새 따위가 / 코를 찌르는 듯이 °싸하다

예 쓰레기를 태우니 **매캐한** 냄새가 나서 숨이 막히고 자꾸 기침이 나왔다.

° **싸하다**　혀나 목구멍 또는 코에 자극을 받아 아린 듯한 느낌이 있다

비명

한자 슬플 비 悲
울 명 鳴

몹시 놀랍거나, 위험하고, 괴롭고, 다급한 일을 당하여 / °외마디 소리를 지름 또는 그 소리

예 화재 현장은 순식간에 매캐한 냄새와 검은 연기에 휩싸였고, 그 장면을 목격한 사람들은 여기저기서 **비명**을 질렀다.

° **외마디 소리** (괴롭거나, 무섭거나, 놀랄 때 지르는) 높고 날카로운 한마디의 소리

벅차다

°감당하기가 어렵다 또는 힘에 겹다

예 °금리가 급격히 오르자 °차주들은 °이자 내는 것만도 **벅차다며** 비명을 질러댔다.

° **감당하다(堪 견딜 감, 當 마땅 당)**　능히 견디어 내다. 받아들이다

° **금리(金 쇠 금, 利 이로울 이)** (빌려 준 돈이나, 예금에 붙는) 이자. 또는 그 비율

° **차주(借 빌릴 차, 主 주인 주)** (돈·물건을) 빌려 쓴 사람

° **이자(利, 子 아들 자)**　남에게 돈을 빌려 쓴 대가로 치르는 돈

한순간

한자 눈 깜짝일 순 瞬
사이 간 間

매우 짧은 동안

예 한 번의 실수로 평생 고생하여 이뤄 놓은 것들이 **한순간**에 무너져 버렸다.

불길

세차게 활활 타오르는 / °불꽃

예 소방관은 건물 안에 갇힌 사람을 구조하려고 집어삼킬 듯한 **불길** 속으로 뛰어들었다.

° **불꽃**　타는 불에서 일어나는 붉은 빛을 띤 기운

질식하다

한자 막힐 질 窒
숨쉴 식 息

숨이 막히다

예 구조대원이 물에 빠져 **질식한** 사람을 °응급조치해서 생명을 구할 수 있었다.

° **응급조치하다(應 응할 응, 急 급할 급, 措 처리할 조, 置 둘 치)**　긴급한 일에 대하여 우선 급한 대로 처리하다(處 곳 처, 理 다스릴 리: 문제가 없도록 마무리를 짓다)

1 문장을 읽고, 알맞은 낱말을 써 넣어 봅시다.

1) 연기, 먼지, 냄새 따위가 코를 찌르는 듯이 싸하다 ☐☐☐☐

2) 몹시 놀랍거나, 위험하고, 괴롭고, 다급한 일을 당하여
   외마디 소리를 지름 또는 그 소리 ☐☐

3) 감당하기가 어렵다 또는 힘에 겹다 ☐☐☐

4) 매우 짧은 동안 ☐☐☐

5) 세차게 활활 타오르는 불꽃 ☐☐

6) 숨이 막히다 ☐☐☐☐

2 밑줄 친 곳에 알맞은 낱말을 써 넣어 문장을 완성해 봅시다.

1) 쓰레기를 태우니 _____ 냄새가 나서 숨이 막히고 자꾸 기침이 나왔다.

2) 화재 현장은 순식간에 매캐한 냄새와 검은 연기에 휩싸였고, 그 장면을 목격한
   사람들은 여기저기서 _____ 을 질렀다.

3) 금리가 급격히 오르자 차주들은 이자 내는 것만도 _____ 비명을
   질러댔다.

4) 한 번의 실수로 평생 고생하여 이뤄 놓은 것들이 _____ 에 무너져 버렸다.

5) 소방관은 건물 안에 갇힌 사람을 구조하려고 집어삼킬 듯한 _____ 속으로
   뛰어들었다.

6) 구조대원이 물에 빠져 _____ 사람을 응급조치해서 생명을 구할 수 있었다.

2일

학교진도시기
8월 3, 4주, 9월 1주

1. 작품 속 인물과 나

다급하다

한자 많을 다 多
급할 급 急

일, 상황이 / 앞뒤를 가릴 수 없을 만큼 / 몹시 *급하다

예 주민들이 맨발로 집을 *뛰쳐나올 정도로 화재 현장은 **다급한** 상황이었다.

*급하다(急) (사정 · 형편이) 서둘러 돌보거나 빨리 처리해야 할 상태에 있다

*뛰쳐나오다 (사람이 어떤 곳에서) 힘 있게 밖으로 뛰어나오다

소방

한자 사라질 소 消
막을 방 防

화재를 *예방하고 · 불난 것을 끄는 일

예 학교에서는 화재가 발생할 때를 대비해 학생을 대상으로 **소방** 훈련을 *실시했다.

*예방하다(豫 미리 예, 防 막을 방) (일이 생기기 전에) 미리 막다

*실시하다(實 열매 실, 施 베풀일을 차리어 벌이다 시) 실제로 행하다

구조

한자 구원할 구 救
도울 조 助

재난을 당해 / 위기에 빠진 사람을 구해 줌

예 암벽을 타던 젊은이들이 갑작스러운 돌풍에 *조난하여 **구조**를 기다리고 있다.

*조난하다(遭 만날 조, 難 어려울 난) 항해 · 등산하는 중에 재난을 만나다

중단하다

한자 가운데 중 中
끊을 단 斷

하고 있던 일을 / 멈추다

예 사고 현장이 너무 *위태로워서 *투입된 소방관들이 *인명 구조를 **중단했다.**

*위태하다(危, 殆 위태할 태) 형세가 마음을 놓을 수 없을 만큼 위험하다

*투입(投 던질 · 뛰어들 투, 入 들 입) 물자, 자금, 사람 등을 필요한 곳에 들여다 넣음

*인명(人 사람 인, 命 목숨 명) 사람의 목숨

기막히다

한자 기운 기 氣

어떤 일이 / 놀랍거나 · 언짢아서 / 할말이 없다

예 잘못해서 *용서를 빌어야 할 동생이 오히려 화를 내는 꼴이 **기막혔다.**

*용서(容 얼굴 용, 恕 용서할 서) 지은 죄나 잘못한 일을 그냥 덮어 줌

여느

*보통 또는 *예사로운

예 지각을 *밥 먹듯 하던 아이는 **여느** 날과 달리 일찍 교실에 도착했다.

*보통(普 넓을 보, 通 통할 통) 흔히(아주 많이, 자주) 있음. 흔히 볼 수 있음

*예사롭다(例 법식 · 규칙 예, 事 일 사) 흔히 있을 만하다

*밥 먹듯 하다 (보통의 일로, 아무렇지도 않게) 자주 하다

→ 바른 답 05쪽

1   **문장을 읽고, 알맞은 낱말을 써 넣어 봅시다.**

1)   일, 상황이 앞뒤를 가릴 수 없을 만큼 몹시 급하다

2)   화재를 예방하고 · 불난 것을 끄는 일

3)   재난을 당해 위기에 빠진 사람을 구해 줌

4)   하고 있던 일을 멈추다

5)   어떤 일이 놀랍거나 · 언짢아서 할말이 없다

6)   보통 또는 예사로운

2   **밑줄 친 곳에 알맞은 낱말을 써 넣어 문장을 완성해 봅시다.**

1)   주민들이 맨발로 집을 뛰쳐나올 정도로 화재 현장은 _____ 상황이었다.

2)   학교에서는 화재가 발생할 때를 대비해 학생을 대상으로 _____ 훈련을 실시했다.

3)   암벽을 타던 젊은이들이 갑작스러운 돌풍에 조난하여 _____ 를 기다리고 있다.

4)   사고 현장이 너무 위태로워서 투입된 소방관들이 인명 구조를 _____ .

5)   잘못해서 용서를 빌어야 할 동생이 오히려 화를 내는 꼴이 _____ .

6)   지각을 밥 먹듯 하던 아이는 _____ 날과 달리 일찍 교실에 도착했다.

단출하다

식구, 구성원이 / 적어 *홀가분하다

예 옆집으로 이사 온 가족은 아빠, 엄마, 아이로 **단출한** 가정이었다.

*홀가분하다 거추장스럽지 않고 가뿐하다(마음에 부담 없이 가볍고 편안하다)

고개를 갸웃하다
(갸웃거리다)

사람이 / 무엇에 의문을 갖다

예 엄마는 지폐를 자꾸 세면서 돈이 약간 모자란 것 같다며 **고개를 갸웃했다.**

기특하다

한자 기특할 ·
기이할 기 奇
특별할 ·
뛰어날 특 特

말, 행동이 / 신통하여 귀염성이 있다

예 엄마는 스스로 점심을 챙겨 먹고 *설거지까지 하는 아이가 참으로 **기특했다.**

*설거지　　먹고 난 뒤의 그릇을 씻어 정리하는 일

위기

한자 위태할 위 危
기회 ·
위험할 기 機

어떤 일이 진행되는 과정에서 / 갑작스럽게 *악화된 상황 또는 위험한 *고비

예 *금융 **위기**가 닥치자 많은 회사가 *존폐의 **위기**에 처하게 되었다.

*악화(惡 악할 악, 化 될 화)　(어떤 상태 · 관계 따위가) 나쁘게 변하여 가게 되다

*고비　　　(일이 되어 가는 과정에서) 가장 중요한 단계, 막다른 때의 상황

*금융(金 쇠 금, 融 녹을 융)　돈을 융통하는(금전·물품 등을 서로 돌려씀) 일

*존폐(存 있을 존, 廢 못쓰게 될 · 버릴 폐)　보존(保 지킬 보, 存: 잘 지켜서 남아 있게 함)과
폐지(廢, 止 그칠 지: 그만두거나 없앰)

진압

한자 누를 진 鎭
누를 압 壓

강압적인 힘으로 *억눌러 *가라앉힘

예 소방대원들은 소방 호스를 뿌리며 화재 **진압**에 나섰다.

*억누르다　(자유롭게 행동하지 못하도록) 억지로 짓누르다

*가라앉히다 떠들썩하던 것을 조용하게 하다, 세차게 일어나던 것을 뜸하게 하다

자부심

한자 스스로 자 自
짐을 질 ·
떠맡을 부 負
마음 심 心

자기 또는 자기와 관련된 일에 대하여 / 스스로의 가치,

능력을 믿고 자랑스럽게 여기는 마음

예 노인은 자기가 만든 도자기를 바라보며 세상에서
*제일간다는 **자부심**을 느꼈다.

*제일가다(第 차례 제, — 한 일)　여럿 가운데서 가장 뛰어나다. 으뜸가다. 첫째가다

비 긍지(矜 자랑할 긍, 持 가질 지)

1 문장을 읽고, 알맞은 낱말을 써 넣어 봅시다.

1) 식구, 구성원이 적어 홀가분하다 ☐☐☐

2) 사람이 무엇에 의문을 갖다 ☐☐☐☐☐☐

3) 말, 행동이 신통하여 귀염성이 있다 ☐☐☐☐

4) 어떤 일이 진행되는 과정에서 갑작스럽게 악화된 상황
    또는 위험한 고비 ☐☐

5) 강압적인 힘으로 억눌러 가라앉힘 ☐☐

6) 자기 또는 자기와 관련된 일에 대하여 스스로의 가치,
    능력을 믿고 자랑스럽게 여기는 마음 ☐☐☐

2 밑줄 친 곳에 알맞은 낱말을 써 넣어 문장을 완성해 봅시다.

1) 옆집으로 이사 온 가족은 아빠, 엄마, 아이로 _____ 가정이었다.

2) 엄마는 지폐를 자꾸 세면서 돈이 약간 모자란 것 같다며 _____ .

3) 엄마는 스스로 점심을 챙겨 먹고 설거지까지 하는 아이가 참으로 _____ .

4) 금융 _____ 가 닥치자 많은 회사가 존폐의 _____ 에 처하게 되었다.

5) 소방대원들은 소방 호스를 뿌리며 화재 _____ 에 나섰다.

6) 노인은 자기가 만든 도자기를 바라보며 세상에서 제일간다는 _____ 을
    느꼈다.

4일 1. 작품 속 인물과 나

장마

여름철에 / 많은 비가 여러 날 계속해서 내리는 것 또는 그 비

예 여름철이 되면 차가운 °기단과 따뜻한 기단이 만나 거의 움직이지 않고 한곳에 오랫동안 머물며 계속 비가 내리는 **장마**가 시작된다.

°기단(氣 기운 기, 團 둥글·모일 단)　한 곳에 오래 머물러 지표의 영향을 받아 기온과 습도가 일정해진 거대한 공기 덩어리

정전

한자 머무를·멈출 정 停 번개 전 電

공급되던 전기가 / 일시적으로 끊어짐

예 한밤중에 **정전**으로 집안의 불이 다 꺼져서 양초를 찾아 불을 °밝혔다.

°밝히다　(주위가 환해지도록) 빛을 내는 물건에 불을 켜다

소스라치다

깜짝 놀라 / 몸을 갑자기 떠는 듯이 움직이다

예 밤길을 걷다가 자동차 밑에서 갑자기 고양이가 튀어나와서 **소스라치게** 놀랐다.

막막하다

한자 고요할·쓸쓸할 막 漠

의지할 데 없이 / 답답하고 외롭다

예 °실직한 그는 °퇴직금마저 모두 °바닥나자 어떻게 살아야 할지 **막막했다**.

°실직하다(失 잃을 실, 職 직분·일 직)　직업을 잃다

°퇴직금(退 물러날 퇴, 職, 金 쇠 금)　직장을 그만두는 사람에게 지급하는 돈

°바닥나다　돈이나 물건 따위가 다 써서 없어지다

시절

한자 때 시 時 마디 절 節

°일정한 때 또는 일정한 °기간

예 할머니께서는 "공부에는 다 때가 있는 법이니, 학생 **시절**에 열심히 공부해야 한다"고 말씀하시곤 했다.

°일정하다(— 한 일, 定 정할 정)　(기준에 따라) 무엇이 하나로 정해져 있다

°기간(期 기약할 기, 間 사이 간)　어느 일정한 때부터 다른 일정한 때까지의 사이

헛간

한자 사이 간 間

자질구레한 물건을 넣어 두는 / 문짝이 없는 °광

예 시골 할아버지 댁에 있는 **헛간** 안에는 잡동사니 물건들이 가득가득 차 있었다.

°광　집안에 보관하기 어려운 각종 물품을 넣어 두기 위해서 집 바깥에 따로 만들어 둔 집채. 주로 음식 재료, 각종 생활 용구, 쓰지 않는 세간 따위를 보관

─→ 바른 답 05쪽

1 **문장을 읽고, 알맞은 낱말을 써 넣어 봅시다.**

1) 여름철에 많은 비가 여러 날 계속해서 내리는 것 또는 그 비

2) 공급되던 전기가 일시적으로 끊어짐

3) 깜짝 놀라 몸을 갑자기 떠는 듯이 움직이다

4) 의지할 데 없이 답답하고 외롭다

5) 일정한 때 또는 일정한 기간

6) 자질구레한 물건을 넣어 두는 문짝이 없는 광

2 **밑줄 친 곳에 알맞은 낱말을 써 넣어 문장을 완성해 봅시다.**

1) 여름철이 되면 차가운 기단과 따뜻한 기단이 만나 거의 움직이지 않고 한곳에
   오랫동안 머물며 계속 비가 내리는 _____ 가 시작된다.

2) 한밤중에 _____ 으로 집안의 불이 다 꺼져서 양초를 찾아 불을 밝혔다.

3) 밤길을 걷다가 자동차 밑에서 갑자기 고양이가 튀어나와서 _____ 놀랐다.

4) 실직한 그는 퇴직금마저 모두 바닥나자 어떻게 살아야 할지 _____ .

5) 할머니께서는 "공부에는 다 때가 있는 법이니, 학생 _____ 에 열심히
   공부해야 한다"고 말씀하시곤 했다.

6) 시골 할아버지 댁에 있는 _____ 안에는 잡동사니 물건들이 가득가득 차
   있었다.

1. 작품 속 인물과 나

혼절하다

한자 어두울 ·
날이 저물 혼 昏
끊을 절 絶

정신이 °아찔하여 °까무러치다

예 엄마는 아들의 사고 소식을 듣자마자 **혼절하고** 말았다.

°**아찔하다** 갑자기 정신이 아득하고 어지럽다

°**까무러치다** 얼마 동안 정신을 잃고 죽은 사람처럼 되다. 기절하다(氣 기운 기, 絶)

핏발(이) 서다

몹시 화가 나다 또는 **몹시** °흥분하다

예 그는 °애지중지하던 스마트폰을 도둑맞고 화가 치밀어 올라
눈에 **핏발이 섰다.**

°**흥분하다(興 일으킬 흥, 奮 떨칠 분)** (어떤 자극을 받아) 감정이 북받쳐 일어나다

°**애지중지하다(愛 사랑 애, 之 갈 지, 重 무거울 중, 之)** 무엇을 매우 사랑하고 소중
히 여기다

미어지다

가슴이 찢어지는 듯이 / 심한 고통, 슬픔을 느끼다

예 엄마는 화재 사고로 죽은 아들을 영원히 볼 수 없다는 생각에 가슴이
미어졌다.

기어이

한자 약속할 ·
기다릴 기 期
어조사 어 °於

마지막에 이르러서 또는 결국에 가서는

예 아이는 부모의 반대를 °무릅쓰고 **기어이** 고등학교를 °자퇴했다.

°**於** '~에' '~에서'와 같은 어조사(語 말씀 어, 助 도울 조, 辭 말씀 사: 실질적인
뜻은 없고, 다만 다른 글자들의 보조)로 쓰이는 글자

°**무릅쓰다** (사람이 어렵고 고된 일을) 그대로 참고 견디어 해내다

°**자퇴하다(自 스스로 자, 退 물러날 퇴)** 스스로 물러나다

비 기어코(期於), 마침내, 결국(結 맺을 결, 局 판 국), 끝내

철렁하다

어떤 일에 크게 놀라 / 가슴이 내려앉다

예 아이는 수업 시간에 선생님이 자기 자리 쪽으로 다가올 때마다 잘못한 것도
없는데 °괜히 가슴이 **철렁했다.**

°**괜히** 아무 까닭(이유) 없이

발단

한자 필 발 發
끝 ·
시초 단 端

이야기에서 사건이 / 처음 시작되는 부분

예 이야기가 시작되는 **발단** 단계에서는 주인공이 등장하고, 사건의 시간적,
공간적 배경을 °제시하고, 인물들의 성격을 독자에게 알려 준다.

°**제시하다(提 이끌 제, 示 보일 시)** 글이나 말로 생각을 드러내어 보이다

1 **문장을 읽고, 알맞은 낱말을 써 넣어 봅시다.**

1) 정신이 아찔하여 까무러치다 ☐ ☐ ☐ ☐

2) 몹시 화가 나다 또는 몹시 흥분하다 ☐ ☐ ☐

3) 가슴이 찢어지는 듯이 심한 고통, 슬픔을 느끼다 ☐ ☐ ☐

4) 마지막에 이르러서 또는 결국에 가서는 ☐ ☐

5) 어떤 일에 크게 놀라 가슴이 내려앉다 ☐ ☐ ☐

6) 이야기에서 사건이 처음 시작되는 부분 ☐ ☐

2 **밑줄 친 곳에 알맞은 낱말을 써 넣어 문장을 완성해 봅시다.**

1) 엄마는 아들의 사고 소식을 듣자마자 _____ 말았다.

2) 그는 애지중지하던 스마트폰을 도둑맞고 화가 치밀어 올라 눈에 _____.

3) 엄마는 화재 사고로 죽은 아들을 영원히 볼 수 없다는 생각에 가슴이 _____.

4) 아이는 부모의 반대를 무릅쓰고 _____ 고등학교를 자퇴했다.

5) 아이는 수업 시간에 선생님이 자기 자리 쪽으로 다가올 때마다 잘못한 것도 없는데 괜히 가슴이 _____.

6) 이야기가 시작되는 _____ 단계에서는 주인공이 등장하고, 사건의 시간적, 공간적 배경을 제시하고, 인물들의 성격을 독자에게 알려 준다.

1 문장을 읽고, 알맞은 낱말을 써 넣어 봅시다.

1) 사람이 무엇에 의문을 갖다 _____

2) 보통 또는 예사로운 _____

3) 몹시 화가 나다 또는 몹시 흥분하다 _____

4) 이야기에서 사건이 처음 시작되는 부분 _____

5) 공급되던 전기가 일시적으로 끊어짐 _____

6) 일, 상황이 앞뒤를 가릴 수 없을 만큼 몹시 급하다 _____

7) 화재를 예방하고·불난 것을 끄는 일 _____

8) 어떤 일에 크게 놀라 가슴이 내려앉다 _____

9) 재난을 당해 위기에 빠진 사람을 구해 줌 _____

10) 세차게 활활 타오르는 불꽃 _____

11) 몹시 놀랍거나, 위험하고, 괴롭고, 다급한 일을 당하여
외마디 소리를 지름 또는 그 소리 _____

12) 감당하기가 어렵다 또는 힘에 겹다 _____

13) 매우 짧은 동안 _____

14) 마지막에 이르러서 또는 결국에 가서는 _____

15) 강압적인 힘으로 억눌러 가라앉힘 _____

→ 바른 답 05쪽

16) 숨이 막히다 _____

17) 하고 있던 일을 멈추다 _____

18) 정신이 아찔하여 까무러치다 _____

19) 어떤 일이 놀랍거나 · 언짢아서 할말이 없다 _____

20) 여름철에 많은 비가 여러 날 계속해서 내리는 것 또는 그 비 _____

21) 자질구레한 물건을 넣어 두는 문짝이 없는 광 _____

22) 깜짝 놀라 몸을 갑자기 떠는 듯이 움직이다 _____

23) 자기 또는 자기와 관련된 일에 대하여 스스로의 가치, 능력을 믿고 자랑스럽게 여기는 마음 _____

24) 연기, 먼지, 냄새 따위가 코를 찌르는 듯이 싸하다 _____

25) 식구, 구성원이 적어 홀가분하다 _____

26) 어떤 일이 진행되는 과정에서 갑작스럽게 악화된 상황 또는 위험한 고비 _____

27) 일정한 때 또는 일정한 기간 _____

28) 말, 행동이 신통하여 귀염성이 있다 _____

29) 의지할 데 없이 답답하고 외롭다 _____

30) 가슴이 찢어지는 듯이 심한 고통, 슬픔을 느끼다 _____

2 밑줄 친 곳에 알맞은 낱말을 써 넣어 문장을 완성해 봅시다.

1) 한 번의 실수로 평생 고생하여 이뤄 놓은 것들이 _____ 에 무너져 버렸다.

2) 그는 애지중지하던 스마트폰을 도둑맞고 화가 치밀어 올라 눈에 _____.

3) 주민들이 맨발로 집을 뛰쳐나올 정도로 화재 현장은 _____ 상황이었다.

4) 노인은 자기가 만든 도자기를 바라보며 세상에서 제일간다는 _____ 을 느꼈다.

5) 학교에서는 화재가 발생할 때를 대비해 학생을 대상으로 _____ 훈련을 실시했다.

6) 지각을 밥 먹듯 하던 아이는 _____ 날과 달리 일찍 교실에 도착했다.

7) 밤길을 걷다가 자동차 밑에서 갑자기 고양이가 튀어나와서 _____ 놀랐다.

8) 소방관은 건물 안에 갇힌 사람을 구조하려고 집어삼킬 듯한 _____ 속으로 뛰어들었다.

9) 사고 현장이 너무 위태로워서 투입된 소방관들이 인명 구조를 _____.

10) 엄마는 스스로 점심을 챙겨 먹고 설거지까지 하는 아이가 참으로 _____.

11) 잘못해서 용서를 빌어야 할 동생이 오히려 화를 내는 꼴이 _____.

12) 소방대원들은 소방 호스를 뿌리며 화재 _____ 에 나섰다.

13) 화재 현장은 순식간에 매캐한 냄새와 검은 연기에 휩싸였고, 그 장면을 목격한 사람들은 여기저기서 _____ 을 질렀다.

14) 엄마는 화재 사고로 죽은 아들을 영원히 볼 수 없다는 생각에 가슴이 _____.

15) 여름철이 되면 차가운 기단과 따뜻한 기단이 만나 거의 움직이지 않고 한곳에 오랫동안 머물며 계속 비가 내리는 _____ 가 시작된다.

16) 시골 할아버지 댁에 있는 _____ 안에는 잡동사니 물건들이 가득가득 차 있었다.

17) 아이는 부모의 반대를 무릅쓰고 _____ 고등학교를 자퇴했다.

18) 한밤중에 _____ 으로 집안의 불이 다 꺼져서 양초를 찾아 불을 밝혔다.

19) 할머니께서는 "공부에는 다 때가 있는 법이니, 학생 _____ 에 열심히 공부해야 한다"고 말씀하시곤 했다.

20) 옆집으로 이사 온 가족은 아빠, 엄마, 아이로 _____ 가정이었다.

21) 암벽을 타던 젊은이들이 갑작스러운 돌풍에 조난하여 _____ 를 기다리고 있다.

22) 엄마는 지폐를 자꾸 세면서 돈이 약간 모자란 것 같다며 _____ .

23) 이야기가 시작되는 _____ 단계에서는 주인공이 등장하고, 사건의 시간적, 공간적 배경을 제시하고, 인물들의 성격을 독자에게 알려 준다.

24) 실직한 그는 퇴직금마저 모두 바닥나자 어떻게 살아야 할지 _____ .

25) 쓰레기를 태우니 _____ 냄새가 나서 숨이 막히고 자꾸 기침이 나왔다.

26) 아이는 수업 시간에 선생님이 자기 자리 쪽으로 다가올 때마다 잘못한 것도 없는데 괜히 가슴이 _____ .

27) 엄마는 아들의 사고 소식을 듣자마자 _____ 말았다.

28) 금리가 급격히 오르자 차주들은 이자 내는 것만도 _____ 비명을 질러댔다.

29) 구조대원이 물에 빠져 _____ 사람을 응급조치해서 생명을 구할 수 있었다.

30) 금융 _____ 가 닥치자 많은 회사가 존폐의 _____ 에 처하게 되었다.

1. 작품 속 인물과 나

1일

전개	이야기에서 사건이 / 본격적으로 펼쳐지는 부분

한자 펼 전 展
열 개 開

예 이야기의 **전개** 단계에서는 이야기가 복잡하게 얽히고 [•]갈등이 겉으로 드러난다.

[•]갈등(葛 칡 갈, 藤 등나무 등) (칡과 등나무가 서로 복잡게 얽히는 것처럼) 개인이나 집단 사이에 서로의 이해관계가 달라 적으로 여기거나 충돌을 일으킴

절정

한자 끊을 절 絕
[•]정수리 ·
꼭대기 정 頂

이야기에서 인들들 간의 사건과 갈등이 / [•]최고조에 이르는 부분

예 영화는 범인의 [•]정체가 밝혀지기 [•]일보 직전인 **절정**으로 치닫고 있었다.

[•]정수리(頂) 머리의 최상부. '사물의 가장 꼭대기 부분'을 비유적으로 이르는 말

[•]최고조(最 가장 최, 高 높을 고, 潮 밀물 조) (분위기 · 감정 따위가) 가장 높은 정도에 이른 상태

[•]정체(正 바를 정, 體 몸 체) (사물 · 사람이 지니고 있는) 본래의 모습

[•]일보(一 한 일, 步 걸음 보) 한 걸음이라는 뜻으로, '아주 가까이 있음'을 비유하는 말

비 최고조(最 가장 최, 高 높을 고, 潮 밀물 조), 클라이맥스(climax)

결말

한자 맺을 결 結
끝 말 末

이야기에서 인물들 사이에 벌어진 사건과 갈등이 / 해결되고 마무리되는 부분

예 이 영화의 매력은 **결말**의 [•]반전인데, 친구가 **결말**을 미리 말하는 바람에 김빠져서 영화의 재미가 [•]반감되었다.

[•]반전(反 돌이킬 반, 轉 구를 전) 일의 형세가 반대로 됨

[•]반감(半 반 반, 減 덜 감) 절반으로 줆. 또는 절반으로 줄임

도표

한자 그림 도 圖
겉 표 表

여러 가지 자료를 분석하여 / 그 관계를 알아보기 쉽게 / 그림으로 나타낸 표

예 이 게임은 캐릭터들의 여러 능력치를 **도표**로 나타내서 한눈에 알아보기 쉽다.

비 그래프(graph), 그림표(表)

두레박

줄을 길게 달아 / 우물물을 퍼 올리는 데 쓰는 / 도구

예 물을 퍼 올리기 위해 **두레박**을 우물에 떨어뜨리니 출렁 소리가 났다.

권유

한자 권할 권 勸
꾈 유 誘

남에게 어떤 일을 / [•]권하여 하도록 함

예 아이는 선생님의 [•]적극적인 **권유**로 미술 대회에 참가했다.

[•]권하다(권고하다) (勸, 告 고할 · 알릴 고) 어떤 일을 하도록 말하다

[•]적극적(積 쌓을 적, 極 극진할매우 정성스럽다 극) 어떤 일에 열심히 힘을 다하는 (것)

⟶ 바른 답 06쪽

1 문장을 읽고, 알맞은 낱말을 써 넣어 봅시다.

6주
1일

1) 이야기에서 사건이 본격적으로 펼쳐지는 부분

2) 이야기에서 인들들 간의 사건과 갈등이 최고조에 이르는 부분

3) 이야기에서 인물들 사이에 벌어진 사건과
   갈등이 해결되고 마무리되는 부분

4) 여러 가지 자료를 분석하여 그 관계를 알아보기 쉽게
   그림으로 나타낸 표

5) 줄을 길게 달아 우물물을 퍼 올리는 데 쓰는 도구

6) 남에게 어떤 일을 권하여 하도록 함

2 밑줄 친 곳에 알맞은 낱말을 써 넣어 문장을 완성해 봅시다.

1) 이야기의 _____ 단계에서는 이야기가 복잡하게 얽히고 갈등이 겉으로
   드러난다.

2) 영화는 범인의 정체가 밝혀지기 일보 직전인 _____ 으로 치닫고 있었다.

3) 이 영화의 매력은 _____ 의 반전인데, 친구가 _____ 을 미리
   말하는 바람에 김빠져서 영화의 재미가 반감되었다.

4) 이 게임은 캐릭터들의 여러 능력치를 _____로 나타내서 한눈에 알아보기 쉽다.

5) 물을 퍼 올리기 위해 _____ 을 우물에 떨어뜨리니 출렁 소리가 났다.

6) 아이는 선생님의 적극적인 _____ 로 미술 대회에 참가했다.

1. 작품 속 인물과 나

이문의 콩쥐는 집 | 교과서 64~77쪽 |

최선

한자 가장 ·
제일 최 最
착할 · 좋을 선 善

가장 좋음 또는 **그런 일**

예 매사 **최선**을 *선택하는 일은 쉽지 않지만, 적어도 *최악의 선택은 피해야 한다.

*선택하다(選 가릴 선, 擇 가릴 택) (여럿 가운데서 필요한 것을) 골라 뽑다

*최악(最, 惡 악할 · 나쁠 악) 가장 나쁨

앙알거리다

윗사람에게 *원망하는 뜻으로 / 자꾸 입속말로 *종알거리다

예 엄마는 장난감을 사주지 않는다고 *앙잘앙잘 **앙알거리는** 아이를 꾸짖었다.

*원망하다(怨 원망할 원, 望 바랄 망) 못마땅하게 여겨져 탓하거나 미워하다

*종알거리다 남이 잘 알아듣기 어려울 정도의 작은 목소리로 혼잣말을 자꾸 하다

*앙잘앙잘 작은 소리로 원망스럽게 자꾸 군소리를 자꾸 내는 모양

비 앙알대다, 앙알앙알하다

이파리 (잎사귀)

살아 있는 나무나 풀에 달린 / 하나하나의 잎

예 바람이 불자 나무 **이파리**들이 *나붓나붓 흔들렸고, 꽃잎들이 *아늘아늘 춤췄다.

*나붓나붓 얇은 천이나 종이 따위가 바람에 자꾸 가볍게 흔들리는 모양

*아늘아늘 얇고 부드러운 것이 빠르고 가볍게 춤추듯이 잇따라 흔들리는 모양

아련하다

똑똑하지 않고 / 분간하기 힘들게 *어렴풋하다

예 할머니는 젊었던 지난날의 사진들을 보면서 **아련한** 그리움에 젖어 들었다.

*어렴풋하다 기억이 똑똑하지 않다. 희미하다(稀 드물 희, 微 작을 미)

잦아들다

거친 기운이 / 가라앉아 가거나 · 잠잠해져 가다

예 거센 바람이 **잦아들면서** 불길이 서서히 잡히기 시작했다.

벙싯

입을 조금 크게 벌려 / 소리 없이 · 부드럽고 · 가볍게 / 한 번 웃는 **모양**

예 학생들이 까르르 웃음을 터뜨리자, 선생님도 흰 이를 드러내 보이며 **벙싯** 웃었다.

6주
2일

1 문장을 읽고, 알맞은 낱말을 써 넣어 봅시다.

1) 가장 좋음 또는 그런 일

2) 윗사람에게 원망하는 뜻으로 자꾸
   입속말로 종알거리다

3) 살아 있는 나무나 풀에 달린 하나하나의 잎

4) 똑똑하지 않고 분간하기 힘들게 어렴풋하다

5) 거친 기운이 가라앉아 가거나 · 잠잠해져 가다

6) 입을 조금 크게 벌려 소리 없이 · 부드럽고 · 가볍게 한 번 웃는 모양

2 밑줄 친 곳에 알맞은 낱말을 써 넣어 문장을 완성해 봅시다.

1) 매사 _____ 을 선택하는 일은 쉽지 않지만, 적어도 최악의 선택은 피해야
   한다.

2) 엄마는 장난감을 사주지 않는다고 앙잘앙잘 _____ 아이를 꾸짖었다.

3) 바람이 불자 나무 _____ 들이 나붓나붓 흔들렸고, 꽃잎들이 아늘아늘
   춤췄다.

4) 할머니는 젊었던 지난날의 사진들을 보면서 _____ 그리움에 젖어 들었다.

5) 거센 바람이 _____ 불길이 서서히 잡히기 시작했다.

6) 학생들이 까르르 웃음을 터뜨리자, 선생님도 흰 이를 드러내 보이며 _____
   웃었다.

이문이 꿈꾸는 집 | 교과서 64~77쪽 |

사부작사부작

별로 힘들이지 않고 / 계속 가볍게 행동하는 모양

예 요리사 *경력 삼십 년인 그는 능숙한 손놀림으로 **사부작사부작** 음식을 만들었다.

*경력(經 지날 경, 歷 지날 력) 지금까지 겪거나 거쳐 온 직업이나 학력 따위의 일

울컥하다

격한 감정이 / 갑자기 몹시 *치밀다

예 돌아가신 어머니의 *생전 모습이 떠올라 가슴이 **울컥하더니**, *이내 *눈시울이 뜨거워지면서 눈물이 펑펑 쏟아졌다.

*치밀다　　　(욕심 · 분노 · 슬픔 따위가) 세차게 복받쳐 오르다

*생전(生 날 생, 前 앞 전)　　　살아 있는 동안. 죽기 전

*이내　　　　　　그때 곧

*눈시울　　　눈언저리의 속눈썹이 난 곳

가녀리다

소리가 / 몹시 가늘고 · 힘이 없다

예 그녀의 목소리는 무슨 말인지 알아들을 수 없을 정도로 **가녀렸다**.

풀(이)죽다

기세, 기운이 / 없어지다

예 시험에서 52점을 맞고 *맥빠진 아이는 **풀죽은** 표정으로 고개를 *떨구었다.

*맥빠지다　　　(의욕이 떨어지거나 실망하여) 기운이 없어지다

*풀　　　　　세찬 기세나 활발한 기운

*떨구다(떨어뜨리다, 떨어트리다)　　　고개를 힘없이 아래로 향하다

**삐죽거리다
(삐죽대다)**

비웃거나 · 언짢거나 · 울려고 할 때 / 입을 내밀고 소리 없이 *실룩거리다

예 선생님의 꾸중에 아이는 못마땅한 표정을 지으며 입술을 **삐죽거렸다**.

*실룩거리다 (얼굴, 근육의 한 부분을) 한쪽으로 비뚤어지게 자꾸 움직이다

속살거리다

남이 알아듣지 못하도록 / 작은 목소리로 조금 수다스럽게 / 자꾸 *가만가만 이야기하다

예 수업 시간에 두 아이가 들릴 듯 말 듯 작은 소리로 무언가를 서로 **속살거리다** 선생님의 *지적을 받고 이야기를 멈추었다.

*가만가만　　　아주 조용하게. 남이 모르게 살그머니

*지적(指 가리킬지, 摘 들추어낼 적)　　　(잘못 · 실수 등을) 드러내어 꼭 집어 말함

비 속살대다, 속살속살하다, 수군대다, 수군거리다, 소곤거리다

1 문장을 읽고, 알맞은 낱말을 써 넣어 봅시다.

1) 별로 힘들이지 않고 계속 가볍게
행동하는 모양

2) 격한 감정이 갑자기 몹시 치밀다

3) 소리가 몹시 가늘고 · 힘이 없다

4) 기세, 기운이 없어지다

5) 비웃거나 · 언짢거나 · 울려고 할 때
입을 내밀고 소리 없이 실룩거리다

6) 남이 알아듣지 못하도록 작은 목소리로
조금 수다스럽게 자꾸 가만가만 이야기하다

2 밑줄 친 곳에 알맞은 낱말을 써 넣어 문장을 완성해 봅시다.

1) 요리사 경력 삼십 년인 그는 능숙한 손놀림으로 ＿＿＿＿＿ 음식을 만들었다.

2) 돌아가신 어머니의 생전 모습이 떠올라 가슴이 ＿＿＿＿＿, 이내 눈시울이
뜨거워지면서 눈물이 펑펑 쏟아졌다.

3) 그녀의 목소리는 무슨 말인지 알아들을 수 없을 정도로 ＿＿＿＿＿.

4) 시험에서 52점을 맞고 맥빠진 아이는 ＿＿＿＿＿ 표정으로 고개를 떨구었다.

5) 선생님의 꾸중에 아이는 못마땅한 표정을 지으며 입술을 ＿＿＿＿＿.

6) 수업 시간에 두 아이가 들릴 듯 말 듯 작은 소리로 무언가를 서로 ＿＿＿＿＿
선생님의 지적을 받고 이야기를 멈추었다.

2. 관용 표현을 활용해요

관용 표현

한자 익숙할 ·
버릇 관 慣
쓸 용 用
겉 표 表
나타날 현 現

오랫동안 사람들이 습관적으로 사용하면서 / 새로운 뜻으로 바뀐 표현

예 *관용 표현이란 둘 *이상의 낱말이 합쳐져 그 낱말의 원래 뜻과는 다른 새로운 뜻으로 굳어져 쓰이는 표현을 말한다.

*관용(慣用) 습관이 되어 늘 씀. 오랫동안 써서 굳어진 대로 늘 씀

*이상(以 써 이, 上 윗 상) (수량 · 정도 등이 일정한 기준보다) 더 많거나, 앞섬

발(이) 넓다

여러 사람과 쉽게 잘 사귀어 / 아는 사람이 많다

예 전교 회장인 아이는 전교생을 거의 다 알 정도로 **발이 넓다.**

**눈이 번쩍
뜨이다**

정신이 갑자기 *들다

예 아이는 자다가도 **눈이 번쩍 뜨일 만큼** 치킨을 좋아한다.

*들다 의식 · 정신이 회복되다. 생각 등이 일다

**발 없는 말이
천 리 간다**

'말은 비록 발이 없지만 천 리 밖까지도 순식간에 퍼진다'는 뜻으로 / 말을 조심히 해야 함을 비유적으로 이르는 말

예 김 교사는 친구의 비밀을 *소문내고 다니는 아이에게 "**발 없는 말이 천 리 간다**"는 관용 표현을 쓰며 *입단속을 잘하라고 당부했다.

*소문내다(所 곳 · 장소 소, 聞 들을 문) 소문을 퍼뜨리다

*입단속(團 둥글 · 모일 단, 束 묶을 · 약속할 속) 어떤 일에 대한 말이나 소문 따위가 퍼지지 아니하게 미리 다잡음

손발이 맞다

함께 일을 하는 데에 / 마음, 의견, 행동 방식 따위가 서로 맞다

예 십 년 동안 함께 일한 두 사람은 *작업할 때면 *척척 **손발이 맞았다.**

*작업하다(作 지을 작, 業 일 업) (사람이) 일정한 목적과 계획 아래 어떤 일을 하다

*척척(착착) 질서정연하게 조화를 이루어 행동하는 모양

관용어 (관용구)

한자 버릇 관 慣
쓸 용 用
말씀 어 語
글귀 구 句

둘 이상의 낱말이 합쳐져 / 원래의 뜻과는 전혀 다른 새로운 뜻으로 굳어져서 쓰이는 말

예 '입을 모으다'라는 **관용어**는 '입'과 '모으다'라는 각각의 낱말이 합쳐져서 '여러 사람이 같은 의견을 말하다'라는 뜻이다.

1 문장을 읽고, 알맞은 낱말을 써 넣어 봅시다.

6주
4일

1) 오랫동안 사람들이 습관적으로 사용하면서
   새로운 뜻으로 바뀐 표현 ▢▢▢▢

2) 여러 사람과 쉽게 잘 사귀어 아는 사람이 많다 ▢▢▢

3) 정신이 갑자기 들다 ▢▢▢▢▢

4) 말을 조심히 해야 함을 비유적으로 이르는 말
   ▢▢▢▢▢▢▢▢

5) 함께 일을 하는 데에 마음, 의견, 행동 방식
   따위가 서로 맞다 ▢▢▢

6) 둘 이상의 낱말이 합쳐져 원래의 뜻과는 전혀 다른
   새로운 뜻으로 굳어져서 쓰이는 말 ▢▢▢

2 밑줄 친 곳에 알맞은 낱말을 써 넣어 문장을 완성해 봅시다.

1) _____ 이란 둘 이상의 낱말이 합쳐져 그 낱말의 원래 뜻과는 다른 새로운
   뜻으로 굳어져 쓰이는 표현을 말한다.

2) 전교 회장인 아이는 전교생을 거의 다 알 정도로 _____ .

3) 아이는 자다가도 _____ 만큼 치킨을 좋아한다.

4) 김 교사는 친구의 비밀을 소문내고 다니는 아이에게 " _____ "는
   관용 표현을 쓰며 입단속을 잘하라고 당부했다.

5) 십 년 동안 함께 일한 두 사람은 작업할 때면 척척 _____ .

6) '입을 모으다'라는 _____ 는 '입'과 '모으다'라는 각각의 낱말이 합쳐져서
   '여러 사람이 같은 의견을 말하다'라는 뜻이다.

2. 관용 표현을 활용해요

여러 가지 관용 표현의 뜻 알기 | 교과서 90~95쪽 |

쇠뿔도 단김에 빼라

든든히 박힌 소의 **뿔**을 뽑으려면 불로 달구어 놓은 김에 해치워야 한다는 뜻으로 / 어떤 일을 하려고 생각했으면 한창 *열이 올랐을 때 **망설이지** 말고 곧바로 행동으로 옮겨야 함을 비유적으로 이르는 말

예 오랜만에 친구와 통화하면서 "언제 한번 만나자"고 말했더니, "**쇠뿔도 단김에 빼야지**"라는 말과 함께 "오늘 당장 만나자"며 약속 시간을 잡았다.

*열이 오르다 기세(氣 기운 기, 勢 형세 세: 기운차게 뻗치는 상태)가 오르다

김이 식다

재미, 의욕이 없어지다

예 영화를 보고 있는데, 동생이 결말을 말하는 바람에 **김이 식어서** TV를 껐다.

간(이) 떨어지다

*순간적으로 몹시 놀라다

예 한밤중에 무언가 "쾅"하고 떨어지는 소리에 너무 놀라서 **간이 떨어질** 뻔했다.

*순간적(瞬 눈 깜짝일 순, 間 사이 · 때 간) 매우 짧은 동안에 있는 (것)

비 간담(肝 간 간, 膽 쓸개 담)이 내려앉다, 간담이 서늘하다, 간이 서늘하다

손(이) 크다

씀씀이가 *넉넉하다

예 **손이 큰** 어머니는 집에 손님이 오면 언제나 음식을 푸짐하게 차리곤 하셨다.

*넉넉하다 (크기 · 수효 · 무게가 어떤 기준에) 충분히 차고도 남음이 있다

손꼽아 기다리다

날짜를 *꼽으며 기다리다

예 학교에 가는 게 싫었던 아이는 방학하는 날만을 *손꼽아 기다렸다.

*꼽다 수를 세려고 손가락을 하나씩 꼬부리다

*손꼽다 손가락을 하나씩 꼬부리며 수를 세다

천하를 얻은 듯

매우 기쁘고 만족스러움

예 취업에 어렵사리 성공한 그는 *천하를 얻은 듯 기뻤다.

*천하(天 하늘 천, 下 아래 하) 하늘 아래 온 세상

1 문장을 읽고, 알맞은 낱말을 써 넣어 봅시다.

1) 어떤 일을 하려고 생각했으면 한창 열이 올랐을 때 망설이지 말고 곧바로 행동으로 옮겨야 함을 비유적으로 이르는 말

☐ ☐ ☐ ☐ ☐ ☐ ☐ ☐

2) 재미, 의욕이 없어지다

☐ ☐ ☐

3) 순간적으로 몹시 놀라다

☐ ☐ ☐ ☐

4) 씀씀이가 넉넉하다

☐ ☐ ☐

5) 날짜를 꼽으며 기다리다

☐ ☐ ☐ ☐ ☐ ☐

6) 매우 기쁘고 만족스러움

☐ ☐ ☐ ☐ ☐

2 밑줄 친 곳에 알맞은 낱말을 써 넣어 문장을 완성해 봅시다.

1) 오랜만에 친구와 통화하면서 "언제 한번 만나자"고 말했더니, " ＿＿＿＿＿＿＿ " 라는 말과 함께 "오늘 당장 만나자"며 약속 시간을 잡았다.

2) 영화를 보고 있는데, 동생이 결말을 말하는 바람에 ＿＿＿＿＿ TV를 껐다.

3) 한밤중에 무언가 "쾅"하고 떨어지는 소리에 너무 놀라서 ＿＿＿＿＿ 뻔했다.

4) ＿＿＿＿＿ 어머니는 집에 손님이 오면 언제나 음식을 푸짐하게 차리곤 하셨다.

5) 학교에 가는 게 싫었던 아이는 방학하는 날만을 ＿＿＿＿＿＿ .

6) 취업에 어렵사리 성공한 그는 ＿＿＿＿＿＿ 기뻤다.

문장을 읽고, 알맞은 낱말을 써 넣어 봅시다.

1)   남에게 어떤 일을 권하여 하도록 함   _____

2)   순간적으로 몹시 놀라다   _____

3)   이야기에서 사건이 본격적으로 펼쳐지는 부분   _____

4)   줄을 길게 달아 우물물을 퍼 올리는 데 쓰는 도구   _____

5)   쓰임이가 넉넉하다   _____

6)   이야기에서 인들들 간의 사건과 갈등이 최고조에
     이르는 부분   _____

7)   거친 기운이 가라앉아 가거나 · 잠잠해져 가다   _____

8)   별로 힘들이지 않고 계속 가볍게 행동하는 모양   _____

9)   오랫동안 사람들이 습관적으로 사용하면서
     새로운 뜻으로 바뀐 표현   _____

10) 똑똑하지 않고 분간하기 힘들게 어렴풋하다   _____

11) 정신이 갑자기 들다   _____

12) 말을 조심히 해야 함을 비유적으로 이르는 말   _____

13) 함께 일을 하는 데에 마음, 의견, 행동 방식 따위가
     서로 맞다   _____

14) 어떤 일을 하려고 생각했으면 한창 열이 올랐을 때
     망설이지 말고 곧바로 행동으로 옮겨야 함을
     비유적으로 이르는 말   _____

15) 재미, 의욕이 없어지다   _____

→ 바른 답 06쪽

6주
평가

16) 기세, 기운이 없어지다   _____

17) 살아 있는 나무나 풀에 달린 하나하나의 잎   _____

18) 이야기에서 인물들 사이에 벌어진 사건과 갈등이
해결되고 마무리되는 부분   _____

19) 매우 기쁘고 만족스러움   _____

20) 격한 감정이 갑자기 몹시 치밀다   _____

21) 날짜를 꼽으며 기다리다   _____

22) 비웃거나 · 언짢거나 · 울려고 할 때 입을 내밀고
소리 없이 실룩거리다   _____

23) 남이 알아듣지 못하도록 작은 목소리로 조금 수다스럽게
자꾸 가만가만 이야기하다   _____

24) 윗사람에게 원망하는 뜻으로 자꾸 입속말로 종알거리다   _____

25) 둘 이상의 낱말이 합쳐져 원래의 뜻과는 전혀 다른
새로운 뜻으로 굳어져서 쓰이는 말   _____

26) 입을 조금 크게 벌려 소리 없이 · 부드럽고 · 가볍게
한 번 웃는 모양   _____

27) 여러 가지 자료를 분석하여 그 관계를 알아보기 쉽게
그림으로 나타낸 표   _____

28) 소리가 몹시 가늘고 · 힘이 없다   _____

29) 여러 사람과 쉽게 잘 사귀어 아는 사람이 많다   _____

30) 가장 좋음 또는 그런 일   _____

2 밑줄 친 곳에 알맞은 낱말을 써 넣어 문장을 완성해 봅시다.

1) 바람이 불자 나무 _____ 들이 나붓나붓 흔들렸고, 꽃잎들이 아늘아늘 춤췄다.

2) 돌아가신 어머니의 생전 모습이 떠올라 가슴이 _____ , 이내 눈시울이 뜨거워지면서 눈물이 펑펑 쏟아졌다.

3) 전교 회장인 아이는 전교생을 거의 다 알 정도로 _____ .

4) 오랜만에 친구와 통화하면서 "언제 한번 만나자"고 말했더니, " _____ "라는 말과 함께 "오늘 당장 만나자"며 약속 시간을 잡았다.

5) 이 게임은 캐릭터들의 여러 능력치를 _____ 로 나타내서 한눈에 알아보기 쉽다.

6) 취업에 어렵사리 성공한 그는 _____ 기뻤다.

7) 영화를 보고 있는데, 동생이 결말을 말하는 바람에 _____ TV를 껐다.

8) _____ 이란 둘 이상의 낱말이 합쳐져 그 낱말의 원래 뜻과는 다른 새로운 뜻으로 굳어져 쓰이는 표현을 말한다.

9) 물을 퍼 올리기 위해 _____ 을 우물에 떨어뜨리니 출렁 소리가 났다.

10) 학교에 가는 게 싫었던 아이는 방학하는 날만을 _____ .

11) 아이는 자다가도 _____ 만큼 치킨을 좋아한다.

12) 김 교사는 친구의 비밀을 소문내고 다니는 아이에게 " _____ " 는 관용 표현을 쓰며 입단속을 잘하라고 당부했다.

13) 십 년 동안 함께 일한 두 사람은 작업할 때면 척척 _____ .

14) 요리사 경력 삼십 년인 그는 능숙한 손놀림으로 _____ 음식을 만들었다.

15) _____ 어머니는 집에 손님이 오면 언제나 음식을 푸짐하게 차리곤 하셨다.

16) 그녀의 목소리는 무슨 말인지 알아들을 수 없을 정도로 _____ .

17) 매사 _____ 을 선택하는 일은 쉽지 않지만, 적어도 최악의 선택은 피해야 한다.

18) 선생님의 꾸중에 아이는 못마땅한 표정을 지으며 입술을 _____ .

19) 엄마는 장난감을 사주지 않는다고 앙잘앙잘 _____ 아이를 꾸짖었다.

20) 이야기의 _____ 단계에서는 이야기가 복잡하게 얽히고 갈등이 겉으로 드러난다.

21) 거센 바람이 _____ 불길이 서서히 잡히기 시작했다.

22) 이 영화의 매력은 _____ 의 반전인데, 친구가 _____ 을 미리 말하는 바람에 김빠져서 영화의 재미가 반감되었다.

23) 아이는 선생님의 적극적인 _____ 로 미술 대회에 참가했다.

24) 할머니는 젊었던 지난날의 사진들을 보면서 _____ 그리움에 젖어 들었다.

25) 영화는 범인의 정체가 밝혀지기 일보 직전인 _____ 으로 치닫고 있었다.

26) 학생들이 까르르 웃음을 터뜨리자, 선생님도 흰 이를 드러내 보이며 _____ 웃었다.

27) 시험에서 52점을 맞고 맥빠진 아이는 _____ 표정으로 고개를 떨구었다.

28) 수업 시간에 두 아이가 들릴 듯 말 듯 작은 소리로 무언가를 서로 _____ 선생님의 지적을 받고 이야기를 멈추었다.

29) '입을 모으다'라는 _____ 는 '입'과 '모으다'라는 각각의 낱말이 합쳐져서 '여러 사람이 같은 의견을 말하다'라는 뜻이다.

30) 한밤중에 무언가 "쾅"하고 떨어지는 소리에 너무 놀라서 _____ 뻔했다.

**여러 가지 관용 표현의 뜻을 알고 활용하기	교과서 96~99쪽 |**	**눈 깜짝할 사이**	매우 짧은 순간

눈 깜짝할 사이 — 매우 짧은 순간

예 학생들은 수업 시간은 *하루가 여삼추 같은데, 쉬는 시간은 **눈 깜짝할 사이**에 지나간다고 *푸념했다.

*하루가 여삼추(如 같을 여, 三 석 삼, 秋 가을 추) '하루가 삼 년과 같다'는 뜻으로, 짧은 시간이 매우 길게 느껴짐을 비유적으로 이르는 말

*푸념하다 (마음에 품은 어떤 불평 따위를) 겉으로 늘어놓다(말하다)

금이 가다 — 서로의 사이가 *틀어지다

예 아이는 사소한 오해로 관계에 **금이 간** 친구와 *화해하고 싶었다.

*틀어지다 사귀는 사이가 서로 벌어지다

*화해하다(和 화할 화, 解 풀 해) 싸움을 멈추고 안 좋은 감정을 풀어 없애다

간이 크다 — 겁이 없고 · 매우 *대담하다

예 그는 눈 하나 깜짝 안 하고 번지 점프를 할 정도로 **간이 크다.**

*대담하다(클 대 大, 쓸개 담 膽) 담력(용감한 기운)이 크고 용감하다

이야기를 듣고 관용 표현을 사용하는 까닭 알기 | 교과서 96~101쪽

파악하다
한자 잡을 · 가질 파 把 쥘 악 握

어떤 대상의 내용, 성질 따위를 / 충분히 이해하여 확실하게 알다

예 친구가 소리를 내지 않고 입만 뻥긋하며 말해서 말뜻을 정확히 **파악할** 수 없다.

비 이해하다(理 다스릴 이, 解 풀 해)

의도
한자 뜻 · 생각 의 意 그림 도 圖

무엇을 하고자 하는 / 마음속의 생각이나 계획 또는 무엇을 하려고 / *꾀함

예 수업 시간에 친구에게 *손짓을 보냈는데, 친구는 무슨 뜻인지 **의도**를 파악하지 못해서 고개를 갸웃댔다.

*꾀하다 어떤 일을 이루려고 뜻을 두거나 힘을 쓰다

*손짓 손을 놀려서 어떤 뜻을 나타내는 짓

연설
한자 펼 · 멀리 흐를 연 演 말씀 설 說

사람들 앞에서 / 자신의 *의견을 자세히 말하다

예 반장 선거에 나가서 "학급을 위해 봉사하겠다"는 *포부를 밝히며 **연설**을 마쳤다.

*의견(意 뜻 · 생각 의, 見 볼 견) (어떤 사람이 사물 · 현상에 대해 갖는) 생각

*포부(抱 안을 · 품을 포, 負 짐 질 부) 마음속에 지닌 앞날에 대한 계획이나 희망

1 문장을 읽고, 알맞은 낱말을 써 넣어 봅시다.

1) 매우 짧은 순간

2) 서로의 사이가 틀어지다

3) 겁이 없고·매우 대담하다

4) 어떤 대상의 내용, 성질 따위를 충분히 이해하여
   확실하게 알다

5) 무엇을 하고자 하는 마음속의 생각이나 계획
   또는 무엇을 하려고 꾀함

6) 사람들 앞에서 자신의 의견을 자세히 말하다

7주
1일

2 밑줄 친 곳에 알맞은 낱말을 써 넣어 문장을 완성해 봅시다.

1) 학생들은 수업 시간은 하루가 여삼추 같은데, 쉬는 시간은 _____ 에
   지나간다고 푸념했다.

2) 아이는 사소한 오해로 관계에 _____ 친구와 화해하고 싶었다.

3) 그는 눈 하나 깜작 안 하고 번지 점프를 할 정도로 _____ .

4) 친구가 소리를 내지 않고 입만 뻥긋하며 말해서 말뜻을 정확히 _____ 수
   없다.

5) 수업 시간에 친구에게 손짓을 보냈는데, 친구는 무슨 뜻인지 _____ 를
   파악하지 못해서 고개를 갸웃댔다.

6) 반장 선거에 나가서 "학급을 위해 봉사하겠다"는 포부를 밝히며 _____ 을
   마쳤다.

임시

한자 •임할 임 臨
때 시 時

원래 정해져 있지 않고 / 필요에 따라 그때그때 정하는 일

예 국내외에 흩어져 있던 독립운동가들은 하나의 •정부가 필요하다는 뜻을
함께해 대한민국 **임시** 정부를 중국 상하이에 세웠다.

•**임하다(臨)** 어떤 사태나 일에 직접 부닥치다

•**정부(政** 정사나라를 다스리는 일 **정, 府** 마을 부**)** 나라의 일을 맡아보는 국가 기관

대립

한자 마주할 ·
대답할 대 對
설 립 立

서로 맞서거나 버팀 또는 **그런 상태**

예 대한민국 임시 정부는 경제적으로 어려워졌고 독립운동가들 사이에서는
이를 어떻게 •극복할지를 두고 의견 **대립**이 커졌다.

•**극복하다(이길 극 克, 옷 · 복종할 복 服)** 이겨 내다. 노력하여 없애다

조직하다

한자 짤 ·
조직할 조 組
짤 직 織

특정한 목적을 이루기 위해 / 여러 •개체를 모아서 집단을 만들다

예 •일제 강점기에 우리 민족은 •무력으로 일제에 저항하기 위해 의병을
조직했다.

•**개체(個** 낱 개, **體** 몸 체**)** 독립하여 존재하는 낱낱의 물체

•**일제 강점기(日** 날 일, **帝** 임금 제, **強** 강할 강, **占** 차지할 점, **期** 기약할 기**)** 일본이
우리나라의 물건, 영토, 권리 따위를 강제로 빼앗아 차지한 시기(1910~1945)

•**무력(武** 무사 무, **力** 힘 력**)** (병력 · 무기를 바탕으로 하는) 군사상의 힘

애간장이 타다

한자 간 간 肝
창자 장 腸

몹시 초조하고 안타까워 / 걱정이 되다

예 엄마는 •재수한 아들이 올해도 대학 입시에 떨어질까 봐 •**애간장이 탔다.**

•**재수하다(再** 두 · 다시 한 번 재, **修** 닦을 · 익힐 수**)** (배웠던 것을) 다시 배우다

•**애** 걱정에 싸인 초조한 마음속

**하루에도
열두 번**

어떤 일이 매우 자주 일어나는 **것을 이르는 말**

예 동생은 어찌나 •변덕스러운지 마음이 **하루에도 열두 번** 바뀐다.

•**변덕스럽다(變** 변할 변, **德** 큰 덕**)** 이랬다저랬다 잘 변하는 성질 · 태도가 있다

**어금니를
악물다**

이를 악물어 / 굳은 의지를 나타내다

예 그는 올해에는 반드시 합격하겠다는 •각오를 다지며
어금니를 악물었다.

•**각오(覺** 깨달을 각, **悟** 깨달을 오**)** 앞으로 해야 할 일, 겪을 일에
대한 마음의 준비

1 문장을 읽고, 알맞은 낱말을 써 넣어 봅시다.

1) 원래 정해져 있지 않고 필요에 따라 그때그때 정하는 일　☐☐

2) 서로 맞서거나 버팀 또는 그런 상태　☐☐

3) 특정한 목적을 이루기 위해 여러 개체를 모아서
집단을 만들다　☐☐☐☐

4) 몹시 초조하고 안타까워 걱정이 되다　☐☐☐☐☐

5) 어떤 일이 매우 자주
일어나는 것을 이르는 말　☐☐☐☐☐☐

6) 이를 악물어 굳은 의지를
나타내다　☐☐☐☐☐☐☐

7주
2일

2 밑줄 친 곳에 알맞은 낱말을 써 넣어 문장을 완성해 봅시다.

1) 국내외에 흩어져 있던 독립운동가들은 하나의 정부가 필요하다는 뜻을 함께해
대한민국 _____ 정부를 중국 상하이에 세웠다.

2) 대한민국 임시 정부는 경제적으로 어려워졌고 독립운동가들 사이에서는 이를 어떻게
극복할지를 두고 의견 _____ 이 커졌다.

3) 일제 강점기에 우리 민족은 무력으로 일제에 저항하기 위해 의병을 _____.

4) 엄마는 재수한 아들이 올해도 대학 입시에 떨어질까 봐 _____.

5) 동생은 어찌나 변덕스러운지 마음이 _____ 바뀐다.

6) 그는 올해에는 반드시 합격하겠다는 각오를 다지며 _____.

깃발

어떤 일에 대하여 °내세우는 태도, 주장을 / 비유적으로 이르는 말

예 '사람이 곧 하늘이며 °제폭구민한다'는 **깃발** 아래 동학농민운동이 일어났다.

°**내세우다**   주장·의견 따위를 내놓고 주장하다

°**제폭구민하다(除 덜·없앨 제, 暴 사나울 폭, 救 구원할 구, 民 백성 민)**   포악한 것을
물리치고 어려움에 처한 백성을 구하다

비 기치(旗 기 기, 幟 기 치: 예전에 군대에서 쓰던 깃발)

추론하다

한자 밀 추 推
　　논할 론 論

이미 알려진 사실, 정보를 근거로 삼아 / **직접** 드러나지 않은 판단, 결론을 /
이끌어 내다

예 책을 읽다가 뜻을 모르는 낱말이 있을 때는 앞뒤 문장에서
　　알 수 있는 사실을 바탕으로 하여 그 뜻을 **추론한다.**

단결하다

한자 둥글·모일·
　　집단 단 團
　　맺을·묶을·
　　모을 결 結

많은 사람이 / 한마음 한뜻으로 °한데 뭉치다

예 °경제가 어려워지자 °난국을 이겨 내기 위해 온 국민이 **단결했다.**

°**한데**   한곳. 한군데

°**경제(經 지날 경, 濟 건널 제)**   재화(財 재물 재, 貨 재물 화: 돈이나 값 나가는 물건)와
서비스를 만들고, 나누고, 쓰는 모든 활동

°**난국(難 어려울 난, 局 판 국)**   어렵게 된 상황

고집하다

자기의 의견을 / 바꾸거나 고치지 않고 / 굳게 지키며 °내세우다

예 토의에서 자기 의견만 **고집하면** 모두가 받아들일 수 있는 결론에 이를 수 없다.

°**내세우다**   의견을 내놓아 여러 사람에게 알리다

공연히

한자 빌 공 空
　　그럴 연 然

아무 까닭 없이 또는 °실속이 없이

예 엄마가 장난감을 사 주지 않자 아이는 **공연히** °심술을 부리기 시작했다.

°**실속(實 열매·내용 실)** 실제의 알맹이가 되는 내용

°**심술부리다** 심술궂은(고집을 부리는) 행동을 하다

비 괜히, 괜스레, 일없이

배포

한자 밀칠·
　　물리칠 배 排
　　베·베풀 포 布

마음속에 품고 있는 / 생각

예 그는 겉으로 °어수룩한 척하고 속으로 딴 **배포**를 품고 있는 음흉한 사람이었다.

°**어수룩하다** 겉모습이나 언행이 치밀하지 못하여 순진하고 어설픈 데가 있다

비 포부(抱 안을·가질 포, 負 짐 질·빚질 부)

1 문장을 읽고, 알맞은 낱말을 써 넣어 봅시다.

1) 어떤 일에 대하여 내세우는 태도, 주장을 비유적으로 이르는 말 ☐ ☐

2) 이미 알려진 사실, 정보를 근거로 삼아 직접 드러나지 않은 판단, 결론을 이끌어 내다 ☐ ☐ ☐ ☐

3) 많은 사람이 한마음 한뜻으로 한데 뭉치다 ☐ ☐ ☐ ☐

4) 자기의 의견을 바꾸거나 고치지 않고 굳게 지키며 내세우다 ☐ ☐ ☐

5) 아무 까닭 없이 또는 실속이 없이 ☐ ☐ ☐

6) 마음속에 품고 있는 생각 ☐ ☐

2 밑줄 친 곳에 알맞은 낱말을 써 넣어 문장을 완성해 봅시다.

1) '사람이 곧 하늘이며 제폭구민한다'는 _____ 아래 동학농민운동이 일어났다.

2) 책을 읽다가 뜻을 모르는 낱말이 있을 때는 앞뒤 문장에서 알 수 있는 사실을 바탕으로 하여 그 뜻을 _____.

3) 경제가 어려워지자 난국을 이겨 내기 위해 온 국민이 _____.

4) 토의에서 자기 의견만 _____ 모두가 받아들일 수 있는 결론에 이를 수 없다.

5) 엄마가 장난감을 사 주지 않자 아이는 _____ 심술을 부리기 시작했다.

6) 그는 겉으로 어수룩한 척하고 속으로 딴 _____ 를 품고 있는 음흉한 사람이었다.

달성하다

한자 통할 달 達
이룰 성 成

목적한 것을 이루다

예 그는 "성과가 아주 만족스럽지는 않지만 °소기의 목적은 **달성했다**"고 °자평했다.

°소기(所 바일의 방법 소, 期 약속할 · 기대할 기)　처음에 바라던, 마음먹었던 바

°자평하다(自 스스로 자, 評 평할 평)　자기가 한 일을 스스로 평가하다

비 성취하다(成, 就 이룰 · 나아갈 취), 성공하다(成, 功 공 공), 이루다, 이룩하다

**공든 탑이
무너지랴**

한자 공로 ·
업적 공 功
탑 탑 塔

°공들여 쌓은 탑은 무너질 리 없다는 뜻으로 / 정성을 다한 일은 헛되지 않아 반드시 좋은 결과를 얻음을 비유적으로 이르는 말

예 '공든 탑이 무너지랴'라는 말이 있듯이, 열심히 시험을 준비했으니 반드시 좋은 결과가 있을 것이다.

°공들이다(功)　무엇을 이루려고 마음과 힘을 많이 쏟다

머리(를) 맞대다

무엇을 의논하거나 결정하기 위해 / 서로 마주 대하다

예 학생들은 °학예회에서 발표할 종목을 **머리를 맞대고** 함께 정했다.

°학예회(학습발표회) (學 배울 학, 藝 재주 예, 會 모일 회)　학생들이 노래, 연주, 연극 따위를 발표하고 그림, 글씨, 공예 따위의 작품을 전시하는 교육 활동

발 벗고 나서다

적극적으로 나서다

예 회장 선거의 °후보자는 "학생들이 즐거운 학교생활을 할 수 있도록 **발 벗고 나서겠다**"고 연설했다.

°후보자(候 기후 · 상황 후, 補 꿰맬 · 도울 보, 者 사람 자)　선거에서, 어떤 직위나 신분을 얻으려고 일정한 자격을 갖추어 나선 사람

**백지장도
맞들면 낫다**

한자 흰 백 白
종이 지 紙
베풀 장 張

가벼운 종이 한 장도 함께 들면 옮기기가 더 쉽다는 말로 / 아무리 쉬운 일이라도 여럿이 힘을 합해서 하면 **혼자 하는 것보다** 훨씬 더 쉽다

예 그는 "**백지장도 맞들면 낫다**"는 말과 함께 그녀의 손에 들려있던 책들을 집었다.

**천 리 길도
한 걸음부터**

아무리 큰 일이라도 작은 일부터 시작된다는 말로 / 무슨 일이든지 그 일의 시작이 중요하다

예 두꺼운 문제집을 보고 한숨짓는 아이에게 엄마는 "**천 리 길도 한 걸음부터**"라는 말과 함께 "우선 첫 장부터 풀어 보자"며 슬슬 달랬다.

→ 바른 답 07쪽

공부한 날　　월　　일　　학습평가 ☑

1 문장을 읽고, 알맞은 낱말을 써 넣어 봅시다.

1) 목적한 것을 이루다

▢▢▢▢

2) 정성을 다한 일은 헛되지 않아 반드시 좋은 결과를 얻음을 비유적으로 이르는 말

▢▢▢▢▢▢▢▢

3) 무엇을 의논하거나 결정하기 위해
　 서로 마주 대하다

▢▢▢▢

4) 적극적으로 나서다

▢▢▢▢

5) 아무리 쉬운 일이라도 여럿이 힘을 합해서 하면 혼자 하는 것보다 훨씬 더 쉽다

▢▢▢▢▢▢▢▢

6) 무슨 일이든지 그 일의 시작이 중요하다

▢▢▢▢▢▢▢▢

7주
4일

2 밑줄 친 곳에 알맞은 낱말을 써 넣어 문장을 완성해 봅시다.

1) 그는 "성과가 아주 만족스럽지는 않지만 소기의 목적은 ＿＿＿＿＿＿"고 자평했다.

2) '＿＿＿＿＿＿'라는 말이 있듯이, 열심히 시험을 준비했으니 반드시 좋은
　 결과가 있을 것이다.

3) 학생들은 학예회에서 발표할 종목을 ＿＿＿＿＿＿ 함께 정했다.

4) 회장 선거의 후보자는 "학생들이 즐거운 학교생활을 할 수 있도록
　 ＿＿＿＿＿＿"고 연설했다.

5) 그는 "＿＿＿＿＿＿"는 말과 함께 그녀의 손에 들려있던 책들을 집었다.

6) 두꺼운 문제집을 보고 한숨짓는 아이에게 엄마는 "＿＿＿＿＿＿"라는
　 말과 함께 "우선 첫 장부터 풀어 보자"며 슬슬 달랬다.

3. 타당한 근거로 글을 써요

속담으로 표현 국어라는 주의적라고 10여 | 교과서 105~106쪽 |

**말 한마디에
천 냥 빚도 갚는다**

말을 잘하면 천 냥이나 되는 큰 빚을 말로 갚을 수 있다는 말로 / 말만 잘하면 어려운 일도 해결할 수 있다

예 '**말 한마디에 천 냥 빚도 갚는다**'는 말처럼 말 한마디에는 큰 힘이 있다.

**벼 이삭은
익을수록
고개를 숙인다**

지식이 뛰어나고 훌륭한 사람일수록 / 겸손하고 · 남 앞에서 자기를 내세우지 않는다

예 백 점을 맞았다고 자랑을 늘어놓는 친구에게 "**벼 이삭은 익을수록 고개를 숙인다**"는 말과 함께 너무 ˙재지 말라고 ˙충고했다.

˙**재다**   잘난 척하며 으스대거나 뽐내다

˙**충고하다(忠** 충성 충, **告** 알릴 · 고할 고) 남의 잘못을 고치도록 진심으로 말해 주다

행동을 직접 보면서 이어을 만들기 위한 안내 숨의 중심이기 | 교과서 107~111쪽 |

홍보

한자 클 · 넓을 홍 弘
알릴 보 報

사업, 상품, 업적 따위를 / ˙일반에 널리 알림 또는 그 ˙알림

예 선배들은 ˙신입생을 자기 동아리에 들이려고 ˙분주히 **홍보**를 하고 다녔다.

˙**일반(一** 한 일, **般** 가지 · 일반 반)   보통의 사람들

˙**알림**   안부 · 상황 따위를 알리는 말 · 글

˙**신입생(新** 새 신, **入** 들 입, **生** 날 생)   새로 입학한 학생

˙**분주히(奔** 달릴 분, **走** 달릴 주)   이리저리 뛰어다니며 몹시 바쁘게

수어

한자 손 수 手
말씀 어 語

˙수화 언어를 줄여 이르는 말

예 말을 하지 못하는 사람들은 **수어**로 ˙의사소통을 한다.

˙**수화(手** 손 수, **話** 말씀 화)   청각 장애가 있는 사람들이 손과 손가락의 모양, 손바닥의 방향, 손의 위치, 손의 움직임을 달리 하여 의미를 전달하는 언어

˙**의사소통(意** 뜻 의, **思** 생각 사, **疏** 소통할 소, **通** 통할 통) 가지고 있는 생각이나 뜻이 서로 막히지 않고 잘 통함

근거를 들어 '찬성'과 '반대' | 교과서 112~118쪽 |

근거

한자 뿌리 근 根
근거 거 據

의견의 내용을 / ˙뒷받침해 주는 / 까닭

예 주장을 할 때에는 그에 대한 ˙타당한 **근거**가 뒷받침되어야 한다.

˙**뒷받침하다** 뒤에서 힘을 보태고 도움을 주다

˙**타당하다(妥** 온당할 · 마땅할 타, **當** 마땅 당) (일의 이치로 보아) 옳다

주장

한자 임금 · 주인 주 主
베풀 장 張

자신의 의견 따위를 / 굳게 내세움 또는 그런 의견

예 그는 여러 가지 근거를 들어서 자신의 **주장**이 옳음을 증명하였다.

1 문장을 읽고, 알맞은 낱말을 써 넣어 봅시다.

1) 말만 잘하면 어려운 일도 해결할 수 있다

☐☐☐☐☐☐☐☐☐☐☐☐

2) 지식이 뛰어나고 훌륭한 사람일수록 겸손하고 · 남 앞에서 자기를 내세우지 않는다

☐☐☐☐☐☐☐☐

☐☐☐☐☐☐

3) 사업, 상품, 업적 따위를 일반에 널리 알림 또는 그 알림   ☐☐

4) 수화 언어를 줄여 이르는 말   ☐☐

5) 의견의 내용을 뒷받침해 주는 까닭   ☐☐

6) 자신의 의견 따위를 굳게 내세움 또는 그런 의견   ☐☐

2 밑줄 친 곳에 알맞은 낱말을 써 넣어 문장을 완성해 봅시다.

1) ' ＿＿＿＿＿＿＿＿＿ '는 말처럼 말 한마디에는 큰 힘이 있다.

2) 백 점을 맞았다고 자랑을 늘어놓는 친구에게 " ＿＿＿＿＿＿＿＿＿ "는
    말과 함께 너무 재지 말라고 충고했다.

3) 선배들은 신입생을 자기 동아리에 들이려고 분주히 ＿＿＿＿＿ 를 하고 다녔다.

4) 말을 하지 못하는 사람들은 ＿＿＿＿＿ 로 의사소통을 한다.

5) 주장을 할 때에는 그에 대한 타당한 ＿＿＿＿＿ 가 뒷받침되어야 한다.

6) 그는 여러 가지 근거를 들어서 자신의 ＿＿＿＿＿ 이 옳음을 증명하였다.

1 문장을 읽고, 알맞은 낱말을 써 넣어 봅시다.

1) 적극적으로 나서다 _____

2) 수화 언어를 줄여 이르는 말 _____

3) 원래 정해져 있지 않고 필요에 따라 그때그때 정하는 일 _____

4) 몹시 초조하고 안타까워 걱정이 되다 _____

5) 어떤 일에 대하여 내세우는 태도, 주장을
   비유적으로 이르는 말 _____

6) 무엇을 하고자 하는 마음속의 생각이나 계획
   또는 무엇을 하려고 꾀함 _____

7) 서로의 사이가 틀어지다 _____

8) 자기의 의견을 바꾸거나 고치지 않고
   굳게 지키며 내세우다 _____

9) 목적한 것을 이루다 _____

10) 말만 잘하면 어려운 일도 해결할 수 있다 _____

11) 사람들 앞에서 자신의 의견을 자세히 말하다 _____

12) 많은 사람이 한마음 한뜻으로 한데 뭉치다 _____

13) 정성을 다한 일은 헛되지 않아 반드시 좋은 결과를
    얻음을 비유적으로 이르는 말 _____

14) 의견의 내용을 뒷받침해 주는 까닭 _____

15) 자신의 의견 따위를 굳게 내세움 또는 그런 의견 _____

⟶ 바른 답 07쪽

16) 무엇을 의논하거나 결정하기 위해 서로 마주 대하다 _____

17) 매우 짧은 순간 _____

18) 아무리 쉬운 일이라도 여럿이 힘을 합해서 하면
    혼자 하는 것보다 훨씬 더 쉽다 _____

19) 무슨 일이든지 그 일의 시작이 중요하다 _____

20) 아무 까닭 없이 또는 실속이 없이 _____

21) 사업, 상품, 업적 따위를 일반에 널리 알림 또는 그 알림 _____

22) 마음속에 품고 있는 생각 _____

23) 어떤 일이 매우 자주 일어나는 것을 이르는 말 _____

24) 이를 악물어 굳은 의지를 나타내다 _____

25) 지식이 뛰어나고 훌륭한 사람일수록 겸손하고·
    남 앞에서 자기를 내세우지 않는다 _____

26) 서로 맞서거나 버팀 또는 그런 상태 _____

27) 겁이 없고·매우 대담하다 _____

28) 이미 알려진 사실, 정보를 근거로 삼아 직접 드러나지
    않은 판단, 결론을 이끌어 내다 _____

29) 어떤 대상의 내용, 성질 따위를 충분히 이해하여
    확실하게 알다 _____

30) 특정한 목적을 이루기 위해 여러 개체를 모아서
    집단을 만들다 _____

2 밑줄 친 곳에 알맞은 낱말을 써 넣어 문장을 완성해 봅시다.

1) 아이는 사소한 오해로 관계에 _____ 친구와 화해하고 싶었다.

2) 친구가 소리를 내지 않고 입만 뻥긋하며 말해서 말뜻을 정확히 _____ 수 없다.

3) 엄마는 재수한 아들이 올해도 대학 입시에 떨어질까 봐 _____.

4) 백 점을 맞았다고 자랑을 늘어놓는 친구에게 "_____"는 말과 함께 너무 재지 말라고 충고했다.

5) 책을 읽다가 뜻을 모르는 낱말이 있을 때는 앞뒤 문장에서 알 수 있는 사실을 바탕으로 하여 그 뜻을 _____.

6) 수업 시간에 친구에게 손짓을 보냈는데, 친구는 무슨 뜻인지 _____ 를 파악하지 못해서 고개를 갸웃댔다.

7) 학생들은 수업 시간은 하루가 여삼추 같은데, 쉬는 시간은 _____ 에 지나간다고 푸념했다.

8) '_____'라는 말이 있듯이, 열심히 시험을 준비했으니 반드시 좋은 결과가 있을 것이다.

9) 학생들은 학예회에서 발표할 종목을 _____ 함께 정했다.

10) 회장 선거의 후보자는 "학생들이 즐거운 학교생활을 할 수 있도록 _____"고 연설했다.

11) 그는 올해에는 반드시 합격하겠다는 각오를 다지며 _____.

12) 주장을 할 때에는 그에 대한 타당한 _____ 가 뒷받침되어야 한다.

13) 대한민국 임시 정부는 경제적으로 어려워졌고 독립운동가들 사이에서는 이를 어떻게 극복할지를 두고 의견 _____ 이 커졌다.

14) 그는 겉으로 어수룩한 척하고 속으로 딴 _____ 를 품고 있는 음흉한 사람이었다.

→ 바른 답 07쪽

15) 그는 여러 가지 근거를 들어서 자신의 _____ 이 옳음을 증명하였다.

16) 토의에서 자기 의견만 _____ 모두가 받아들일 수 있는 결론에 이를 수 없다.

17) 반장 선거에 나가서 "학급을 위해 봉사하겠다"는 포부를 밝히며 _____ 을 마쳤다.

18) 그는 "_____"는 말과 함께 그녀의 손에 들려있던 책들을 집었다.

19) 두꺼운 문제집을 보고 한숨짓는 아이에게 엄마는 "_____"라는 말과 함께 "우선 첫 장부터 풀어 보자"며 슬슬 달랬다.

20) 말을 하지 못하는 사람들은 _____ 로 의사소통을 한다.

21) '사람이 곧 하늘이며 제폭구민한다'는 _____ 아래 동학농민운동이 일어났다.

22) 그는 눈 하나 깜작 안 하고 번지 점프를 할 정도로 _____ .

23) 그는 "성과가 아주 만족스럽지는 않지만 소기의 목적은 _____ "고 자평했다.

24) '_____'는 말처럼 말 한마디에는 큰 힘이 있다.

25) 선배들은 신입생을 자기 동아리에 들이려고 분주히 _____ 를 하고 다녔다.

26) 경제가 어려워지자 난국을 이겨 내기 위해 온 국민이 _____ .

27) 국내외에 흩어져 있던 독립운동가들은 하나의 정부가 필요하다는 뜻을 함께해 대한민국 _____ 정부를 중국 상하이에 세웠다.

28) 일제 강점기에 우리 민족은 무력으로 일제에 저항하기 위해 의병을 _____ .

29) 동생은 어찌나 변덕스러운지 마음이 _____ 바뀐다.

30) 엄마가 장난감을 사 주지 않자 아이는 _____ 심술을 부리기 시작했다.

7주
평가

1일 3. 타당한 근거로 글을 써요

논설문
한자 논할 논 論
말씀 설 說
글월 문 文

글쓴이가 자신의 주장을 내세워 / 읽는 사람을 ˙설득하기 위한 / 글
예 **논설문**은 다른 사람을 설득하기 위해 쓴 글로, 서론 본론 결론의
짜임새로 이루어져 있다.
˙**설득하다(說 말씀 설, 得 얻을 득)** 자신의 뜻에 따르도록 잘
알아듣게 말하다

난처하다
한자 어려울 난 難
곳 처 處

이럴 수도 없고 · 저럴 수도 없어 / 처지가 곤란하다
예 아이는 두 친구가 말다툼을 벌이며 누구 말이 맞냐고 묻자 입장이 **난처했다**.

공정
한자 공평할 공 公
바를 정 正

공평하고 올바름
예 법관은 법과 양심에 따라 자신의 판결에 최대한 **공정**을
˙기해야 한다.
˙**기하다(期 기약할 기)** 어떤 일이 이루어지도록 조심하여 행하다

공식
한자 공평할 공 公
법 식 式

국가, 사회에 의해 ˙공적으로 ˙인정된 / 방식
예 두 사람은 열애 사실이 ˙공개되자 이를 인정하고 연예계 **공식** 커플이 되었다.
˙**공적(公, 的 과녁 · 목표 적)** 사회 · 국가 · 대중(수많은 사람)에 널리 관계되는 (것)
˙**인정(認 알 인, 定 정할 정)** 옳거나 확실하다고 여김
˙**공개(公, 開 열 개)** 어떤 사실을 여러 사람 앞에 널리 드러냄

생산자
한자 날 생 生
낳을 산 産
사람 자 者

인간이 생활하는 데 필요한 각종 ˙재화를 / 만드는 일을 하는 사람
예 농산물 ˙직거래를 통해 농촌의 **생산자**와 도시의 소비자가 모두 이익을
얻는다.
˙**재화(財 재물 재, 貨 재물 화)** 인간이 바라는 바를 충족시켜 주는 모든 물건
˙**직거래(直 곧을 직, 去 갈 거, 來 올 래)** 중개인을 거치지 않고 살 사람과 팔 사람이
직접 거래함

소비자
한자 사라질 ·
없앨 소 消
쓸 · 소비할 비 費
사람 자 者

인간이 생활하는 데 필요한 각종 재화를 / 사서 쓰는 사람
예 이 회사는 좋은 품질의 ˙제품을 싼 가격에 제공하기 때문에 많은
소비자로부터 ˙신뢰를 받는다.
˙**제품(製 지을 · 만들 제, 品 물건 품)** 원료를 써서 만든 물품(값어치가 있는 물건)
˙**신뢰(信 믿을 신, 賴 의지할 뢰)** 믿고 의지함

1 **문장을 읽고, 알맞은 낱말을 써 넣어 봅시다.**

1) 글쓴이가 자신의 주장을 내세워 읽는 사람을
설득하기 위한 글   ☐☐☐

2) 이럴 수도 없고·저럴 수도 없어 처지가 곤란하다   ☐☐☐☐

3) 공평하고 올바름   ☐☐

4) 국가, 사회에 의해 공적으로 인정된 방식   ☐☐☐

5) 인간이 생활하는 데 필요한 각종 재화를 만드는 일을 하는 사람   ☐☐☐

6) 인간이 생활하는 데 필요한 각종 재화를 사서 쓰는 사람   ☐☐☐

8주
1일

2 **밑줄 친 곳에 알맞은 낱말을 써 넣어 문장을 완성해 봅시다.**

1) _____ 은 다른 사람을 설득하기 위해 쓴 글로, 서론 본론 결론의 짜임새로
이루어져 있다.

2) 아이는 두 친구가 말다툼을 벌이며 누구 말이 맞냐고 묻자 입장이 _____.

3) 법관은 법과 양심에 따라 자신의 판결에 최대한 _____ 을 기해야 한다.

4) 두 사람은 열애 사실이 공개되자 이를 인정하고 연예계 _____ 커플이
되었다.

5) 농산물 직거래를 통해 농촌의 _____ 와 도시의 소비자가 모두 이익을
얻는다.

6) 이 회사는 좋은 품질의 제품을 싼 가격에 제공하기 때문에 많은 _____
로부터 신뢰를 받는다.

이익

한자 이로울 이 利
더할 · 넘칠 익 益

일정 기간의 *총수입에서 / *총지출을 빼고 / 남은 돈

예 기업들은 **이익**을 얻기 위해 무역을 통해 다른 나라에 물건을 수출한다.

*총수입(總 모두 · 합할 총, 收 거둘 수, 入 들 입)　　어떤 일에 들어간 비용이나 경비
따위를 포함하여 그 일의 결과로 얻은 모든 이익

*총지출(總, 支 지탱할 · 버틸 지, 出 날 출)어떤 목적을 위해 내준 모든 돈

비 수익(收益), 이문(利, 文 글월 문), 이윤(利, 潤 윤택할 윤)

무역

한자 바꿀 무 貿
바꿀 역 易

나라와 나라 **사이에** / 서로 *물품을 사고파는 일

예 어떤 나라가 다른 나라보다 좋은 물건이 있을 때 **무역**을 통해서 다른 나라에
그 물건을 팔아서 이익을 얻는다.

*물품(物 물건 물, 品 물건 품) 쓸 만한 값어치가 있는 물건

거래

한자 갈 거 去
올 래 來

돈, 물품 따위를 / 주고받는 **일** 또는 사고파는 **일**

예 *시장은 여러 가지 물건을 사려는 사람과 팔려는 사람이
만나서 **거래**를 하는 곳을 말한다.

*시장(市 시장 시, 場 마당 장) 여러 가지 상품을 사고파는 일정한 장소

지불하다

한자 지탱할 지 支
떨칠 불 拂

돈을 내어 **주다** 또는 값을 **치르다**

예 장발장은 빵값을 **지불하지** 않아서 무려 19년 동안 감옥살이를 했다.

노동

한자 일할 노 勞
움직일 동 動

사람이 생활에 필요한 *물자를 얻기 위해 / 육체적, 정신적으로 노력하는 활동

예 사람들은 **노동**을 통해 필요한 것을 얻을 뿐만 아니라 사회에 *기여하는
보람과 기쁨을 느낀다.

*물자(物 물건 물, 資 재물 자) 생활에 필요한 갖가지 물건이나 재료

*기여(寄 부칠 기, 與 더불 · 줄 여)　도움이 되도록 이바지함

자립

한자 스스로 자 自
설 립 立

남의 힘을 빌리지 않고 / 스스로 섬

예 고등학교를 졸업한 그는 부모님으로부터 경제적 **자립**을 하기 위해
대학 입학 대신 *취업을 선택했다.

*취업(就 뜻 이룰 · 나아갈 취, 業 일 · 직업 업)　직업을 얻어 직장에 나감

문장을 읽고, 알맞은 낱말을 써 넣어 봅시다.

1) 일정 기간의 총수입에서 총지출을 빼고 남은 돈

2) 나라와 나라 사이에 서로 물품을 사고파는 일

3) 돈, 물품 따위를 주고받는 일 또는 사고파는 일

4) 돈을 내어 주다 또는 값을 치르다

5) 사람이 생활에 필요한 물자를 얻기 위해 육체적,
정신적으로 노력하는 활동

6) 남의 힘을 빌리지 않고 스스로 섬

8주
2일

 밑줄 친 곳에 알맞은 낱말을 써 넣어 문장을 완성해 봅시다.

1) 기업들은 _____ 을 얻기 위해 무역을 통해 다른 나라에 물건을 수출한다.

2) 어떤 나라가 다른 나라보다 좋은 물건이 있을 때 _____ 을 통해서 다른
나라에 그 물건을 팔아서 이익을 얻는다.

3) 시장은 여러 가지 물건을 사려는 사람과 팔려는 사람이 만나서 _____ 를
하는 곳을 말한다.

4) 장발장은 빵값을 _____ 않아서 무려 19년 동안 감옥살이를 했다.

5) 사람들은 _____ 을 통해 필요한 것을 얻을 뿐만 아니라 사회에 기여하는
보람과 기쁨을 느낀다.

6) 고등학교를 졸업한 그는 부모님으로부터 경제적 _____ 을 하기 위해 대학
입학 대신 취업을 선택했다.

일

3. 타당한 근거로 글을 써요

교진도시기
9월 3, 4주, 10월 1주

로 왼쪽 세로 텍스트: 공정 무역 제품을 사용합시다 | 교과서 119~126쪽 |

대가

한자 대신할 대 代
값 가 價

일을 하고 / 그에 대한 **값으로** 받는 돈

예 공정 무역이란 생산자의 노동에 정당한 **대가**를 지불해 생산자가 경제적
자립과 발전을 하도록 돕는 무역입니다.

확산

한자 넓힐 확 擴
흩을 산 散

흩어져 널리 퍼짐

예 정부는 °전염병의 **확산**을 막기 위해 °대대적인 예방 접종을 시작했다.
°**전염병(傳** 전할 전**, 染, 病** 병 병**)** 병원체(病**, 原** 근원 원**, 體** 몸 체: 세균, 바이러스,
따위의 병을 일으키는 미생물)가 다른 생물체에 옮아 집단적으로 유행하는 병
°**대대적(大** 클 대**, 大, 的** 과녁 · 목표 적**)** 일의 범위나 규모가 매우 큰

실질적

한자 열매 실 實
바탕 질 質
과녁 ·
목표 적 的

실제를 이루는 바탕**이** 되는

예 그는 사교육이 학업 성취에 **실질적**으로 도움이 되는지는 °미지수라고
주장했다.
°**미지수(未** 아닐 미**, 知** 알 지**, 數** 셈 수**)** 예측할 수 없는 앞일

동참하다

한자 같을 동 同
참여할 참 參

어떤 모임, 일을 / 같이 함께하다

예 그는 지구 환경을 보호하는 일에 모두 적극 **동참해야** 한다고 °호소했다.
°**호소하다(號** 부르짖을 호**, 召** 부를 소**)** 어떤 일에 참여하도록 마음이나 감정 따위를
불러일으키다

수출하다

한자 보낼 수 輸
날 출 出

국내의 상품, 기술을 / 외국으로 팔아 내보내다

예 다른 나라에서 수입한 원료나 부품을 이용하여 제품을 만들어
수출하는 무역을 °가공 무역이라고 한다.
°**가공(加** 더할 가**, 工** 장인 공**)** 원자재나 반제품에 손을 더 대어 새로운
제품을 만드는 일

수입하다

한자 보낼 수 輸
들 입 入

다른 나라의 °상품 따위를 / 국내로 사들이다

예 우리나라는 주로 석유, 철광석 등의 연료나 °공업 원료를 **수입하고,**
그것을 가공하여 만든 기계나 자동차 등의 공업 제품을 수출한다.
°**상품(商** 장사 상**, 品** 물건 품**)** 사고파는 물품
°**공업(工** 장인 공**, 業** 업 업**)** 원료를 가공하여 새로운 물품을
만드는 산업

120 | 국단어 완전 정복

문장을 읽고, 알맞은 낱말을 써 넣어 봅시다.

1) 일을 하고 그에 대한 값으로 받는 돈

2) 흩어져 널리 퍼짐

3) 실제를 이루는 바탕이 되는

4) 어떤 모임, 일을 같이 함께하다

5) 국내의 상품, 기술을 외국으로 팔아 내보내다

8주
3일

6) 다른 나라의 상품 따위를 국내로 사들이다

 밑줄 친 곳에 알맞은 낱말을 써 넣어 문장을 완성해 봅시다.

1) 공정 무역이란 생산자의 노동에 정당한 _____ 를 지불해 생산자가 경제적 자립과 발전을 하도록 돕는 무역입니다.

2) 정부는 전염병의 _____ 을 막기 위해 대대적인 예방 접종을 시작했다.

3) 그는 사교육이 학업 성취에 _____ 으로 도움이 되는지는 미지수라고 주장했다.

4) 그는 지구 환경을 보호하는 일에 모두 적극 _____ 한다고 호소했다.

5) 다른 나라에서 수입한 원료나 부품을 이용하여 제품을 만들어 _____ 무역을 가공 무역이라고 한다.

6) 우리나라는 주로 석유, 철광석 등의 연료나 공업 원료를 _____, 그것을 가공하여 만든 기계나 자동차 등의 공업 제품을 수출한다.

조합

한자 짤 조 組
합할 합 合

일정한 자격이 있는 사람으로 / 조직한 단체

예 시장에서 장사를 시작한 그에게 주변 *상인들은 **조합**에 *가입하라고
권유했다.

* 상인(장사 상 商, 사람 인 人) 장사(물건을 사서 파는 일)를 직업으로 하는 사람
* 가입하다(加 더할 가, 入 들 입) (단체·조직 따위에) 구성원으로 들어가다

유통

한자 흐를 유 流
통할 통 通

상품이 생산자 ⇒ 상인 ⇒ 소비자로 전달되는 과정

예 **유통** 과정에서 거치는 단계가 많으면 많을수록 생산자는 물건을 싸게 소비자
는 비싸게 팔고 사기때문에 생산자와 소비자가 직거래를 하기도 한다.

재배하다

한자 심을 재 栽
북을 돋울 배 培

식물을 / 심어서 기르다

예 *농가들은 추운 겨울에도 비닐하우스에서 갖가지
과일과 채소를 **재배한다**.

* 농가(農 농사 농, 家 집 가) 농사를 짓는 사람의 집. 또는 그 가정

상민

한자 항상 상 常
백성 민 民

예전의 신분제 사회에서, 양반과 *중인의 아래이며·천인보다는 위였던 / 일반
백성들을 이르던 말

예 조선시대의 *신분 중 **상민**은 대부분 농사를 짓는 농민이었고, 물건을 파는
상인과 물건을 만드는 수공업자도 **상민**에 속했다.

* 중인(中 가운데 중, 人 사람 인) 조선 시대 양반과 상민의 중간에 있던 신분 계급
* 신분(身 몸 신, 分 나눌 분) 옛날에, 태어날 때 출신에 따라 나눈 개인의 지위
비 백성, 서인(庶 여러 서, 人 사람 인), 평민(平 평평할 평, 民), 서민(庶民), 양민(良 어질
·좋을 양, 民), 양인(良人)

다국적

한자 많을 다 多
나라 국 國
문서 적 籍

여러 나라가 참여하거나·여러 나라의 것이 섞여 있음 또는 그런 것

예 오늘날 **다국적** 기업들은 세계 각 지역에 *자회사, 공장 등을 마련하고 생산
및 판매 활동을 국제적 규모로 한다.

* 자회사(子 아들 자, 會 모일 회, 社 모일 사) 다른 회사와 자본적 관계를 맺어 그 회
사의 지배를 받는 회사

상대적

한자 서로 상 相
대할·
마주할 대 對
과녁 적 的

다른 것과 서로 비교되는 관계에 있는 (것)

예 내 수학 성적은 95점으로 100점인 친구보다 **상대적**으로 낮지만,
*절대적으로 보면 95점이 결코 낮은 점수는 아니다.

* 절대적(絶 끊을 절, 對的) 다른 것과 비교하거나 상대될 만한 것이 없는

→ 바른 답 07쪽

1 문장을 읽고, 알맞은 낱말을 써 넣어 봅시다.

1) 일정한 자격이 있는 사람으로 조직한 단체
☐☐

2) 상품이 생산자 ⇒ 상인 ⇒ 소비자로 전달되는 과정
☐☐

3) 식물을 심어서 기르다
☐☐☐

4) 예전의 신분제 사회에서, 양반과 중인의 아래이며·
천인보다는 위였던 일반 백성들을 이르던 말
☐☐

5) 여러 나라가 참여하거나·여러 나라의 것이 섞여 있음
또는 그런 것
☐☐☐☐

6) 다른 것과 서로 비교되는 관계에 있는 (것)
☐☐☐

8주 4일

2 밑줄 친 곳에 알맞은 낱말을 써 넣어 문장을 완성해 봅시다.

1) 시장에서 장사를 시작한 그에게 주변 상인들은 _____ 에 가입하라고
권유했다.

2) _____ 과정에서 거치는 단계가 많으면 많을수록 생산자는 물건을 싸게
소비자는 비싸게 팔고 사기때문에 생산자와 소비자가 직거래를 하기도 한다.

3) 농가들은 추운 겨울에도 비닐하우스에서 갖가지 과일과 채소를 _____ .

4) 조선시대의 신분 중 _____ 은 대부분 농사를 짓는 농민이었고, 물건을
파는 상인과 물건을 만드는 수공업자도 _____ 에 속했다.

5) 오늘날 _____ 기업들은 세계 각 지역에 자회사, 공장 등을 마련하고 생산
및 판매 활동을 국제적 규모로 한다.

6) 내 수학 성적은 95점으로 100점인 친구보다 _____ 으로 낮지만,
절대적으로 보면 95점이 결코 낮은 점수는 아니다.

제값

물건의 가치에 맞는 / 가격
> 예 일부 다국적 기업은 가난한 나라의 물건을 **제값**을 주지 않고 *헐값에 산 뒤 비싸게 되팔아 많은 돈을 번다.
> *헐값(歇 쉴 · 휴식할 헐) 그 물건의 원래 가격보다 훨씬 싼 값

고용하다
한자 *품 팔 고 雇
쓸 ·
일할 용 用

품삯을 주고 / 일을 시키다
> 예 일부 다국적 기업들은 물건의 생산 *비용을 낮추려고 *임금이 성인에 비해 상대적으로 낮은 어린이를 **고용한다**.
> *품(을) 팔다   품삯(어떤 일을 하고 받거나 주는 돈)을 받고 일하다
> *비용(費 쓸 비, 用) (물건을 사거나, 일을 하는 데) 쓰이는 돈
> *임금(賃 품삯 임, 金 쇠 금)   일을 한 대가로 받는 돈

열대
한자 더울 열 熱
띠 대 帶

*적도를 중심으로 남북 위도 각각 23°27′ 사이에 있는 / 지역
> 예 **열대**는 1년 내내 월평균 기온이 18℃ 이상인 매우 따뜻한 지역으로, 적도를 중심으로 넓은 띠 모양으로 *분포해 있다.
> *적도(赤 붉을 적, 道 길 도)   위도의 기준이 되는 위도 0°의 선으로, 북극과 남극으로부터 같은 거리에 있는 지구의 중심에 있는 지점들을 이은 선
> *분포하다(分 나눌 분, 布 베 포)   (무엇이 일정한 범위에) 널리 퍼져 있다

수확하다
한자 거둘 수 收
거둘 확 穫

익은 농작물을 *거두어들이다
> 예 농부들은 비닐하우스 덕분에 계절을 앞당겨 과일과 채소를 **수확할** 수 있다.
> *거두어들이다   (곡식 · 열매 따위를) 따서 담거나, 한곳에 모아서 들이다

착취
한자 짜낼 착 搾
가질 취 取

자본가, 지주 등이 / 근로자, 농민이 제공한 노동의 가치만큼 임금을 지급하지 않고 / 그 이익의 대부분을 차지하는 일
> 예 하루 *종일 축구공을 만드는 아이의 임금이 고작 몇천 원에 *불과하다는 글을 읽고 어린이 노동력 **착취**가 심각하다고 생각했다.
> *종일(終 마칠 종, 日 날 일)   아침부터 저녁까지 내내(줄곧)
> *불과하다(不 아닐 불, 過 지날 과)   (무엇이 일정한 수량 · 정도에) 지나지 않다

여유
한자 남을 여 餘
넉넉할 유 裕

경제적, 시간적으로 / 넉넉하여 남음이 있음
> 예 형은 "**여유**가 된다면 천만 원만 빌려 줘?"라고 부탁했지만, 동생은 "그런 큰돈을 빌려줄 만한 **여유**가 없다"며 거절했다.

1 문장을 읽고, 알맞은 낱말을 써 넣어 봅시다.

1) 물건의 가치에 맞는 가격

2) 품삯을 주고 일을 시키다

3) 적도를 중심으로 남북 위도 각각 23°27′ 사이에 있는 지역

4) 익은 농작물을 거두어들이다

5) 자본가, 지주 등이 근로자, 농민이 제공한 노동의 가치만큼 임금을 지급하지 않고 그 이익의 대부분을 차지하는 일

6) 경제적, 시간적으로 넉넉하여 남음이 있음

8주
5일

2 밑줄 친 곳에 알맞은 낱말을 써 넣어 문장을 완성해 봅시다.

1) 일부 다국적 기업은 가난한 나라의 물건을 _____ 을 주지 않고 헐값에 산 뒤 비싸게 되팔아 많은 돈을 번다.

2) 일부 다국적 기업들은 물건의 생산 비용을 낮추려고 임금이 성인에 비해 상대적으로 낮은 어린이를 _____ .

3) _____ 는 1년 내내 월평균 기온이 18℃ 이상인 매우 따뜻한 지역으로, 적도를 중심으로 넓은 띠 모양으로 분포해 있다.

4) 농부들은 비닐하우스 덕분에 계절을 앞당겨 과일과 채소를 _____ 수 있다.

5) 하루 종일 축구공을 만드는 아이의 임금이 고작 몇천 원에 불과하다는 글을 읽고 어린이 노동력 _____ 가 심각하다고 생각했다.

6) 형은 " _____ 가 된다면 천만 원만 빌려 줘?"라고 부탁했지만, 동생은 "그런 큰돈을 빌려줄 만한 _____ 가 없다"며 거절했다.

1   **문장을 읽고, 알맞은 낱말을 써 넣어 봅시다.**

1)   인간이 생활하는 데 필요한 각종 재화를 사서 쓰는 사람   _____

2)   식물을 심어서 기르다   _____

3)   품삯을 주고 일을 시키다   _____

4)   글쓴이가 자신의 주장을 내세워 읽는 사람을 설득하기 위한 글   _____

5)   실제를 이루는 바탕이 되는   _____

6)   이럴 수도 없고 · 저럴 수도 없어 처지가 곤란하다   _____

7)   다른 나라의 상품 따위를 국내로 사들이다   _____

8)   다른 것과 서로 비교되는 관계에 있는 (것)   _____

9)   일정 기간의 총수입에서 총지출을 빼고 남은 돈   _____

10)   국가, 사회에 의해 공적으로 인정된 방식   _____

11)   나라와 나라 사이에 서로 물품을 사고파는 일   _____

12)   물건의 가치에 맞는 가격   _____

13)   사람이 생활에 필요한 물자를 얻기 위해 육체적, 정신적으로 노력하는 활동   _____

14)   여러 나라가 참여하거나 · 여러 나라의 것이 섞여 있음 또는 그런 것   _____

→ 바른 답 08쪽

15) 적도를 중심으로 남북 위도 각각 23°27′ 사이에 있는 지역 _____

16) 남의 힘을 빌리지 않고 스스로 섬 _____

17) 익은 농작물을 거두어들이다 _____

18) 상품이 생산자 ⇒ 상인 ⇒ 소비자로 전달되는 과정 _____

19) 자본가, 지주 등이 근로자, 농민이 제공한 노동의 가치만큼 임금을 지급하지 않고 그 이익의 대부분을 차지하는 일 _____

20) 경제적, 시간적으로 넉넉하여 남음이 있음 _____

21) 돈, 물품 따위를 주고받는 일 또는 사고파는 일 _____

22) 돈을 내어 주다 또는 값을 치르다 _____

23) 일을 하고 그에 대한 값으로 받는 돈 _____

24) 국내의 상품, 기술을 외국으로 팔아 내보내다 _____

25) 일정한 자격이 있는 사람으로 조직한 단체 _____

26) 공평하고 올바름 _____

27) 인간이 생활하는 데 필요한 각종 재화를 만드는 일을 하는 사람 _____

28) 어떤 모임, 일을 같이 함께하다 _____

29) 흩어져 널리 퍼짐 _____

30) 예전의 신분제 사회에서, 양반과 중인의 아래이며·천인보다는 위였던 일반 백성들을 이르던 말 _____

2 밑줄 친 곳에 알맞은 낱말을 써 넣어 문장을 완성해 봅시다.

1) 아이는 두 친구가 말다툼을 벌이며 누구 말이 맞냐고 묻자 입장이 _____ .

2) 다른 나라에서 수입한 원료나 부품을 이용하여 제품을 만들어 _____ 무역을 가공 무역이라고 한다.

3) 두 사람은 열애 사실이 공개되자 이를 인정하고 연예계 _____ 커플이 되었다.

4) 정부는 전염병의 _____ 을 막기 위해 대대적인 예방 접종을 시작했다.

5) 일부 다국적 기업들은 물건의 생산 비용을 낮추려고 임금이 성인에 비해 상대적으로 낮은 어린이를 _____ .

6) 이 회사는 좋은 품질의 제품을 싼 가격에 제공하기 때문에 많은 _____ 로부터 신뢰를 받는다.

7) _____ 는 1년 내내 월평균 기온이 18℃ 이상인 매우 따뜻한 지역으로, 적도를 중심으로 넓은 띠 모양으로 분포해 있다.

8) 시장에서 장사를 시작한 그에게 주변 상인들은 _____ 에 가입하라고 권유했다.

9) 농산물 직거래를 통해 농촌의 _____ 와 도시의 소비자가 모두 이익을 얻는다.

10) _____ 과정에서 거치는 단계가 많으면 많을수록 생산자는 물건을 싸게 소비자는 비싸게 팔고 사기때문에 생산자와 소비자가 직거래를 하기도 한다.

11) 기업들은 _____ 을 얻기 위해 무역을 통해 다른 나라에 물건을 수출한다.

12) 장발장은 빵값을 _____ 않아서 무려 19년 동안 감옥살이를 했다.

13) 내 수학 성적은 95점으로 100점인 친구보다 _____ 으로 낮지만, 절대적으로 보면 95점이 결코 낮은 점수는 아니다.

14) 고등학교를 졸업한 그는 부모님으로부터 경제적 _____ 을 하기 위해 대학 입학 대신 취업을 선택했다.

15) 어떤 나라가 다른 나라보다 좋은 물건이 있을 때 _____ 을 통해서 다른 나라에 그 물건을 팔아서 이익을 얻는다.

→ 바른 답 08쪽

16) 조선시대의 신분 중 _____ 은 대부분 농사를 짓는 농민이었고, 물건을 파는 상인과 물건을 만드는 수공업자도 _____ 에 속했다.

17) 시장은 여러 가지 물건을 사려는 사람과 팔려는 사람이 만나서 _____ 를 하는 곳을 말한다.

18) 형은 " _____ 가 된다면 천만 원만 빌려 줘?"라고 부탁했지만, 동생은 " 그런 큰돈을 빌려줄 만한 _____ 가 없다"며 거절했다.

19) _____ 은 다른 사람을 설득하기 위해 쓴 글로, 서론 본론 결론의 짜임새로 이루어져 있다.

20) 농부들은 비닐하우스 덕분에 계절을 앞당겨 과일과 채소를 _____ 수 있다.

21) 사람들은 _____ 을 통해 필요한 것을 얻을 뿐만 아니라 사회에 기여하는 보람과 기쁨을 느낀다.

22) 공정 무역이란 생산자의 노동에 정당한 _____ 를 지불해 생산자가 경제적 자립과 발전을 하도록 돕는 무역입니다.

23) 그는 지구 환경을 보호하는 일에 모두 적극 _____ 한다고 호소했다.

24) 법관은 법과 양심에 따라 자신의 판결에 최대한 _____ 을 기해야 한다.

25) 오늘날 _____ 기업들은 세계 각 지역에 자회사, 공장 등을 마련하고 생산 및 판매 활동을 국제적 규모로 한다.

26) 일부 다국적 기업은 가난한 나라의 물건을 _____ 을 주지 않고 헐값에 산 뒤 비싸게 되팔아 많은 돈을 번다.

27) 그는 사교육이 학업 성취에 _____ 으로 도움이 되는지는 미지수라고 주장했다.

28) 농가들은 추운 겨울에도 비닐하우스에서 갖가지 과일과 채소를 _____ .

29) 우리나라는 주로 석유, 철광석 등의 연료나 공업 원료를 _____ , 그것을 가공하여 만든 기계나 자동차 등의 공업 제품을 수출한다.

30) 하루 종일 축구공을 만드는 아이의 임금이 고작 몇천 원에 불과하다는 글을 읽고 어린이 노동력 _____ 가 심각하다고 생각했다.

8주
평가

1 문장을 읽고, 알맞은 낱말을 써 넣어 봅시다.

1) 이미 알려진 사실, 정보를 근거로 삼아 직접 드러나지
않은 판단, 결론을 이끌어 내다 ( )

2) 줄을 길게 달아 우물물을 퍼 올리는 데 쓰는 도구 ( )

3) 강압적인 힘으로 억눌러 가라앉힘 ( )

4) 익은 농작물을 거두어들이다 ( )

5) 사람이 무엇에 의문을 갖다 ( )

6) 인간이 생활하는 데 필요한 각종 재화를 사서 쓰는 사람 ( )

7) 적극적으로 나서다 ( )

8) 가슴이 찢어지는 듯이 심한 고통, 슬픔을 느끼다 ( )

9) 똑똑하지 않고 분간하기 힘들게 어렴풋하다 ( )

10) 서로 맞서거나 버팀 또는 그런 상태 ( )

11) 목적한 것을 이루다 ( )

12) 정신이 아찔하여 까무러치다 ( )

13) 여러 나라가 참여하거나 · 여러 나라의 것이 섞여 있음
또는 그런 것 ( )

14) 남이 알아듣지 못하도록 작은 목소리로 조금 수다스럽게
자꾸 가만가만 이야기하다 ( )

15) 자기 또는 자기와 관련된 일에 대하여 스스로의 가치,
능력을 믿고 자랑스럽게 여기는 마음 ( )

→ 바른 답 08쪽

16) 다른 나라의 상품 따위를 국내로 사들이다   (   )

17) 별로 힘들이지 않고 계속 가볍게 행동하는 모양   (   )

18) 품삯을 주고 일을 시키다   (   )

19) 여러 사람과 쉽게 잘 사귀어 아는 사람이 많다   (   )

20) 일, 상황이 앞뒤를 가릴 수 없을 만큼 몹시 급하다   (   )

21) 일정한 자격이 있는 사람으로 조직한 단체   (   )

22) 어떤 일을 하려고 생각했으면 한창 열이 올랐을 때
    망설이지 말고 곧바로 행동으로 옮겨야 함을
    비유적으로 이르는 말   (   )

23) 매우 짧은 동안   (   )

24) 오랫동안 사람들이 습관적으로 사용하면서
    새로운 뜻으로 바뀐 표현   (   )

25) 상품이 생산자 ⇒ 상인 ⇒ 소비자로 전달되는 과정   (   )

26) 몹시 화가 나다 또는 몹시 흥분하다   (   )

27) 정성을 다한 일은 헛되지 않아 반드시 좋은 결과를 얻음을
    비유적으로 이르는 말   (   )

28) 남에게 어떤 일을 권하여 하도록 함   (   )

29) 몹시 초조하고 안타까워 걱정이 되다   (   )

30) 공평하고 올바름   (   )

2 밑줄 친 곳에 알맞은 낱말을 써 넣어 문장을 완성해 봅시다.

1) 그는 사교육이 학업 성취에 _____ 으로 도움이 되는지는 미지수라고 주장했다.

2) 그는 올해에는 반드시 합격하겠다는 각오를 다지며 _____ .

3) 돌아가신 어머니의 생전 모습이 떠올라 가슴이 _____ , 이내 눈시울이 뜨거워지면서 눈물이 펑펑 쏟아졌다.

4) 옆집으로 이사 온 가족은 아빠, 엄마, 아이로 _____ 가정이었다.

5) 말을 하지 못하는 사람들은 _____ 로 의사소통을 한다.

6) 김 교사는 친구의 비밀을 소문내고 다니는 아이에게 " _____ "는 관용 표현을 쓰며 입단속을 잘하라고 당부했다.

7) 시골 할아버지 댁에 있는 _____ 안에는 잡동사니 물건들이 가득가득 차 있었다.

8) 농산물 직거래를 통해 농촌의 _____ 와 도시의 소비자가 모두 이익을 얻는다.

9) 시험에서 52점을 맞고 맥빠진 아이는 _____ 표정으로 고개를 떨구었다.

10) 엄마가 장난감을 사 주지 않자 아이는 _____ 심술을 부리기 시작했다.

11) 쓰레기를 태우니 _____ 냄새가 나서 숨이 막히고 자꾸 기침이 나왔다.

12) 장발장은 빵값을 _____ 않아서 무려 19년 동안 감옥살이를 했다.

13) '입을 모으다'라는 _____ 는 '입'과 '모으다'라는 각각의 낱말이 합쳐져서 '여러 사람이 같은 의견을 말하다'라는 뜻이다.

14) 이야기가 시작되는 _____ 단계에서는 주인공이 등장하고, 사건의 시간적, 공간적 배경을 제시하고, 인물들의 성격을 독자에게 알려 준다.

→ 바른 답 08쪽

15) 일부 다국적 기업은 가난한 나라의 물건을 _____ 을 주지 않고 헐값에 산 뒤 비싸게 되팔아 많은 돈을 번다.

16) 백 점을 맞았다고 자랑을 늘어놓는 친구에게 " _____ "는 말과 함께 너무 재지 말라고 충고했다.

17) 아이는 부모의 반대를 무릅쓰고 _____ 고등학교를 자퇴했다.

18) 어떤 나라가 다른 나라보다 좋은 물건이 있을 때 _____ 을 통해서 다른 나라에 그 물건을 팔아서 이익을 얻는다.

19) 이야기의 _____ 단계에서는 이야기가 복잡하게 얽히고 갈등이 겉으로 드러난다.

20) 시장은 여러 가지 물건을 사려는 사람과 팔려는 사람이 만나서 _____ 를 하는 곳을 말한다.

21) 금융 _____ 가 닥치자 많은 회사가 존폐의 _____ 에 처하게 되었다.

22) 하루 종일 축구공을 만드는 아이의 임금이 고작 몇천 원에 불과하다는 글을 읽고 어린이 노동력 _____ 가 심각하다고 생각했다.

23) 선생님의 꾸중에 아이는 못마땅한 표정을 지으며 입술을 _____ .

24) 내 수학 성적은 95점으로 100점인 친구보다 _____ 으로 낮지만, 절대적으로 보면 95점이 결코 낮은 점수는 아니다.

25) 그는 " _____ "는 말과 함께 그녀의 손에 들려있던 책들을 집었다.

26) 밤길을 걷다가 자동차 밑에서 갑자기 고양이가 튀어나와서 _____ 놀랐다.

27) 그는 지구 환경을 보호하는 일에 모두 적극 _____ 한다고 호소했다.

28) 엄마는 장난감을 사주지 않는다고 앙잘앙잘 _____ 아이를 꾸짖었다.

29) 동생은 어찌나 변덕스러운지 마음이 _____ 바뀐다.

30) 거센 바람이 _____ 불길이 서서히 잡히기 시작했다.

9~12주

칭찬 사과 색칠놀이

하루 공부를 잘 마쳤다면 나에게 칭찬 사과를 선물하세요.
사과 나무에 사과가 주렁주렁 열릴 때까지 열심히 공부합시다!

■ 하루 공부가 끝나면 사과 한 개씩 예쁘게 색칠해 보세요.

노출되다

한자 이슬 · 드러낼 노 露 나갈 · 떠날 출 出

겉으로 드러나다

예 가난한 나라의 농민들은 °작물 재배용 °농약에 **노출되어** 여러 질병을 앓고 있다.

°작물(농작물)(農, 作 지을 작, 物 물건 물)   논밭에 심어 가꾸는 곡식, 채소

°농약(농사 농 農, 약 약 藥)   (농작물에 해로운 벌레 · 병균 · 잡초 등을 없애거나, 농작물이 잘 자라게 하는) 약품

시장 경제

한자 시장 시 市 마당 장 場 경서 경 經 건널 제 濟

자유로운 경쟁 속에서 / 시장에서의 °수요와 °공급을 통해 / **상품의** 가격이 형성되는 경제

예 **시장 경제** 체제에서는 수요와 공급의 법칙에 따라 시장 가격이 결정된다.

°수요(需 쓰일 수, 要 구할 · 중요할 요)   어떤 재화를 일정한 가격으로 사려고 하는 욕구. 또는 이를 충족시키는 재화의 양

°공급(供 이바지할 공, 給 줄 급)   일정 기간 상품을 팔고자 하는 욕구. 또는 그 내놓은 재화(財 재물 재, 貨 재물 화)의 양

원가

한자 원 원 原 값 가 價

어떤 상품을 / 만들고 유통하고 판매하는 **과정에서 들어간** 비용을 계산한 / 가격

예 그 기업은 제품 °생산의 **원가**를 절감하기 위해 기본 원료를 °자체 생산했다.

°생산(生 날 생, 産 낳을 산)   인간이 생활하는 데 필요한 각종 물건을 만들어 냄

°자체(스스로 자 自, 몸 체 體) (다른 것을 제외한) 그 자신

절감하다

한자 마디 절 節 덜 감 減

돈, 물건을 / 아끼어 줄이다

예 상품의 시장 °경쟁력을 키우기 위해 생산 원가를 **절감하고** 품질을 높여야 한다.

°경쟁력(競 다툴 경, 爭 다툴 쟁, 力 힘 력) 상대와 겨루어 이길 수 있는 힘

대량

한자 큰 대 大 헤아릴 량 量

아주 많은 양

예 제품을 **대량**으로 생산하면 원가가 절감되어 가격 경쟁력이 높아진다.

살포하다

한자 뿌릴 살 撒 베풀 포 布

무엇을 여기저기에 흩어서 뿌리다

예 그 °대농장에서는 원가를 절감하기 위해 위험한 농약을 대량으로 **살포했다.**

°대농장(大 큰 대, 農 농사 농, 場 마당 장) 규모가 큰 농장

1 문장을 읽고, 알맞은 낱말을 써 넣어 봅시다.

1)　겉으로 드러나다

2)　자유로운 경쟁 속에서 시장에서의 수요와 공급을
　　통해 상품의 가격이 형성되는 경제

3)　어떤 상품을 만들고 유통하고 판매하는 과정에서 들어간
　　비용을 계산한 가격

4)　돈, 물건을 아끼어 줄이다

5)　아주 많은 양

6)　무엇을 여기저기에 흩어서 뿌리다

2 밑줄 친 곳에 알맞은 낱말을 써 넣어 문장을 완성해 봅시다.

1)　가난한 나라의 농민들은 작물 재배용 농약에 ＿＿＿＿＿ 여러 질병을 앓고
　　있다.

2)　＿＿＿＿＿ 체제에서는 수요와 공급의 법칙에 따라 시장 가격이 결정된다.

3)　그 기업은 제품 생산의 ＿＿＿＿＿ 를 절감하기 위해 기본 원료를 자체 생산했다.

4)　상품의 시장 경쟁력을 키우기 위해 생산 원가를 ＿＿＿＿＿ 품질을 높여야 한다.

5)　제품을 ＿＿＿＿＿ 으로 생산하면 원가가 절감되어 가격 경쟁력이 높아진다.

6)　그 대농장에서는 원가를 절감하기 위해 위험한 농약을 대량으로 ＿＿＿＿＿.

3. 타당한 근거로 글을 써요

독극물

한자 독 독 毒
심할 극 劇
만물 물 物

독성이 있는 물질

예 담배 연기 속에는 청산가리가 포함되어 있는데, 청산가리는 약 0.15g의 적은 양으로도 *치사량이 될 수 있는 **독극물**이다.

*치사량(致 이를 치, 死 죽을 사, 量 헤아릴 량) 생물을 죽음에 이르게 할 정도로 많은 약물의 양

화학 물질

한자 될 화 化
배울 학 學
만물 물 物
바탕 질 質

*화학적인 실험을 통해 / *인공적으로 만들어진 물질

예 담배 연기 속에는 약 4,000여 종의 **화학 물질**이 들어 있다.

*화학(化學) 물질의 성질과 구조, 물질의 생성과 분해 반응을 연구하는 학문

*인공적(人 사람 인, 工 장인 공, 的 과녁·목표 적) 사람의 힘으로 만든 (것)

채취하다

한자 캘 채 採
가질·
취할 취 取

풀, 나무, 어패류, 광물질 따위를 / 캐거나·베거나·따거나·뜯거나 하여 / 얻다

예 할머니는 산에서 **채취한** 갖가지 나물들을 장에 내다 팔았다.

퍼센트

영어 percent, %

전체의 양을 100이라고 할 때 / 어떤 양이 100분의 몇이 되는가를 나타내는 단위

예 가게에서 천 원짜리 아이스크림을 50**퍼센트** *할인된 가격인 오백 원에 판매한다.

*할인(割 나눌·끊을 할, 引 당길 인) 일정한 값에서 얼마를 깎아 줌

비 백분율(百 일백 백, 分 나눌 분, 率 비율 율)

확률

한자 굳을 확 確
비율 률 率

일정한 조건 하에서 / **특정한** 사건이 일어날 *가능성의 정도 또는 그 수치

예 주사위를 던져서 1의 눈이 나올 **확률**은 육분의 일이다.

*가능성(可 옳을 가, 能 능할 능, 性 성품 성) 어떠한 상황에서 특정한 일이 일어나길 기대할 수 있는 정도

발병률

한자 필 발 發
병들 병 病
율 률 率

어떤 기간 동안의 / 인구수에 대한 질병 *발생 건수의 / 비율

예 바나나를 채취해서 나르는 노동자들은 백혈병에 걸릴 확률이 *평균 **발병률** 보다 두 배나 높게 나타난다.

*발생(發, 生 날 생) (어떤 일·사물이) 새로 생겨남

*평균(평균값)(平 평평할 평, 均 고를 균) (여러 수, 양의) 중간 값을 갖는 수

1 문장을 읽고, 알맞은 낱말을 써 넣어 봅시다.

1) 독성이 있는 물질

2) 화학적인 실험을 통해 인공적으로 만들어진 물질

3) 풀, 나무, 어패류, 광물질 따위를 캐거나·베거나·
따거나·뜯거나 하여 얻다

4) 전체의 양을 100이라고 할 때 어떤 양이 100분의
몇이 되는가를 나타내는 단위

5) 일정한 조건 하에서 특정한 사건이 일어날 가능성의 정도 또는 그 수치

6) 어떤 기간 동안의 인구수에 대한 질병 발생 건수의 비율

2 밑줄 친 곳에 알맞은 낱말을 써 넣어 문장을 완성해 봅시다.

1) 담배 연기 속에는 청산가리가 포함되어 있는데, 청산가리는 약 0.15g의 적은
양으로도 치사량이 될 수 있는 _____ 이다.

2) 담배 연기 속에는 약 4,000여 종의 _____ 이 들어 있다.

3) 할머니는 산에서 _____ 갖가지 나물들을 장에 내다 팔았다.

4) 가게에서 천 원짜리 아이스크림을 50 _____ 할인된 가격인 오백 원에
판매한다.

5) 주사위를 던져서 1의 눈이 나올 _____ 은 육분의 일이다.

6) 바나나를 채취해서 나르는 노동자들은 백혈병에 걸릴 확률이 평균 _____
보다 두 배나 높게 나타난다.

3. 타당한 근거로 글을 써요

화학 비료

한자 될 화 化
배울 학 學
살찔 비 肥
되질할 료 料

화학적으로 처리하여 인공적으로 생산되는 •비료

예 **화학 비료**를 일절 사용하지 않고 유기 농법만으로 농사짓는 농가는 거의 없다.

•비료(肥料) 식물이 잘 자라도록 땅이나 흙에 뿌려 주는 영양 물질

유기농

한자 있을 유 有
틀 기 機
농사 농 農

화학 비료나 농약을 사용하지 않고 / 퇴비 같은 •유기 비료를 쓰며 · 생물학적인 방법으로 병충해를 방지하여 / 무공해 식량을 생산하려는 농업 또는 그 농사 방법

예 화학 비료나 농약을 대량으로 사용하는 기존의 농법이 토양을 오염시키고 인체에 해로운 영향을 끼친다는 반성에서 **유기농**이 시작되었다.

•유기 비료(有 있을 유, 機 틀 기, 肥 살찔 비, 料 헤아릴 료) 동물질 및 식물질로 만들어진 비료

비 유기 농법(有機農, 法 법 법), 유기 농업(有機農, 業 업 업)

인증

한자 알 인 認
증거 증 證

문서, 일 따위가 / 정당한 절차로 이루어졌다는 것을 공적 기관이 / 인정하여 증명함

예 식품의약품안전처에서는 어린이 식품에 '품질 **인증** 마크'를 •발급하여 어린이들이 안전하고 영양을 고루 갖춘 식품을 고를 수 있도록 품질 **인증**을 하고 있다.

•발급하다(發 필 발, 給 줄 급) (신분증 · 증명서 따위를) 만들어 주다

국제기구

한자 나라 국 國
가 제 際
틀 기 機
얽을 구 構

국제적인 목적이나 활동을 위해서 두 나라 이상의 회원국으로 구성된 조직체

예 유엔 아동 기금은 전 세계의 가난하고 굶주리는 아동의 지원을 위해 활동하는 **국제기구**이다.

주요

한자 주인 ·
임금 주 主
•요긴할 요 要

•주되고 · 중요함

예 국어와 수학은 **주요** 과목이라서 초등 1학년 때부터 고교 3학년 때까지 배운다.

•요긴하다(緊 긴할 꼭 필요하다 긴) 꼭 필요하고 중요하다

•주되다(主 임금 · 주인 주) 중심(중요하고 기본이 되는 부분)이 되다

원칙

한자 언덕 원 原
법칙 칙 則

변함없이 / 꼭 지켜야 하는 / •기본적인 규칙

예 다수결의 **원칙**에 따라 가장 많은 사람이 동의한 안건을 회의 주제로 •선정했다.

•기본적(基 기초 · 근본 기, 本 근본 본, 的)기초와 근본이 되는 (것)

•선정하다(選 가릴 선, 定 정할 정) (여럿 가운데서 어떤 것이) 뽑아 정하다

1 **문장을 읽고, 알맞은 낱말을 써 넣어 봅시다.**

1)   화학적으로 처리하여 인공적으로 생산되는 비료

2)   무공해 식량을 생산하려는 농업 또는 그 농사 방법

3)   문서, 일 따위가 정당한 절차로 이루어졌다는 것을
     공적 기관이 인정하여 증명함

4)   국제적인 목적이나 활동을 위해서 두 나라
     이상의 회원국으로 구성된 조직체

5)   주되고 · 중요함

6)   변함없이 꼭 지켜야 하는 기본적인 규칙

2 **밑줄 친 곳에 알맞은 낱말을 써 넣어 문장을 완성해 봅시다.**

1)   _____ 를 일절 사용하지 않고 유기 농법만으로 농사짓는 농가는 거의 없다.

2)   화학 비료나 농약을 대량으로 사용하는 기존의 농법이 토양을 오염시키고 인체에
     해로운 영향을 끼친다는 반성에서 _____ 이 시작되었다.

3)   식품의약품안전처에서는 어린이 식품에 '품질 _____ 마크'를 발급하여 어린이들이
     안전하고 영양을 고루 갖춘 식품을 고를 수 있도록 품질 _____ 을 하고 있다.

4)   유엔 아동 기금은 전 세계의 가난하고 굶주리는 아동의 지원을 위해 활동하는
     _____ 이다.

5)   국어와 수학은 _____ 과목이라서 초등 1학년 때부터 고교 3학년 때까지
     배운다.

6)   다수결의 _____ 에 따라 가장 많은 사람이 동의한 안건을 회의 주제로
     선정했다.

3. 타당한 근거로 글을 써요

윤리적

한자 인륜 윤 倫
다스릴 리 理
과녁 ·
목표 적 的

사람으로서 마땅히 지켜야 할 도리에 관한 또는 그러한 도리에 따르는

예 인간의 세포를 이용한 *복제 실험은 **윤리적** 문제 때문에 쉽게 *수행되지 못했다.

*복제(複 겹칠 복, 製 지을 제) 원래의 것과 똑같이 만듦. 또는 그 만든 물건

*수행(遂 드디어 · 따를 수, 行 다닐 · 행할 행) 생각하거나 계획한 대로 일을 해냄

비 도덕적(道 길 도, 德 큰 덕, 的), 양심적(良 어질 양, 心 마음 심, 的)

혼란

한자 섞을 혼 混
어지러울 란 亂

일, 상황, 마음 따위가 / *뒤죽박죽 섞여 어지러움

예 화재가 발생하자 **혼란**에 빠진 사람들이 질서를 잃고 *우왕좌왕했다.

*뒤죽박죽 이것저것이 함께 섞여 엉망인 모양. 또는 그 상태

*우왕좌왕(右 오른쪽 우, 往 갈 왕, 左 왼 좌, 往) 올바른 방향을 잡거나 차분한 행동을 취하지 못하고 이리저리 왔다갔다하는 모양

일시적

한자 하나 일 一
때 시 時
과녁 · 목표 적 的

한때나 한동안만의 (것) 또는 오래가지 못하는 (것)

예 평소에 놀기만 하는 아이는 시험 기간에만 **일시적**으로 열심히 공부했다.

제공하다

한자 이끌 제 提
이바지할 공 供

내주어 / 도움이 되게 하다

예 대학에서는 성적 우수 입학생에게 장학금은 물론 *숙식까지 **제공한다**.

*숙식(宿 잠잘 숙, 食 밥 · 먹을 식) 잠을 자고 밥을 먹음

원조

한자 도울 원 援
도울 조 助

물품, 돈 따위로 / 도와줌

예 공정 무역 제품은 가난한 나라에 일시적인 **원조**를 제공하는 데 그치지 않고 자립하도록 도와주는 방법이다.

피톤치드

영어 phytoncide

나무에서 나오는 / 주위의 병원균, 해충, 곰팡이 따위의 미생물을 죽이는 **작용을 하는** / 물질

예 *산림욕을 하면 많은 양의 **피톤치드**를 *흡입하게 되어 건강에 도움이 된다.

*산림욕(山 메 · 뫼 산, 林 수풀 림, 浴 목욕할 욕) 숲에서 산책하거나 온몸을 드러내고 숲 기운을 쐬는 일

*흡입하다(吸 마실 흡, 入 들 입) (액체 · 기체 따위를) 들이마시다

1 문장을 읽고, 알맞은 낱말을 써 넣어 봅시다.

1) 사람으로서 마땅히 지켜야 할 도리에 관한 또는
   그러한 도리에 따르는

2) 일, 상황, 마음 따위가 뒤죽박죽 섞여 어지러움

3) 한때나 한동안만의 (것) 또는 오래가지 못하는 (것)

4) 내주어 도움이 되게 하다

5) 물품, 돈 따위로 도와줌

6) 나무에서 나오는 주위의 병원균, 해충, 곰팡이
   따위의 미생물을 죽이는 작용을 하는 물질

2 밑줄 친 곳에 알맞은 낱말을 써 넣어 문장을 완성해 봅시다.

1) 인간의 세포를 이용한 복제 실험은 _____ 문제 때문에 쉽게 수행되지
   못했다.

2) 화재가 발생하자 _____에 빠진 사람들이 질서를 잃고 우왕좌왕했다.

3) 평소에 놀기만 하는 아이는 시험 기간에만 _____으로 열심히 공부했다.

4) 대학에서는 성적 우수 입학생에게 장학금은 물론 숙식까지 _____.

5) 공정 무역 제품은 가난한 나라에 일시적인 _____를 제공하는 데 그치지
   않고 자립하도록 도와주는 방법이다.

6) 산림욕을 하면 많은 양의 _____를 흡입하게 되어 건강에 도움이 된다.

5일

3. 타당한 근거로 글을 써요

경관
한자 햇빛 ·
경치 경 景
볼 관 觀

산, 들, 강, 바다 따위의 / 자연의 모습

예 산 *정상에 있는 정자에 올라 산봉우리들이 병풍처럼 둘러싼 **경관**을 구경했다.

*정상(頂 정수리 · 꼭대기 정, 上 윗 상)   산 따위에서 맨 꼭대기

비 풍경(風 바람 · 경관 풍, 景), 경치(景, 致 이를 치), 풍광(風, 光 빛 광)

증진
한자 더할 증 增
나아갈 진 進

점점 커져 나감 또는 더하여 좋아짐

예 *건강의 **증진**을 위해 규칙적인 운동과 균형 잡힌 식사가 중요하다.

*건강(健 굳셀 건, 康 편안 강) 병이 없고 튼튼함. 또는 그런 상태

면역력
한자 벗어날 면 免
전염병 역 疫
힘 력 力

병원균, 독소가 몸 안에 *침입하여도 / 병에 걸리지 않도록 저항하는 힘

예 채소와 과일에는 우리 몸의 **면역력**을 키워 주는 여러 가지 영양소가 들어 있다.

*침입하다(侵 침노할불법으로 쳐들어가다, 손해를 끼치다 침, 入 들 입)   침노하여 들어 가다

향상
한자 향할 향 向
위 상 上

실력, 수준, 기술이 / 이전보다 더 / 좋아짐, 높아짐

예 연구팀은 성적의 **향상**은 스스로 공부하는 시간에 따라 결정된다고 *결론지었다.

*결론짓다(結 맺을 결, 論 논할 론)   마지막으로 판단을 내려 끝을 맺다

대응하다
한자 대할 대 對
응할 응 應

일의 상황에 맞춰 / 자세, 행동을 *취하다

예 우리는 급변하는 *세계정세의 변화에 *유연히 **대응할** 필요가 있다.

*취하다(取 가질 취)   (어떤 일에 대하여) 어떤 행동을 하거나, 태도를 보이다

*세계정세(世 인간 세, 界 지경 계, 情 뜻 정, 勢 형세 세)   세계 각국이 움직여 나가고 있는 형편

*유연히(柔 부드러울 유, 軟 연할 연)   한쪽으로 치우치지 않고 융통성이 있게

비 대처하다(對, 處 곳 처)

배출
한자 밀어낼 ·
배척할 배 排
날 출 出

안에서 밖으로 / 밀어 내보냄

예 화석 연료를 태울 때 **배출**이 되는 이산화 탄소는 지구 온난화를 일으키는 가장 큰 원인이다.

1 문장을 읽고, 알맞은 낱말을 써 넣어 봅시다.

1)   산, 들, 강, 바다 따위의 자연의 모습   ☐☐

2)   점점 커져 나감 또는 더하여 좋아짐   ☐☐

3)   병원균, 독소가 몸 안에 침입하여도 병에 걸리지
     않도록 저항하는 힘   ☐☐☐

4)   실력, 수준, 기술이 이전보다 더 좋아짐, 높아짐   ☐☐

5)   일의 상황에 맞춰 자세, 행동을 취하다   ☐☐☐☐

6)   안에서 밖으로 밀어 내보냄   ☐☐

2 밑줄 친 곳에 알맞은 낱말을 써 넣어 문장을 완성해 봅시다.

1)   산 정상에 있는 정자에 올라 산봉우리들이 병풍처럼 둘러싼 _____ 을
     구경했다.

2)   건강의 _____ 을 위해 규칙적인 운동과 균형 잡힌 식사가 중요하다.

3)   채소와 과일에는 우리 몸의 _____ 을 키워 주는 여러 가지 영양소가 들어
     있다.

4)   연구팀은 성적의 _____ 은 스스로 공부하는 시간에 따라 결정된다고
     결론지었다.

5)   우리는 급변하는 세계정세의 변화에 유연히 _____ 필요가 있다.

6)   화석 연료를 태울 때 _____ 이 되는 이산화 탄소는 지구 온난화를
     일으키는 가장 큰 원인이다.

문장을 읽고, 알맞은 낱말을 써 넣어 봅시다.

1) 변함없이 꼭 지켜야 하는 기본적인 규칙　　　　_____

2) 아주 많은 양　　　　_____

3) 자유로운 경쟁 속에서 시장에서의 수요와 공급을 통해 상품의 가격이 형성되는 경제　　　　_____

4) 전체의 양을 100이라고 할 때 어떤 양이 100분의 몇이 되는가를 나타내는 단위　　　　_____

5) 독성이 있는 물질　　　　_____

6) 물품, 돈 따위로 도와줌　　　　_____

7) 화학적인 실험을 통해 인공적으로 만들어진 물질　　　　_____

8) 풀, 나무, 어패류, 광물질 따위를 캐거나 · 베거나 · 따거나 · 뜯거나 하여 얻다　　　　_____

9) 안에서 밖으로 밀어 내보냄　　　　_____

10) 무공해 식량을 생산하려는 농업 또는 그 농사 방법　　　　_____

11) 사람으로서 마땅히 지켜야 할 도리에 관한 또는 그러한 도리에 따르는　　　　_____

12) 일, 상황, 마음 따위가 뒤죽박죽 섞여 어지러움　　　　_____

13) 한때나 한동안만의 (것) 또는 오래가지 못하는 (것)　　　　_____

14) 산, 들, 강, 바다 따위의 자연의 모습　　　　_____

15) 실력, 수준, 기술이 이전보다 더 좋아짐, 높아짐　　　　_____

→ 바른 답 09쪽

16) 병원균, 독소가 몸 안에 침입하여도 병에 걸리지 않도록
    저항하는 힘   _____

17) 무엇을 여기저기에 흩어서 뿌리다   _____

18) 내주어 도움이 되게 하다   _____

19) 나무에서 나오는 주위의 병원균, 해충, 곰팡이 따위의
    미생물을 죽이는 작용을 하는 물질   _____

20) 화학적으로 처리하여 인공적으로 생산되는 비료   _____

21) 국제적인 목적이나 활동을 위해서 두 나라 이상의
    회원국으로 구성된 조직체   _____

22) 주되고 · 중요함   _____

23) 문서, 일 따위가 정당한 절차로 이루어졌다는 것을
    공적 기관이 인정하여 증명함   _____

24) 점점 커져 나감 또는 더하여 좋아짐   _____

25) 일의 상황에 맞춰 자세, 행동을 취하다   _____

26) 일정한 조건 하에서 특정한 사건이 일어날 가능성의 정도
    또는 그 수치   _____

27) 어떤 기간 동안의 인구수에 대한 질병 발생 건수의 비율 _____

28) 돈, 물건을 아끼어 줄이다   _____

29) 어떤 상품을 만들고 유통하고 판매하는 과정에서 들어간
    비용을 계산한 가격   _____

30) 겉으로 드러나다   _____

2 밑줄 친 곳에 알맞은 낱말을 써 넣어 문장을 완성해 봅시다.

1) 연구팀은 성적의 _____ 은 스스로 공부하는 시간에 따라 결정된다고 결론지었다.

2) 산 정상에 있는 정자에 올라 산봉우리들이 병풍처럼 둘러싼 _____ 을 구경했다.

3) 바나나를 채취해서 나르는 노동자들은 백혈병에 걸릴 확률이 평균 _____ 보다 두 배나 높게 나타난다.

4) 건강의 _____ 을 위해 규칙적인 운동과 균형 잡힌 식사가 중요하다.

5) 가게에서 천 원짜리 아이스크림을 50 _____ 할인된 가격인 오백 원에 판매한다.

6) 인간의 세포를 이용한 복제 실험은 _____ 문제 때문에 쉽게 수행되지 못했다.

7) 그 대농장에서는 원가를 절감하기 위해 위험한 농약을 대량으로 _____.

8) 채소와 과일에는 우리 몸의 _____ 을 키워 주는 여러 가지 영양소가 들어 있다.

9) 제품을 _____ 으로 생산하면 원가가 절감되어 가격 경쟁력이 높아진다.

10) 화재가 발생하자 _____ 에 빠진 사람들이 질서를 잃고 우왕좌왕했다.

11) _____ 체제에서는 수요와 공급의 법칙에 따라 시장 가격이 결정된다.

12) _____ 를 일절 사용하지 않고 유기 농법만으로 농사짓는 농가는 거의 없다.

13) 화석 연료를 태울 때 _____ 이 되는 이산화 탄소는 지구 온난화를 일으키는 가장 큰 원인이다.

14) 담배 연기 속에는 청산가리가 포함되어 있는데, 청산가리는 약 0.15g의 적은 양으로도 치사량이 될 수 있는 _____ 이다.

15) 할머니는 산에서 _____ 갖가지 나물들을 장에 내다 팔았다.

→ 바른 답 09쪽

16) 가난한 나라의 농민들은 작물 재배용 농약에 _____ 여러 질병을 앓고 있다.

17) 식품의약품안전처에서는 어린이 식품에 '품질인증 마크'를 발급하여 어린이들이 안전하고 영양을 고루 갖춘 식품을 고를 수 있도록 품질 _____ 을 하고 있다.

18) 주사위를 던져서 1의 눈이 나올 _____ 은 육분의 일이다.

19) 그 기업은 제품 생산의 _____ 를 절감하기 위해 기본 원료를 자체 생산했다.

20) 상품의 시장 경쟁력을 키우기 위해 생산 원가를 _____ 품질을 높여야 한다.

21) 유엔 아동 기금은 전 세계의 가난하고 굶주리는 아동의 지원을 위해 활동하는 _____ 이다.

22) 대학에서는 성적 우수 입학생에게 장학금은 물론 숙식까지 _____.

23) 공정 무역 제품은 가난한 나라에 일시적인 _____ 를 제공하는 데 그치지 않고 자립하도록 도와주는 방법이다.

24) 담배 연기 속에는 약 4,000여 종의 _____ 이 들어 있다.

25) 산림욕을 하면 많은 양의 _____ 를 흡입하게 되어 건강에 도움이 된다.

26) 평소에 놀기만 하는 아이는 시험 기간에만 _____ 으로 열심히 공부했다.

27) 화학 비료나 농약을 대량으로 사용하는 기존의 농법이 토양을 오염시키고 인체에 해로운 영향을 끼친다는 반성에서 _____ 이 시작되었다.

28) 다수결의 _____ 에 따라 가장 많은 사람이 동의한 안건을 회의 주제로 선정했다.

29) 우리는 급변하는 세계정세의 변화에 유연히 _____ 필요가 있다.

30) 국어와 수학은 _____ 과목이라서 초등 1학년 때부터 고교 3학년 때까지 배운다.

이산화 탄소

한자 두 이 二
맛이 실 산 酸
될 화 化 숯 탄 炭
본디 소 素

물질이 탈 때 · 생물이 호흡할 때 / 생기는 **색깔이 없는** 기체

예 나무를 심으면 나무가 **이산화 탄소**를 흡수해 지구 온난화 예방에 도움이
된다.

지구 온난화
(온난화)

한자 땅 지 地,
공 · 둥글 구 球
따뜻할 온 溫
따뜻할 난 暖 될 화 化

지구 **표면의 평균** 기온이 / 올라가는 현상

예 북극의 °빙하가 **지구 온난화**의 영향으로
점점 빠르게 녹고 있다.

°**빙하(氷 얼음 빙, 河 물 하)** 눈이 오랫동안 쌓여 다져져 육지의 일부를 덮고 있는
얼음 층

목재

한자 나무 목 木
°재목 ·
재능 재 材

물건을 만드는 / 재료로 쓰이는 나무

예 °열대 우림의 나무들이 **목재** 생산을 위해 무분별하게 °벌목 되고 있다.

°**재목(材木)** (건축·기구 제작의) 재료가 되는 나무

°**열대 우림(熱 더울 열, 帶 띠 대, 雨 비 우, 林 수풀 림)** 일 년 내내 기온이 높고 비가 많
은 적도 부근의 열대 지방에서 발달하는 삼림(森 수풀 삼, 林: 나무가 많이 우거진 수풀)

°**벌목(伐 칠 · 벨 벌, 木 나무 목)** 나무를 벰

비 재목(材木), 나무

제재소

한자 지을 제 製
재목 재 材
바 · 곳 소 所

베어 낸 나무로 / 재목을 만드는 곳

예 숲에서 벌목한 나무를 목재로 만들기 위해 **제재소**로 운반했다.

비 목재소(木材所)

기사문

한자 기록할 기 記
일 사 事
글월 문 文

실제로 있었던 일을 / 보고 들은 사실 그대로 / °기록한 글

예 김 기자는 육하원칙(누가, 언제, 어디서, 무엇을, 어떻게, 왜)에 따라
기사문을 작성했다.

°**기록하다(記 기록할 기, 錄 기록할 록)** (남길 필요가 있는 사실을) 글로 쓰다

°**작성하다(作 지을 작, 成 이룰 성)** 서류 · 원고 · 계획 따위를 만들다

소문

한자 바 소 所
들을 문 聞

사람들 입에 오르내리며 / 세상에 떠도는 / 말

예 친구에게 털어놓은 비밀 이야기가 학교에 **소문**으로
°나돌기 시작했다.

°**나돌다** (소문이나 어떤 물건 따위가) 여기저기 퍼지거나 나타나다

—≫ 바른 답 09쪽

1 문장을 읽고, 알맞은 낱말을 써 넣어 봅시다.

10주
1일

1) 물질이 탈 때 · 생물이 호흡할 때 생기는
   색깔이 없는 기체

2) 지구 표면의 평균 기온이 올라가는 현상

3) 물건을 만드는 재료로 쓰이는 나무

4) 베어 낸 나무로 재목을 만드는 곳

5) 실제로 있었던 일을 보고 들은 사실 그대로 기록한 글

6) 사람들 입에 오르내리며 세상에 떠도는 말

2 밑줄 친 곳에 알맞은 낱말을 써 넣어 문장을 완성해 봅시다.

1) 나무를 심으면 나무가 _____를 흡수해 지구 온난화 예방에 도움이 된다.

2) 북극의 빙하가 _____의 영향으로 점점 빠르게 녹고 있다.

3) 열대 우림의 나무들이 _____ 생산을 위해 무분별하게 벌목 되고 있다.

4) 숲에서 벌목한 나무를 목재로 만들기 위해 _____ 로 운반했다.

5) 김 기자는 육하원칙(누가, 언제, 어디서, 무엇을, 어떻게, 왜)에 따라 _____
   을 작성했다.

6) 친구에게 털어놓은 비밀 이야기가 학교에 _____ 으로 나돌기 시작했다.

2일

학교진도시기
9월 3, 4주, 10월 1주

3. 타당한 근거로 글을 써요

자자하다

한자 자리 깔 자 藉, 藉

여러 사람의 입에 오르내려 떠들썩하다

예 누군가 떠벌리고 다니는 바람에 두 사람이 사귄다는 소문이 °전교에 **자자했다.**

°전교(全 온전할 전, 校 학교 교) 한 학교의 전체

불매

한자 아닐 불 不
살 매 買

어떤 상품을 / 사지 않음

예 환경 오염 물질을 °무단 배출한 기업의 제품을 사지 말자는 **불매** 운동이 일었다.

°무단(無 없을 무, 斷 끊을 단) 미리 승낙을 얻지 않음

운영하다

한자 옮길 운 運
경영할 영 營

조직, 일을 / 목적에 맞게 / 이끌어 나가다

예 전염병 유행으로 장사가 안 되자 그는 삼십 년 동안 **운영한** 식당을 °폐업했다.

°폐업하다(廢 폐할 폐, 業 업 업) 영업을 그만두다

비 경영하다(經 지날 경, 營)

배상

한자 물어줄 배 賠
갚을 상 償

남에게 입힌 손해를 물어 줌

예 그는 오만 원짜리 지폐 두 장을 건네며 깨뜨린 유리창에 대한 **배상**을 °갈음했다.

°갈음하다 (사람이 어떤 것을 다른 것으로) 바꾸어 대신하다

비 변상(辨 분별할 변, 償), 보상(報 갚을 보, 償), 손해배상(損 덜 손, 害 해할 해)

동기

한자 움직일 동 動
틀 기 機

일, 행동을 / 시작하게 만든 / °원인

예 공부와 담쌓고 지내던 아이에게 100점을 맞으면 휴대폰을 사주겠다는 엄마의 약속이 공부를 시작하게 만든 **동기**로 작용했다.

°원인(原 언덕 · 근원 원, 因 인할어떤 사실로 말미암다 인) 결과를 벌어지게 만든 일

단정적

한자 끊을 단 斷
정할 정 定
과녁 ·
목표 적 的

어떤 사실에 대하여 / 딱 잘라 판단하고 결정하는 (것)

예 "언제 한번 보자"라는 °모호한 말에 그는 "오늘 만나자"며 **단정적**으로 답했다.

°모호하다(模 모호할 모, 糊 흐릿할 호) 말 · 태도가 흐리터분하여 분명하지 않다

1 문장을 읽고, 알맞은 낱말을 써 넣어 봅시다.

10주
2일

1) 여러 사람의 입에 오르내려 떠들썩하다 ☐☐☐☐

2) 어떤 상품을 사지 않음 ☐☐

3) 조직, 일을 목적에 맞게 이끌어 나가다 ☐☐☐

4) 남에게 입힌 손해를 물어 줌 ☐☐

5) 일, 행동을 시작하게 만든 원인 ☐☐

6) 어떤 사실에 대하여 딱 잘라 판단하고 결정하는 (것) ☐☐☐

2 밑줄 친 곳에 알맞은 낱말을 써 넣어 문장을 완성해 봅시다.

1) 누군가 떠벌리고 다니는 바람에 두 사람이 사귄다는 소문이 전교에 _____.

2) 환경 오염 물질을 무단 배출한 기업의 제품을 사지 말자는 _____ 운동이
   일었다.

3) 전염병 유행으로 장사가 안 되자 그는 삼십 년 동안 _____ 식당을 폐업했다.

4) 그는 오만 원짜리 지폐 두 장을 건네며 깨뜨린 유리창에 대한 _____ 을
   갈음했다.

5) 공부와 담쌓고 지내던 아이에게 100점을 맞으면 휴대폰을 사주겠다는 엄마의 약속이
   공부를 시작하게 만든 _____ 로 작용했다.

6) "언제 한번 보자"라는 모호한 말에 그는 "오늘 만나자"며 _____ 으로
   답했다.

3일

4. 효과적으로 발표해요

공모하다

한자 공평할 공 公
모을 모 募

일반에게 널리 공개하여 모집하다

예 그는 *전람회 작품을 **공모하는** 안내 포스터를 보고 *출품작을 그리기 시작했다.

* 전람회(展 펼 전, 覽 볼 람, 會 모일 회) 물건, 예술 작품 따위를 늘어놓고 여러 사람에게 보이는 모임

* 출품작(出 날 출, 品 물건 품, 作 지을 작) 전람회, 전시회 등에 내놓은 작품

심사

한자 살필 심 審
조사할 사 査

어떤 기준에 따라 자세히 조사하여 / 등급, 합격, 적절성 따위를 가림

예 전람회 작품 공모에 출품한 그림이 **심사**에 *통과하여 *전시작으로 선정됐다.

* 통과하다(通 통할 통, 過 지날 과) 검사·시험에서 조건에 맞아 인정되거나 합격하다

* 전시작(展 펼 전, 示 보일 시, 作 지을 작) 전시장에서 차려 놓고 보이는 작품

독자 투고

한자 읽을 독 讀
사람 자 者
던질 투 投
볏집 고 稿

*독자가 / 신문, 잡지, 인터넷 사이트 따위에 실어 달라고 / 글을 써서 보냄 또는 그런 글

예 과학 잡지의 **독자 투고**에 글을 써 보냈는데 심사에 통과해서 글이 실렸다.

* 독자(讀者) 책·신문·잡지 따위의 출판물을 읽는 사람

보충하다

한자 기울 보 補
채울 ·
가득할 충 充

모자라는 것을 / 무엇으로 보태어 채우다

예 60점 이하의 점수를 받은 학생들은 방과 후에 남아서 *부족한 부분을 **보충했다.**

* 부족하다(不 아닐 부, 足 발 족) 필요한 양·기준에 미치지 못하다

주상 절리

한자 기둥 주 柱
형상 상 狀
마디 절 節
다스릴 리 理

기둥 모양으로 생긴 / *암석 지형

예 **주상절리**는 기둥 모양이라는 뜻의 '**주상**'과 암석이 갈라져 생긴 틈인 '**절리**'가 합쳐진 말이다.

* 암석(巖 바위 암, 石 돌 석) 부피가 매우 큰 돌. 바위

기이하다
(기하다)

한자 기이할 기 奇
다를 이 異

보통의 것과 / 아주 다르고·이상하다

예 병풍처럼 늘어선 주상 절리의 웅장하고 **기이한** 경관을 보기 위해 제주도에 갔다.

비 이상하다(異, 常 항상 상), 괴상하다(怪 괴이할 괴, 常), 기묘하다(奇, 妙 묘할 묘)

—» 바른 답 09쪽

1 　문장을 읽고, 알맞은 낱말을 써 넣어 봅시다.

10주
3일

1) 일반에게 널리 공개하여 모집하다 ☐☐☐☐

2) 어떤 기준에 따라 자세히 조사하여 등급, 합격, 적절성 따위를 가림 ☐☐

3) 독자가 신문, 잡지, 인터넷 사이트 따위에
실어 달라고 글을 써서 보냄 또는 그런 글 ☐☐☐

4) 모자라는 것을 무엇으로 보태어 채우다 ☐☐☐

5) 기둥 모양으로 생긴 암석 지형 ☐☐☐

6) 보통의 것과 아주 다르고·이상하다 ☐☐☐☐

2 　밑줄 친 곳에 알맞은 낱말을 써 넣어 문장을 완성해 봅시다.

1) 그는 전람회 작품을 ＿＿＿＿＿ 안내 포스터를 보고 출품작을 그리기 시작했다.

2) 전람회 작품 공모에 출품한 그림이 ＿＿＿＿＿에 통과하여 전시작으로 선정됐다.

3) 과학 잡지의 ＿＿＿＿＿ 에 글을 써 보냈는데 심사에 통과해서 글이 실렸다.

4) 60점 이하의 점수를 받은 학생들은 방과 후에 남아서 부족한 부분을
＿＿＿＿＿ .

5) ＿＿＿＿＿ 는 기둥 모양이라는 뜻의 '＿＿＿＿＿'과 암석이 갈라져 생긴
틈인 '＿＿＿＿＿'가 합쳐진 말이다.

6) 병풍처럼 늘어선 주상 절리의 웅장하고 ＿＿＿＿＿ 경관을 보기 위해
제주도에 갔다.

4일 4. 효과적으로 발표해요

여러 가지 매체 자료 살펴보기 | 교과서 144~149쪽 |

주산지
한자 주인 주 主
낳을 산 産
땅 지 地

어떤 •산물이 주로 생산되는 / 지역

예 우리나라 •기후의 아열대화로 인해 감귤의 **주산지**가 제주도에서 내륙인
진주, 고흥, 통영 지역으로 이동했다.

•**산물(産, 物 물건 물)** 어떤 지방에서 생산되는 물건

•**기후(기운 기 氣, 기후 후 候)** 기온 · 비 · 눈 · 바람 따위의 대기(공기층) 상태

아열대화
한자 버금 아 亞
더울 열 熱
띠 대 帶
될 화 化

일정한 지역의 기후가 / •아열대로 변함

예 우리나라 기후가 점점 **아열대화**되면서 농산물의 주산지가 남쪽에서 북쪽
지역으로 이동하고 있다.

•**아열대** 열대와 온대의 중간 지대. 대체로 남 · 북 위도 25~35도 사이의 지대

내륙
한자 안 내 內
•뭍 륙 陸

바다에서 멀리 떨어져 있는 / 육지

예 우리나라의 **내륙** •분지에 •위치한 대구는 여름에는 무덥고, 겨울에는 춥다.

•**뭍** 지구의 표면에서 바다를 뺀 나머지 부분. 섬이 아닌 본토

•**분지(盆 동이 분, 地 땅 지)** 주위는 산지로 둘러싸여 있고 그 안은 평평한 지역

•**위치하다(位 자리 위, 置 둘 · 내버려 둘 치)** 일정한 곳에 자리를 차지하다

주제에 맞는 매체 자료 찾기 | 교과서 150~153쪽 |

습관
한자 익힐 습 習
익숙할 관 慣

오랫동안 되풀이하여 / **몸**에 저절로 굳어진 / 행동

예 '세 살 적 버릇이 여든까지 간다'는 말도 있듯이 평소에 꾸준히 공부하는
습관을 초등학생 시절에 기르고 갖춰야 한다.

대조되다
한자 마주할 ·
대조할 대 對
비출 ·
대조할 조 照

서로 / 반대되거나 · 달라서 / •대비되다

예 스마트폰을 붙잡고 노는 동생의 모습과 책을 붙잡고
공부하는 언니의 모습이 •극명한 **대조**를 이룬다.

•**대비되다(對, 比 견줄 비)** (두 대상이 서로 비교되어) 차이가 드러나다

•**극명하다(克 이길 극, 明 밝을 명)** (속속들이 밝혀져서) 매우 분명하다

비유하다
한자 견줄 비 比
깨우칠 ·
비유할 유 喩

어떤 사물, 현상을 / 직접 설명하지 않고 / 그와 비슷한 사물, •현상에 / 빗대어
표현하다

예 그는 아무리 발버둥쳐도 헤어날 수 없는 자신의 암울한 상황을 늪으로
비유했다.

•**현상(現 나타날 현, 象 코끼리 상)** 사물, 작용이 드러나는 바깥 모양새

1 문장을 읽고, 알맞은 낱말을 써 넣어 봅시다.

1) 어떤 산물이 주로 생산되는 지역

2) 일정한 지역의 기후가 아열대로 변함

3) 바다에서 멀리 떨어져 있는 육지

4) 오랫동안 되풀이하여 몸에 저절로 굳어진 행동

5) 서로 반대되거나 · 달라서 대비되다

6) 어떤 사물, 현상을 직접 설명하지 않고 그와
비슷한 사물, 현상에 빗대어 표현하다

10주 4일

2 밑줄 친 곳에 알맞은 낱말을 써 넣어 문장을 완성해 봅시다.

1) 우리나라 기후의 아열대화로 인해 감귤의 _____ 가 제주도에서 내륙인
진주, 고흥, 통영 지역으로 이동했다.

2) 우리나라 기후가 점점 _____ 되면서 농산물의 주산지가 남쪽에서 북쪽
지역으로 이동하고 있다.

3) 우리나라의 _____ 분지에 위치한 대구는 여름에는 무덥고, 겨울에는 춥다.

4) '세 살 적 버릇이 여든까지 간다'는 말도 있듯이 평소에 꾸준히 공부하는
_____ 을 초등학생 시절에 기르고 갖춰야 한다.

5) 스마트폰을 붙잡고 노는 동생의 모습과 책을 붙잡고 공부하는 언니의 모습이
극명한 _____ 를 이룬다.

6) 그는 아무리 발버둥쳐도 헤어날 수 없는 자신의 암울한 상황을 늪으로
_____ .

주제에 맞는 매체 자료 찾기 | 교과서 154~159쪽 | 발표 상황에 맞는 영상 자료를 만드는 방법 알기

중독
한자 가운데 중 中
독 · 해칠 독 毒

해가 되는 특정 행동을 / 계속해서 되풀이하고 싶은 욕구가 생기는 / *집착적 *강박

예 그는 휴대폰 중독에 빠져 있어서 하루 종일 스마트폰만 붙잡고 산다.

*집착적(執 잡을 집, 着 붙을 착, 的 과녁 · 목표 적)　어떤 것에 늘 마음이 쏠려 잊지
못하고 매달리는 (것)

*강박(强 강할 강, 迫 핍박할 박)　(어떤 생각 · 감정에 사로잡혀) 마음에 느끼는 심한
압박

요령
한자 요긴할 요 要
거느릴 령 領

일을 하는 / 방법과 순서

예 지진이 나자 학교에서 배운 *대피 요령을 떠올리며
책상 밑으로 몸을 피했다.

*대피(待 기다릴 대, 避 피할 피)　(위험 · 피해를 입지 않게) 일시적으로 피함

예정
한자 미리 예 豫
정할 정 定

앞으로 할 일을 / 미리 정함

예 친구 가족은 다른 지역으로 이사를 할 예정이고, 친구도 전학을 갈 예정이다.

주간
한자 돌 주 週
사이 간 間

특별한 행사를 위해 정한 / 7일 동안

예 학교 방송국에서 '건강 주간'을 맞아 건강을 주제로 한 *매체 자료를 공모했다.

*매체(媒 중매 매, 體 몸 체)　소식, 사실을 널리 전달하는 역할을 하는 것

해소되다
한자 풀 해 解
사라질 소 消

좋지 않은 일, 문제, 감정이 / 풀려서 없어지다

예 이번에 새로 학교가 개교하여 이 지역의 *과대 학급 문제가 *다소 해소됐다.

*과대(過 지날 과, 大 클 대)　너무 큼

*다소(多 많을 다, 少 적을 소)　적기는 하지만 어느 정도로

연출
한자 멀리 흐를 연 演
날 출 出

극본을 기초로 하여 / 배우의 연기, 의상, 분장, 무대 장치, 조명, 음악 등의 여러
부분을 종합적으로 지도하여 / 무대 위의 *상연 또는 영화 제작을 / 완성하는 일

예 이번 영화의 연출을 맡은 김 감독은 제작진들과 상의하여 배역, 의상, 무대
배경, 음악, 카메라 작업, 시간 배정 등을 결정했다.

*상연(上 윗 상, 演 펼 연)　연극을 무대 위에서 펼쳐 보임

1 문장을 읽고, 알맞은 낱말을 써 넣어 봅시다.

10주
5일

1) 해가 되는 특정 행동을 계속해서 되풀이하고 싶은 욕구가
   생기는 집착적 강박

2) 일을 하는 방법과 순서

3) 앞으로 할 일을 미리 정함

4) 특별한 행사를 위해 정한 7일 동안

5) 좋지 않은 일, 문제, 감정이 풀려서 없어지다

6) 무대 위의 상연 또는 영화 제작을 완성하는 일

2 밑줄 친 곳에 알맞은 낱말을 써 넣어 문장을 완성해 봅시다.

1) 그는 휴대폰 _____ 에 빠져 있어서 하루 종일 스마트폰만 붙잡고 산다.

2) 지진이 나자 학교에서 배운 대피 _____ 을 떠올리며 책상 밑으로 몸을
   피했다.

3) 친구 가족은 다른 지역으로 이사를 할 예정이고, 친구도 전학을 갈 _____
   이다.

4) 학교 방송국에서 '건강 _____ '을 맞아 건강을 주제로 한 매체 자료를
   공모했다.

5) 이번에 새로 학교가 개교하여 이 지역의 과대 학급 문제가 다소 _____ .

6) 이번 영화의 _____ 을 맡은 김 감독은 제작진들과 상의하여 배역, 의상,
   무대 배경, 음악, 카메라 작업, 시간 배정 등을 결정했다.

1 문장을 읽고, 알맞은 낱말을 써 넣어 봅시다.

1) 실제로 있었던 일을 보고 들은 사실 그대로 기록한 글　＿＿＿＿＿＿＿＿＿

2) 특별한 행사를 위해 정한 7일 동안　＿＿＿＿＿＿＿＿＿

3) 물질이 탈 때·생물이 호흡할 때 생기는 색깔이 없는 기체　＿＿＿＿＿＿＿＿＿

4) 사람들 입에 오르내리며 세상에 떠도는 말　＿＿＿＿＿＿＿＿＿

5) 기둥 모양으로 생긴 암석 지형　＿＿＿＿＿＿＿＿＿

6) 물건을 만드는 재료로 쓰이는 나무　＿＿＿＿＿＿＿＿＿

7) 여러 사람의 입에 오르내려 떠들썩하다　＿＿＿＿＿＿＿＿＿

8) 남에게 입힌 손해를 물어 줌　＿＿＿＿＿＿＿＿＿

9) 어떤 상품을 사지 않음　＿＿＿＿＿＿＿＿＿

10) 어떤 기준에 따라 자세히 조사하여 등급, 합격,
적절성 따위를 가림　＿＿＿＿＿＿＿＿＿

11) 독자가 신문, 잡지, 인터넷 사이트 따위에 실어 달라고
글을 써서 보냄 또는 그런 글　＿＿＿＿＿＿＿＿＿

12) 어떤 산물이 주로 생산되는 지역　＿＿＿＿＿＿＿＿＿

13) 베어 낸 나무로 재목을 만드는 곳　＿＿＿＿＿＿＿＿＿

14) 오랫동안 되풀이하여 몸에 저절로 굳어진 행동　＿＿＿＿＿＿＿＿＿

→ 바른 답 09쪽

10주
평가

15) 바다에서 멀리 떨어져 있는 육지   _____

16) 해가 되는 특정 행동을 계속해서 되풀이하고 싶은
     욕구가 생기는 집착적 강박   _____

17) 앞으로 할 일을 미리 정함   _____

18) 무대 위의 상연 또는 영화 제작을 완성하는 일   _____

19) 일반에게 널리 공개하여 모집하다   _____

20) 서로 반대되거나 · 달라서 대비되다   _____

21) 어떤 사물, 현상을 직접 설명하지 않고 그와 비슷한
     사물, 현상에 빗대어 표현하다   _____

22) 보통의 것과 아주 다르고 · 이상하다   _____

23) 조직, 일을 목적에 맞게 이끌어 나가다   _____

24) 좋지 않은 일, 문제, 감정이 풀려서 없어지다   _____

25) 일, 행동을 시작하게 만든 원인   _____

26) 어떤 사실에 대하여 딱 잘라 판단하고 결정하는 (것)   _____

27) 일정한 지역의 기후가 아열대로 변함   _____

28) 일을 하는 방법과 순서   _____

29) 지구 표면의 평균 기온이 올라가는 현상   _____

30) 모자라는 것을 무엇으로 보태어 채우다   _____

2 **밑줄 친 곳에 알맞은 낱말을 써 넣어 문장을 완성해 봅시다.**

1) 스마트폰을 붙잡고 노는 동생의 모습과 책을 붙잡고 공부하는 언니의 모습이 극명한 _____ 를 이룬다.

2) 전염병 유행으로 장사가 안 되자 그는 삼십 년 동안 _____ 식당을 폐업했다.

3) 병풍처럼 늘어선 주상 절리의 웅장하고 _____ 경관을 보기 위해 제주도에 갔다.

4) 지진이 나자 학교에서 배운 대피 _____ 을 떠올리며 책상 밑으로 몸을 피했다.

5) 환경 오염 물질을 무단 배출한 기업의 제품을 사지 말자는 _____ 운동이 일었다.

6) 누군가 떠벌리고 다니는 바람에 두 사람이 사귄다는 소문이 전교에 _____.

7) 그는 오만 원짜리 지폐 두 장을 건네며 깨뜨린 유리창에 대한 _____ 을 갈음했다.

8) 학교 방송국에서 '건강 _____'을 맞아 건강을 주제로 한 매체 자료를 공모했다.

9) 이번 영화의 _____ 을 맡은 김 감독은 제작진들과 상의하여 배역, 의상, 무대 배경, 음악, 카메라 작업, 시간 배정 등을 결정했다.

10) 우리나라 기후의 아열대화로 인해 감귤의 _____ 가 제주도에서 내륙인 진주, 고흥, 통영 지역으로 이동했다.

11) "언제 한번 보자"라는 모호한 말에 그는 "오늘 만나자"며 _____ 으로 답했다.

12) 60점 이하의 점수를 받은 학생들은 방과 후에 남아서 부족한 부분을 _____ .

13) 그는 휴대폰 _____ 에 빠져 있어서 하루 종일 스마트폰만 붙잡고 산다.

14) 우리나라의 _____ 분지에 위치한 대구는 여름에는 무덥고, 겨울에는 춥다.

→ 바른 답 09쪽

10주
평가

15) 열대 우림의 나무들이 ＿＿＿＿＿＿ 생산을 위해 무분별하게 벌목 되고 있다.

16) 그는 아무리 발버둥쳐도 헤어날 수 없는 자신의 암울한 상황을 늪으로 ＿＿＿＿＿＿ .

17) 친구에게 털어놓은 비밀 이야기가 학교에 ＿＿＿＿＿＿ 으로 나돌기 시작했다.

18) 전람회 작품 공모에 출품한 그림이 ＿＿＿＿＿＿에 통과하여 전시작으로 선정됐다.

19) 우리나라 기후가 점점 ＿＿＿＿＿＿ 되면서 농산물의 주산지가 남쪽에서 북쪽 지역으로 이동하고 있다.

20) 과학 잡지의 ＿＿＿＿＿＿ 에 글을 써 보냈는데 심사에 통과해서 글이 실렸다.

21) 김 기자는 육하원칙(누가, 언제, 어디서, 무엇을, 어떻게, 왜)에 따라 ＿＿＿＿＿＿ 을 작성했다.

22) 나무를 심으면 나무가 ＿＿＿＿＿＿를 흡수해 지구 온난화 예방에 도움이 된다.

23) 친구 가족은 다른 지역으로 이사를 할 예정이고, 친구도 전학을 갈 ＿＿＿＿＿＿ 이다.

24) 북극의 빙하가 ＿＿＿＿＿＿의 영향으로 점점 빠르게 녹고 있다.

25) 그는 전람회 작품을 ＿＿＿＿＿＿ 안내 포스터를 보고 출품작을 그리기 시작했다.

26) '세 살 적 버릇이 여든까지 간다'는 말도 있듯이 평소에 꾸준히 공부하는 ＿＿＿＿＿＿ 을 초등학생 시절에 기르고 갖춰야 한다.

27) 숲에서 벌목한 나무를 목재로 만들기 위해 ＿＿＿＿＿＿ 로 운반했다.

28) ＿＿＿＿＿＿ 는 기둥 모양이라는 뜻의 '＿＿＿＿＿＿'과 암석이 갈라져 생긴 틈인 '＿＿＿＿＿＿'가 합쳐진 말이다.

29) 공부와 담쌓고 지내던 아이에게 100점을 맞으면 휴대폰을 사주겠다는 엄마의 약속이 공부를 시작하게 만든 ＿＿＿＿＿＿ 로 작용했다.

30) 이번에 새로 학교가 개교하여 이 지역의 과대 학급 문제가 다소 ＿＿＿＿＿＿ .

1 일 4. 효과적으로 발표해요

발표 상황에 맞는 영상 자료를 만드는 방법 알기 | 교과서 154~159쪽 |

제작하다
한자 지을·만들 제 製
지을·만들 작 作

기계, 물건, 예술 작품을 / 일정한 재료를 사용하여 / 만들다
예 김 감독은 "이번 영화는 *실화에서 *영감을 얻어 **제작했다**"고 밝혔다.
*실화(實 열매 실, 話 말씀 화) 실제로 있는 이야기. 또는 실제로 있었던 이야기
*영감(靈 신령 영, 感 느낄 감) 창의적인 일의 동기가 되는 생각이나 자극

촬영하다
한자 사진 찍을 촬 撮
그림자 영 影

사람, 사물, 풍경 따위를 / 사진, 영화로 / 찍다
예 발표에 사용할 자료를 만들기 위해 면담 *장면을 휴대폰으로 **촬영했다**.
*장면(마당 장 場, 모습 면 面) (문학·영화에서) 어떤 장소에서 일이 벌어지는 모습

편집
한자 엮을 편 編
모을 집 輯

일정한 계획 아래 / 여러 가지 재료를 모아 엮어서 / 책, 신문, 영화 따위를 /
만드는 일
예 영상을 촬영하는 일보다 쓸 만한 영상을 *추리는 **편집**에 많은 수고가
들었다.
*추리다 　　 (여럿 가운데에서 무엇을) 가려서 뽑아내거나 골라내다

경쾌하다
한자 가벼울 경 輕
유쾌할 쾌 快

움직임, 모습, 기분 따위가 / 가볍고 *상쾌하다
예 수업을 마친 아이들은 **경쾌한** 발걸음으로 사뿐사뿐 계단을 내려갔다.
*상쾌하다(爽 시원할 상, 快) (기분, 느낌이) 깨끗하고 시원하다

은어
한자 숨을 은 隱
말씀 어 語

어떤 집단 안에서 / 자신들의 비밀을 유지하기 위해 / 자기들끼리만 자주 사용하는 말
예 김 교사는 학생들이 **은어**로 대화를 해서 무슨 내용인지 전혀 알아듣지
못했다.

격식
한자 격식 격 格
법 식 式

*격에 맞는 / 일정한 방식
예 김 교사는 은어와 *비속어를 *남발하는 학생들을 불러
"**격식**에 맞지 않는 언어를 사용하지 말라"고 거듭 당부했다.
*격(格) 　　 (주변 환경이나 형편에) 자연스럽게 어울리는 분수나 품위
*비속어(낮을 비 卑, 풍속 속 俗, 말씀 어 語) 　　 (예절에 어긋나는) 상스럽고 거친 말
*남발하다(濫 넘칠 남, 發 필 발) 　　 (어떤 말·행동 따위를) 자꾸 함부로 하다

⟶ 바른 답 10쪽

1 　**문장을 읽고, 알맞은 낱말을 써 넣어 봅시다.**

1) 기계, 물건, 예술 작품을 일정한 재료를
사용하여 만들다

2) 사람, 사물, 풍경 따위를 사진, 영화로 찍다

3) 일정한 계획 아래 여러 가지 재료를 모아 엮어서
책, 신문, 영화 따위를 만드는 일

4) 움직임, 모습, 기분 따위가 가볍고 상쾌하다

5) 어떤 집단 안에서 자신들의 비밀을 유지하기 위해
자기들끼리만 자주 사용하는 말

6) 격에 맞는 일정한 방식

11주
1일

2 　**밑줄 친 곳에 알맞은 낱말을 써 넣어 문장을 완성해 봅시다.**

1) 김 감독은 "이번 영화는 실화에서 영감을 얻어 _____"고 밝혔다.

2) 발표에 사용할 자료를 만들기 위해 면담 장면을 휴대폰으로 _____ .

3) 영상을 촬영하는 일보다 쓸 만한 영상을 추리는 _____ 에 많은 수고가
들었다.

4) 수업을 마친 아이들은 _____ 발걸음으로 사뿐사뿐 계단을 내려갔다.

5) 김 교사는 학생들이 _____ 로 대화를 해서 무슨 내용인지 전혀 일아듣지
못했다.

6) 김 교사는 은어와 비속어를 남발하는 학생들을 불러 " _____ 에 맞지 않는
언어를 사용하지 말라"고 거듭 당부했다.

동의하다	다른 사람의 의견에 / 뜻을 *같이하다
한자 한가지 동 同 뜻 의 意	예 엄마는 '게임을 하고 싶다'는 아이의 의견에 **동의할** 수 없어서 *고개를 저었다. *같이하다(함께하다)　(여러 사람이 뜻이나 행동을) 똑같이 갖거나, 비슷하게 하다 *고개(를) 젓다　부정이나 거절의 뜻을 나타내다 비 찬동하다(贊 도울 찬, 同), 찬성하다(贊, 成 이룰 성), 동조하다(同, 調 고를 조)

개최하다	모임, 행사 따위를 / *열다
한자 열 개 開 재촉할· 열 최 催	예 교육청에서 '올바른 자녀 교육법'을 주제로 한 *강연회를 **개최했다.** *열다　(모임·회의 따위를) 벌이어 갖다, 시작하다 *강연회(講 외울 강, 演 펼 연, 會 모일 회) 강연(일정한 주제로 청중 앞에서 이야기함) 　　　　　　　　　　　　　　　　　　　　을 하기 위한 모임

양해	남의 사정을 잘 헤아려 / 너그러이 받아들임
한자 살펴 알· 믿을 양 諒 풀 해 解	예 김 교사는 학생들에게 수업 시작 시간을 10분만 *지연하자고 **양해**를 구했다. *지연하다(遲 더딜·늦을 지, 延 늘일 연)　무슨 일을 더디게 끌어 시간을 늦추다 비 이해(理 다스릴 이, 解)

인용하다	남의 말, 글에서 필요한 부분을 / 자신의 말, 글 속에 / 끌어 쓰다
한자 끌 인 引 쓸 용 用	예 김 교사는 수업 중에 '아는 것이 힘이다'는 베이컨의 *명언을 자주 **인용한다.** *명언(名 이름 명, 言 말씀 언)　이치에 들어맞는 훌륭한 말

비교하다	둘 이상의 것을 견주어 / 비슷한 점, 다른 점, 나음과 못함 따위를 / *살피다
한자 견줄 비 比 견줄 교 較	예 엄마가 "동생은 잘하는데, 넌 왜 그러냐"고 **비교할** 때마다 스트레스를 받는다. *살피다　주의하여 빠짐없이 골고루 자세히 보다 비 견주다, 비하다(比), 비기다, 대비하다(對 대할 대, 比)

관점	사람이 사물을 관찰하거나 *고찰할 때, 그것을 / 바라보는 방향 또는 생각하는 입장
한자 볼 관 觀 점 점 點	예 자신이 동생보다 낮다고 생각하는 아이는 동생이 잘한다고 여기는 엄마의 **관점**을 이해할 수 없었다. *고찰하다(考 생각할·살필 고, 察 살필 찰)　이리저리 깊이 생각하여 살피다 비 견지(見 볼 견, 地 땅 지), 시각(視 볼 시, 角 뿔 각), 시점(視點)

바른 답 10쪽

1 문장을 읽고, 알맞은 낱말을 써 넣어 봅시다.

1) 다른 사람의 의견에 뜻을 같이하다

2) 모임, 행사 따위를 열다

3) 남의 사정을 잘 헤아려 너그러이 받아들임

4) 남의 말, 글에서 필요한 부분을 자신의 말, 글 속에 끌어 쓰다

5) 둘 이상의 것을 견주어 비슷한 점, 다른 점, 나음과 못함 따위를 살피다

6) 사람이 사물을 관찰하거나 고찰할 때, 그것을 바라보는 방향 또는 생각하는 입장

2 밑줄 친 곳에 알맞은 낱말을 써 넣어 문장을 완성해 봅시다.

1) 엄마는 '게임을 하고 싶다'는 아이의 의견에 _____ 수 없어서 고개를 저었다.

2) 교육청에서 '올바른 자녀 교육법'을 주제로 한 강연회를 _____ .

3) 김 교사는 학생들에게 수업 시작 시간을 10분만 지연하자고 _____ 를 구했다.

4) 김 교사는 수업 중에 '아는 것이 힘이다'는 베이컨의 명언을 자주 _____ .

5) 엄마가 "동생은 잘하는데, 넌 왜 그러냐"고 _____ 때마다 스트레스를 받는다.

6) 자신이 동생보다 낫다고 생각하는 아이는 동생이 잘한다고 여기는 엄마의 _____ 을 이해할 수 없었다.

③일　5. 글에 담긴 생각과 비교해요

내가 물려받는 우리나라 | 교과서 212~219쪽 |

부강하다

한자 부유할 부 富
강할 강 强

나라의 *재정이 *부유하고 · 군사가 강하다

예 1776년에 독립을 선언한 미국은 오늘날 세계에서 가장 **부강한** 나라가 되었다.

***재정(財 재물 재, 政 정사 정)** 개인 · 가계 · 기업 등의 경제 사정

***부유하다(富, 有 있을 · 가질 유)**　재물을 풍부하게 가지고 있다

침략하다

한자 침노할 침 侵
간략할 ·
다스릴 략 略

남의 나라에 쳐들어가 / 땅과 *재물을 빼앗음

예 임진왜란은 1592년에 일본이 20만 대군을 이끌고 조선을
　침략하면서 *발발했다.

***재물(財 재물 재, 物 물건 물)** 돈. 또는 그 밖의 온갖 값나가는 물건

***발발하다(勃 갑자기 일어날 발, 發 필 발)** (전쟁 · 사건이) 갑자기 일어나다

풍족하다

한자 풍년 풍 豐
발 · 만족할 족 足

부족함 없이 / 매우 넉넉하다

예 현대는 물질적으로는 **풍족한** 시대인 반면, 정신적으로는 *결핍한 시대이다.

***결핍하다(缺 이지러질 결, 乏 모자랄 핍)** 있어야 할 것이 없어지거나 모자라다

한없이

한자 한할 한 限

끝이 없이

예 그는 돌아가신 어머니를 향한 그리움이 밀려와 **한없이** *구슬프고
　*처량했다.

***구슬프다**　처량하고 슬프다

***처량하다(凄 쓸쓸할 처, 涼 서늘할 량)**　슬플 만큼 외롭고 쓸쓸하다

무력

한자 *무인 ·
굳셀 무 武
힘 력 力

*군사상의 힘

예 제국주의 국가들은 **무력**을 앞세워 주변의 *약소국들을 *점령해 나갔다.

***무인**　　　무사(武, 士 선비 사: 무예를 익히어 전쟁에 종사하던 사람)인 사람

***군사(軍 군사 군, 事 일 사)**　　군대(軍, 隊 무리 대: 군인 집단)에 관한 일

***약소국(弱 약할 약, 小 작을 소, 國 나라 국)**　　힘이 약한 작은 나라

***점령하다(占 차지할 점, 다스릴 령)**　　　다른 나라의 영토를 자기 나라의 군사적
　　　　　　　　　　　　　　　　　　　지배하에 두다

비 군사력(軍事力), 병력(兵 병사 병, 力)

인의

한자 사람 인 人
옳을 의 義

사람으로서 마땅히 행하여야 할 / 도리

예 부모에게 효도하는 일은 **인의**의 근본이다.

1 문장을 읽고, 알맞은 낱말을 써 넣어 봅시다.

1) 나라의 재정이 부유하고 · 군사가 강하다

2) 남의 나라에 쳐들어가 땅과 재물을 빼앗음

3) 부족함 없이 매우 넉넉하다

4) 끝이 없이

5) 군사상의 힘

6) 사람으로서 마땅히 행하여야 할 도리

11주
3일

2 밑줄 친 곳에 알맞은 낱말을 써 넣어 문장을 완성해 봅시다.

1) 1776년에 독립을 선언한 미국은 오늘날 세계에서 가장 _____ 나라가 되었다.

2) 임진왜란은 1592년에 일본이 20만 대군을 이끌고 조선을 _____ 발발했다.

3) 현대는 물질적으로는 _____ 시대인 반면, 정신적으로는 결핍한 시대이다.

4) 그는 돌아가신 어머니를 향한 그리움이 밀려와 _____ 구슬프고 처량했다.

5) 제국주의 국가들은 _____ 을 앞세워 주변의 약소국들을 점령해 나갔다.

6) 부모에게 효도하는 일은 _____ 의 근본이다.

근본
한자 뿌리 근 根
근본 본 本

사물을 이루는 / °본디의 °바탕
예 '콩 심은 데 콩 나고 팥 심은 데 팥 난다'는 '모든 일은 **근본**에 따라
  그에 걸맞은 결과가 나타난다'는 것을 비유적으로 이르는 말이다.
° **본디(本)**   사물이 전해 내려온 그 처음(본래, 원래, 본시)
° **바탕**   (사물·현상의 뼈대, 틀, 근본을 이루는) 기초가 되는 부분
비 근원(根, 源 근원 원), 기초(基 터 기, 礎 주춧돌기둥 밑에 기초로 받쳐 놓은 돌 초), 기본
  (基本), 기반(基, 盤 소반자그마한 밥상 반), 밑바탕, 본바탕, 근간(根 뿌리 근, 幹 줄기
  간), 본질(本, 質 바탕 질)

자비
한자 사랑할·
자비 자 慈
슬플 비 悲

° 만인을 사랑하고 °가엾게 여김 또는 **사랑하고 가엾게 여겨서** 베푸는 °혜택
예 °자수성가한 그는 많은 돈을 불우한 이웃들을 위해 기부하는 **자비**를 베풀었다.
° **만인(萬 일 만 만, 人 사람 인)** 모든 사람   ° **가엾다**   불쌍하다. 딱하다
° **혜택(惠 은혜 혜, 澤 은혜 택)** 사랑으로 베풀어 주는 은혜·도움
° **자수성가하다(自 스스로 자, 手 손 수, 成 이룰 성, 家 집 가)**   물려받은 재산이 없이
  자기 혼자의 힘으로 집안을 일으키고 재산을 모으다

배양하다
한자 °북돋을 배 培
기를 양 養

어떤 사람이 / 다른 사람의 °인격, 사상, 능력 따위를 / 발전하도록 가르쳐 기르다
예 김 교사는 인성 교육을 통해 학생들이 바른 °인격을 **배양할** 수 있기를 기대
  했다.
° **북돋다(북돋우다)**   북(식물의 뿌리를 싸고 있는 흙)을 돋우다(높아지게 하다)
° **인격(人 사람 인, 格 격식·인격 격)**   사람의 됨됨이. 사람으로서의 품격

모방하다
한자 본뜰 모 模
본뜰 방 倣

다른 것을 그대로 / 본떠서 만들다 또는 따라 하다
예 그는 남의 것을 **모방하는** 데는 뛰어났지만, 독창적인 작품을 내놓지는 못했다.

말미암다

어떤 현상, 사물이 / 원인, 이유가 되다
예 °경기 °침체로 **말미암아** 기업들이 투자 규모를 줄였고 실업자가 늘어났다.
° **경기(景 볕 경, 氣 기운 기)**   (물건을 사고파는 매매, 주고받는 거래에 나타난) 경제
                              활동 상태
° **침체(沈 잠길 침, 滯 막힐 체)** (어떤 현상·사물이) 제자리에 머무름

홍익인간
한자 넓을 홍 弘
더할 익 益 사람 인 人
사이 간 間

널리 인간 세계를 이롭게 함
예 고조선을 세운 단군은 '널리 인간을 이롭게 한다'는 **홍익인간**을
  기본 정신으로 삼아 나라를 다스렸다.

내가 원하는 우리나라 | 교과서 212~219쪽 |

1 문장을 읽고, 알맞은 낱말을 써 넣어 봅시다.

11주
4일

1) 사물을 이루는 본디의 바탕
☐ ☐

2) 만인을 사랑하고 가엾게 여김 또는 사랑하고
가엾게 여겨서 베푸는 혜택
☐ ☐

3) 어떤 사람이 다른 사람의 인격, 사상, 능력 따위를
발전하도록 가르쳐 기르다
☐ ☐ ☐ ☐

4) 다른 것을 그대로 본떠서 만들다 또는 따라 하다
☐ ☐ ☐

5) 어떤 현상, 사물이 원인, 이유가 되다
☐ ☐ ☐

6) 널리 인간 세계를 이롭게 함
☐ ☐ ☐

2 밑줄 친 곳에 알맞은 낱말을 써 넣어 문장을 완성해 봅시다.

1) '콩 심은 데 콩 나고 팥 심은 데 팥 난다'는 '모든 일은 _____ 에 따라 그에
걸맞은 결과가 나타난다'는 것을 비유적으로 이르는 말이다.

2) 자수성가한 그는 많은 돈을 불우한 이웃들을 위해 기부하는 _____ 를
베풀었다.

3) 김 교사는 인성 교육을 통해 학생들이 바른 인격을 _____ 수 있기를 기대했다.

4) 그는 남의 것을 _____ 데는 뛰어났지만, 독창적인 작품을 내놓지는 못했다.

5) 경기 침체로 _____ 기업들이 투자 규모를 줄였고 실업자가 늘어났다.

6) 고조선을 세운 단군은 '널리 인간을 이롭게 한다'는 _____ 을 기본
정신으로 삼아 나라를 다스렸다.

내가 읽어야는 우리나라 | 교과서 212~219쪽 |

국조

한자 나라 · 국가 국 國
조상 · 처음 조 祖

나라를 세우거나 · 그 시작의 바탕이 되는 / 사람

예 어느 나라의 °시초를 보더라도 그 **국조**는 반드시 신의 아들이든지 신이
보낸 사람이다.

°시초(始 비로소 · 일찍이 시, 初 처음 초) 맨 처음

이상

한자 다스릴 이 理
생각 상 想

생각할 수 있는 범위 안에서 / 가장 완전하다고 여겨지는 상태

예 100점을 목표로 공부했지만 70점을 맞고, **이상**과 현실의 °괴리를 느꼈다.

°괴리(乖 어긋날 · 다를 괴, 離 떠날 리) 서로 어긋나 떨어짐. 따로따로 갈라짐

단련하다

한자 쇠 °불릴 단 鍛
불릴 련 鍊

몸과 마음을 닦고 길러 / 굳세게 하다

예 아이는 저녁마다 꾸준히 줄넘기와 달리기를 하며
신체를 **단련했다**.

°불리다 쇠를 불에 달구어 단단하게 하다

사명

한자 부릴 사 使
목숨 명 命

맡겨진 °임무

예 그는 그 나라와 긴밀한 °외교 관계를 °구축하라는 **사명**을 받고 °파견되었다.

°임무(任 맡길 임, 務 힘쓸 무) 맡은 일. 맡겨진 일

°외교(外 바깥 외, 交 사귈 교) 다른 나라와 정치적 · 경제적 · 문화적 관계를 맺는 일

°구축하다(構 얽을 구, 築 쌓을 축) 기초를 닦아 세우거나 마련하다. 쌓아올려 만들다

°파견되다(派 물갈래 파, 遣 보낼 견) 일정한 임무를 받아 어떤 곳으로 보내어지다

기타

한자 그 기 其
다를 타 他

그 외에 / 또 다른 것

예 케첩은 토마토, 식초, 소금, 그리고 **기타**의 °천연 °향료로 만들어진다.

°천연(天 하늘 천, 然 그럴 연) (사람의 힘을 가하지 않은) 자연 그대로의 상태

°향료(香 향기 향, 料 헤아릴 료) 향기(좋은 냄새)를 내는 데 쓰는 물질

지리적

한자 땅 지 地
다스릴 리 理
과녁 ·
목표 적 的

어떤 곳의 지형 상태에 관한

예 우리나라는 °삼면이 바다로 둘러싸인 **지리적** 조건을 갖고 있어 대륙과
해안으로 °진출하기에 유리하다.

°삼면(三 석 삼, 面 얼굴 면) 세 방면(方 방향 방, 面: 어떤 장소나 지역이 있는 방향)

°진출하다(進 나아갈 진, 出 날 출) (어떤 곳으로 활동 범위, 세력을) 넓혀 나아가다

→ 바른 답 10쪽

1 문장을 읽고, 알맞은 낱말을 써 넣어 봅시다.

1) 나라를 세우거나 · 그 시작의 바탕이 되는 사람

2) 생각할 수 있는 범위 안에서 가장 완전하다고 여겨지는 상태

3) 몸과 마음을 닦고 길러 굳세게 하다

4) 맡겨진 임무

5) 그 외에 또 다른 것

6) 어떤 곳의 지형 상태에 관한

11주
5일

2 밑줄 친 곳에 알맞은 낱말을 써 넣어 문장을 완성해 봅시다.

1) 어느 나라의 시초를 보더라도 그 _____ 는 반드시 신의 아들이든지 신이 보낸 사람이다.

2) 100점을 목표로 공부했지만 70점을 맞고, _____ 과 현실의 괴리를 느꼈다.

3) 아이는 저녁마다 꾸준히 줄넘기와 달리기를 하며 신체를 _____ .

4) 그는 그 나라와 긴밀한 외교 관계를 구축하라는 _____ 을 받고 파견되었다.

5) 케첩은 토마토, 식초, 소금, 그리고 _____ 의 천연 향료로 만들어진다.

6) 우리나라는 삼면이 바다로 둘러싸인 _____ 조건을 갖고 있어 대륙과 해안으로 진출하기에 유리하다.

1 문장을 읽고, 알맞은 낱말을 써 넣어 봅시다.

1) 부족함 없이 매우 넉넉하다 _____

2) 격에 맞는 일정한 방식 _____

3) 다른 것을 그대로 본떠서 만들다 또는 따라 하다 _____

4) 일정한 계획 아래 여러 가지 재료를 모아 엮어서 책,
   신문, 영화 따위를 만드는 일 _____

5) 군사상의 힘 _____

6) 어떤 현상, 사물이 원인, 이유가 되다 _____

7) 사물을 이루는 본디의 바탕 _____

8) 그 외에 또 다른 것 _____

9) 만인을 사랑하고 가엾게 여김 또는 사랑하고
   가엾게 여겨서 베푸는 혜택 _____

10) 나라를 세우거나 · 그 시작의 바탕이 되는 사람 _____

11) 생각할 수 있는 범위 안에서 가장 완전하다고
    여겨지는 상태 _____

12) 다른 사람의 의견에 뜻을 같이하다 _____

13) 맡겨진 임무 _____

14) 남의 사정을 잘 헤아려 너그러이 받아들임 _____

15) 어떤 곳의 지형 상태에 관한 _____

16) 어떤 사람이 다른 사람의 인격, 사상, 능력 따위를
    발전하도록 가르쳐 기르다   _____

17) 나라의 재정이 부유하고 · 군사가 강하다   _____

18) 널리 인간 세계를 이롭게 함   _____

19) 몸과 마음을 닦고 길러 굳세게 하다   _____

20) 사람이 사물을 관찰하거나 고찰할 때, 그것을 바라보는
    방향 또는 생각하는 입장   _____

21) 움직임, 모습, 기분 따위가 가볍고 상쾌하다   _____

22) 모임, 행사 따위를 열다   _____

23) 남의 나라에 쳐들어가 땅과 재물을 빼앗음   _____

24) 끝이 없이   _____

25) 남의 말, 글에서 필요한 부분을 자신의 말, 글 속에
    끌어 쓰다   _____

26) 사람, 사물, 풍경 따위를 사진, 영화로 찍다   _____

27) 사람으로서 마땅히 행하여야 할 도리   _____

28) 어떤 집단 안에서 자신들의 비밀을 유지하기 위해
    자기들끼리만 자주 사용하는 말   _____

29) 둘 이상의 것을 견주어 비슷한 점, 다른 점,
    나음과 못함 따위를 살피다   _____

30) 기계, 물건, 예술 작품을 일정한 재료를 사용하여 만들다   _____

2 **밑줄 친 곳에 알맞은 낱말을 써 넣어 문장을 완성해 봅시다.**

1) 그는 그 나라와 긴밀한 외교 관계를 구축하라는 _____ 을 받고
    파견되었다.

2) 교육청에서 '올바른 자녀 교육법'을 주제로 한 강연회를 _____ .

3) 아이는 저녁마다 꾸준히 줄넘기와 달리기를 하며 신체를 _____ .

4) 100점을 목표로 공부했지만 70점을 맞고, _____ 과 현실의 괴리를
    느꼈다.

5) '콩 심은 데 콩 나고 팥 심은 데 팥 난다'는 '모든 일은 _____ 에 따라
    그에 걸맞은 결과가 나타난다'는 것을 비유적으로 이르는 말이다.

6) 김 교사는 수업 중에 '아는 것이 힘이다'는 베이컨의 명언을 자주 _____ .

7) 자수성가한 그는 많은 돈을 불우한 이웃들을 위해 기부하는 _____ 를
    베풀었다.

8) 고조선을 세운 단군은 '널리 인간을 이롭게 한다'는 _____ 을 기본
    정신으로 삼아 나라를 다스렸다.

9) 김 교사는 인성 교육을 통해 학생들이 바른 인격을 _____ 수 있기를
    기대했다.

10) 1776년에 독립을 선언한 미국은 오늘날 세계에서 가장 _____ 나라가
    되었다.

11) 어느 나라의 시초를 보더라도 그 _____ 는 반드시 신의 아들이든지
    신이 보낸 사람이다.

12) 경기 침체로 _____ 기업들이 투자 규모를 줄였고 실업자가 늘어났다.

13) 엄마가 "동생은 잘하는데, 넌 왜 그러냐"고 _____ 때마다 스트레스를
    받는다.

14) 김 교사는 학생들에게 수업 시작 시간을 10분만 지연하자고 _____ 를
    구했다.

→≫ 바른 답 10쪽

11주
평가

15) 현대는 물질적으로는 _____ 시대인 반면, 정신적으로는 결핍한 시대이다.

16) 발표에 사용할 자료를 만들기 위해 면담 장면을 휴대폰으로 _____ .

17) 자신이 동생보다 낫다고 생각하는 아이는 동생이 잘한다고 여기는 엄마의 _____ 을 이해할 수 없었다.

18) 수업을 마친 아이들은 _____ 발걸음으로 사뿐사뿐 계단을 내려갔다.

19) 우리나라는 삼면이 바다로 둘러싸인 _____ 조건을 갖고 있어 대륙과 해안으로 진출하기에 유리하다.

20) 김 교사는 학생들이 _____ 로 대화를 해서 무슨 내용인지 전혀 알아듣지 못했다.

21) 김 감독은 "이번 영화는 실화에서 영감을 얻어 _____ "고 밝혔다.

22) 김 교사는 은어와 비속어를 남발하는 학생들을 불러 " _____ 에 맞지 않는 언어를 사용하지 말라"고 거듭 당부했다.

23) 그는 돌아가신 어머니를 향한 그리움이 밀려와 _____ 구슬프고 처량했다.

24) 임진왜란은 1592년에 일본이 20만 대군을 이끌고 조선을 _____ 발발했다.

25) 제국주의 국가들은 _____ 을 앞세워 주변의 약소국들을 점령해 나갔다.

26) 영상을 촬영하는 일보다 쓸 만한 영상을 추리는 _____ 에 많은 수고가 들었다.

27) 부모에게 효도하는 일은 _____ 의 근본이다.

28) 그는 남의 것을 _____ 데는 뛰어났지만, 독창적인 작품을 내놓지는 못했다.

29) 엄마는 '게임을 하고 싶다'는 아이의 의견에 _____ 수 없어서 고개를 저었다.

30) 케첩은 토마토, 식초, 소금, 그리고 _____ 의 천연 향료로 만들어진다.

요구

한자 중요할 요 要
구할 구 求

필요한 것을 달라고 *청함 또는 그 청

예 학부모와 학생들의 급식 *개선 **요구**에 *부응하여 반찬의 양과 질을 높였다.

*청하다(請 청할 청) (어떤 일을 이루기 위해) 남에게 원하다 · 바라다 · 요청하다

*개선(改 고칠 개, 善 착할 선) (부족하거나, 잘못된 것을) 좋게 고침

*부응하다(副 버금으뜸의 바로 아래 부, 應 응할 응) (기대 · 요구에) 좇아서 응하다

주연 배우 (주연)

한자 주인 주 主
펼 ·
멀리 흐를 연 演
배우 배 俳
뛰어날 우 優

연극, 영화에서 주인공 역을 맡아 *연기하는 / 사람

예 절벽에서 떨어지는 장면은 **주연 배우**가 아니라 스턴트맨이 *대역으로
나섰다.

*연기하다(演, 技 재주 기) 배우가 배역의 인물, 성격, 행동 따위를 표현해 내다

*대역(代 대신할 대, 役 일 시킬 역) 연극이나 영화에서 어떤 배우의 배역을 다른 사람
이 대신 맡아 하는 일. 또는 그 사람

사상

한자 생각 사 思
생각 상 想

사회, 정치, 인생 따위의 / 어떤 사물, 현상에 대하여 / 갖고 있는 생각

예 동학의 *인내천 **사상**은 '사람이 곧 하늘'이라는 생각으로 모든 사람이
평등해야 한다는 뜻을 담고 있다.

*인내천(人 사람 인, 곧 내, 天 하늘 천) 사람이 곧 하늘이라는 동학의 기본 사상

확보하다

한자 굳을 확 確
지킬 보 保

필요한 것을 / 미리 갖추다

예 변호사는 그에게 "재판에 이기려면 충분한 증거를
확보해야 한다"고 말했다.

양식

한자 모양 양 樣
법 식 式

일정한 모양 또는 일정한 형식

예 오늘날 교통과 통신의 발달로 농촌의 생활 **양식**이 점차 *도시화되고 있다.

*도시화되다(都 도읍 · 도시 도, 市 시장 시, 化 될 화) 도시적 생활 양식이 어떤
지역으로 확대되다

건립

한자 세울 건 建
설 립 立

건물, 기념비, 동상, 탑 따위를 / 만들어 세움

예 김 교장은 *열악한 체육 교육 환경을 개선하기 위해 체육관 **건립**을
*추진했다.

*열악하다(劣 못할 열, 惡 악할 악) (품질 · 시설 따위가) 몹시 떨어지고 나쁘다

*추진하다(推 밀 추, 進 나아갈 진) 목적을 향해 어떤 일을 계속 해 나가다

1 문장을 읽고, 알맞은 낱말을 써 넣어 봅시다.

1) 필요한 것을 달라고 청함 또는 그 청 ☐☐

2) 연극, 영화에서 주인공 역을 맡아 연기하는 사람 ☐☐☐

3) 사회, 정치, 인생 따위의 어떤 사물, 현상에 대하여 갖고 있는 생각 ☐☐

4) 필요한 것을 미리 갖추다 ☐☐☐

5) 일정한 모양 또는 일정한 형식 ☐☐

6) 건물, 기념비, 동상, 탑 따위를 만들어 세움 ☐☐

12주
1일

2 밑줄 친 곳에 알맞은 낱말을 써 넣어 문장을 완성해 봅시다.

1) 학부모와 학생들의 급식 개선 _____ 에 부응하여 반찬의 양과 질을 높였다.

2) 절벽에서 떨어지는 장면은 _____ 가 아니라 스턴트맨이 대역으로 나섰다.

3) 동학의 인내천 _____ 은 '사람이 곧 하늘'이라는 생각으로 모든 사람이 평등해야 한다는 뜻을 담고 있다.

4) 변호사는 그에게 "재판에 이기려면 충분한 증거를 _____ 한다"고 말했다.

5) 오늘날 교통과 통신의 발달로 농촌의 생활 _____ 이 점차 도시화되고 있다.

6) 김 교장은 열악한 체육 교육 환경을 개선하기 위해 체육관 _____ 을 추진했다.

5. 글에 담긴 생각과 비교해요

완비
한자 완전할 완 完
갖출 비 備

빠짐없이 완전히 갖춤

예 주차장 **완비**라는 광고를 보고 음식점을 *방문했는데, *주차할 곳이 전혀 없었다.

*방문하다(訪 찾을 방, 問 물을 문) 사람을 찾아가 만나거나, 장소를 찾아가서 보다

*주차하다(駐 머무를 주, 車 수레 차)   자동차를 일정한 곳에 세워 두다

성인
한자 성인 성 聖
사람 인 人

지혜와 덕이 매우 뛰어나 / 모든 사람이 *길이 우러러 받들고 · 모든 사람의 스승이 될 만한 / 사람

예 예수, 공자, 석가, 소크라테스는 세계 4대 **성인**으로 *추앙 받는다.

*길이   오랜 세월이 지나도록

*추앙(推 밀 추, 仰 우러를 앙) 높이 받들어 우러러봄

비 성자(聖, 者 사람 자)

신용
한자 믿을 신 信
쓸 용 用

사람, 사물이 / 틀림없다고 *믿음 또는 그런 믿음의 정도

예 주변 사람들에게 거짓말을 자주 하면 결국 **신용**을 잃게 된다.

*믿음   (사실 · 말을) 꼭 그렇게 될 거라고 생각함, 그렇다고 여김

대접하다
한자 기다릴 대 待
이을 접 接

예우를 갖춰 / 잘 대하다

예 집 안을 청소하고 음식을 장만하는 등 손님을 **대접하기** 위한 준비에 *분주했다.

*분주하다(奔 달릴 분, 走 달릴 주) 이리저리 몹시 바쁘게 뛰어다니다

분해하다
한자 나눌 분 分
풀 해 解

여러 부분이 *결합하여 이루어진 사물을 / 그 *낱낱으로 나누다

예 다섯 시간 동안 힘들여 만든 레고 장난감을 *조각조각으로 완전히 **분해했다.**

*결합하다(結 맺을 · 모을 결, 合 합할 합) (둘 이상을) 하나로 합하다

*낱낱   여럿 가운데의 하나하나

*조각조각   여러 조각. 각각의 조각

살벌하다
한자 죽일 살 殺
칠 벌 伐

분위기, 행동 따위가 / 거칠고 무시무시하다

예 호랑이는 금방 달려들어 죽일듯한 **살벌한** 눈빛으로 *사냥감을 *쏘아보았다.

*사냥감   사냥하여 잡으려고 하는 짐승

*쏘아보다   상대를 날카롭게 노려보다

문장을 읽고, 알맞은 낱말을 써 넣어 봅시다.

1) 빠짐없이 완전히 갖춤

2) 지혜와 덕이 매우 뛰어나 모든 사람이 길이 우러러 받들고 ·
모든 사람의 스승이 될 만한 사람

3) 사람, 사물이 틀림없다고 믿음 또는 그런 믿음의 정도

4) 예우를 갖춰 잘 대하다

5) 여러 부분이 결합하여 이루어진 사물을
그 낱낱으로 나누다

6) 분위기, 행동 따위가 거칠고 무시무시하다

12주
2일

2 **밑줄 친 곳에 알맞은 낱말을 써 넣어 문장을 완성해 봅시다.**

1) 주차장 _____ 라는 광고를 보고 음식점을 방문했는데, 주차할 곳이 전혀
없었다.

2) 예수, 공자, 석가, 소크라테스는 세계 4대 _____ 으로 추앙 받는다.

3) 주변 사람들에게 거짓말을 자주 하면 결국 _____ 을 잃게 된다.

4) 집 안을 청소하고 음식을 장만하는 등 손님을 _____ 위한 준비에 분주했다.

5) 다섯 시간 동안 힘들여 만든 레고 장난감을 조각조각으로 완전히 _____ .

6) 호랑이는 금방 달려들어 죽일듯한 _____ 눈빛으로 사냥감을 쏘아보았다.

증오

한자 미워할 증 憎
미워할 오 惡

몹시 미워함

예 서로를 몹시 못마땅히 여겼던 두 사람은 **증오**에 찬 *눈초리로 서로를 *째려봤다.

*눈초리　어떤 대상을 바라볼 때 눈에 나타나는 표정

*째려보다　못마땅하여 매서운 눈초리로 흘겨보다

화합

한자 화목할 화 和
합할 합 合

서로 간에 마음, 뜻을 모아 / *화목하게 어울림

예 대통령은 취임식에서 계층, 세대, 남녀 간의 *반목과 갈등을 *종식하고
　화합을 이루기 위해 노력하겠다고 말했다.

*화목하다(和 화할 화, 睦 화목할 목)　서로 뜻이 맞고 정답다

*반목(反 돌이킬 반, 目 눈 목) 서로 사이가 좋지 않고 미워함

*종식하다(終 마칠 종, 熄 불 꺼질·없어질 식)　한때 매우 성하던 일이 끝나거나
　　　　　　　　　　　　　　　　　　　　　　　없어지다

불화하다

한자 아닐 불 不
화목할 화 和

서로 사이좋게 지내지 못함

예 형제가 *사사건건 부딪히며 **불화하는** *통에 집안이
　하루도 조용할 날이 없다.

*사사건건(事 일 사, 事, 件 물건 건, 件)　모든 일마다

*통　　어떤 일이 벌어진 환경이나 판국

동포

한자 같을 동 同
세포·
친형제 포 胞

같은 나라 또는 같은 민족의 / 사람

예 해외에는 한국인이라는 *자긍심을 가지고 살아가는 **동포**들이 많이 있다.

*자긍심(自 스스로 자, 矜 자랑할 긍, 心 마음 심)　스스로에게 긍지(矜, 持 가질 지:
　자신의 능력·자격을 자랑스럽게 여기는 마음)를 가지는 마음

징조

한자 부를 징 徵
조짐·
점괘 조 兆

어떤 일이 생기기 이전에 / 미리 보이는 / 여러 가지 *조짐

예 제비가 낮게 나는 것은 주변에 저기압이 형성되어 있고 습도가 높다는
　증거로, 곧 비가 내릴 **징조**이다.

*조짐(兆, 朕 징조 짐)　좋거나 나쁜 일이 생길 분위기(기미, 낌새)가 보이는 현상

비 전조(前 앞 전, 兆), 조짐(兆朕)

용모

한자 얼굴 용 容
모양 모 貌

사람의 얼굴 모습 및 차림새

예 *면접을 앞둔 그는 **용모**를 *단정히 보이기 위해 이발을 하고 양복을 장만했다.

*면접(면접시험) (面 얼굴 면, 接 접촉할·이을 접)　만나서 인품·언행을 시험하는 일

*단정히(端 끝 단, 正 바를 정) (차림새·태도가 흐트러짐이 없이) 깔끔하고 반듯하게

→ 바른 답 11쪽

공부한 날   월   일   학습평가☑

1 문장을 읽고, 알맞은 낱말을 써 넣어 봅시다.

1) 몹시 미워함   ☐☐

2) 서로 간에 마음, 뜻을 모아 화목하게 어울림   ☐☐

3) 서로 사이좋게 지내지 못함   ☐☐☐

4) 같은 나라 또는 같은 민족의 사람   ☐☐

5) 어떤 일이 생기기 이전에 미리 보이는 여러 가지 조짐   ☐☐

6) 사람의 얼굴 모습 및 차림새   ☐☐

12주 3일

2 밑줄 친 곳에 알맞은 낱말을 써 넣어 문장을 완성해 봅시다.

1) 서로를 몹시 못마땅히 여겼던 두 사람은 _____ 에 찬 눈초리로 서로를 째려봤다.

2) 대통령은 취임식에서 계층, 세대, 남녀 간의 반목과 갈등을 종식하고 _____ 을 이루기 위해 노력하겠다고 말했다.

3) 형제가 사사건건 부딪히며 _____ 통에 집안이 하루도 조용할 날이 없다.

4) 해외에는 한국인이라는 자긍심을 가지고 살아가는 _____ 들이 많이 있다.

5) 제비가 낮게 나는 것은 주변에 저기압이 형성되어 있고 습도가 높다는 증거로, 곧 비가 내릴 _____ 이다.

6) 면접을 앞둔 그는 _____ 를 단정히 보이기 위해 이발을 하고 양복을 장만했다.

5. 글에 담긴 생각과 비교해요

화기

[한자] 화목할 화 和
기운 기 氣

생기 있는 *기색

예 부모의 얼굴에 늘 *근심하는 *빛이 있으니 아이들의 얼굴에도 **화기**가 없었다.

*기색(氣 기운 기, 色 빛 색)   감정의 작용으로 얼굴에 나타나는 기분과 얼굴색

*근심하다   어떤 일에 대해 마음이 놓이지 않아 불안해하다

*빛   (표정·눈·몸가짐에서 나타나는) 안색. 얼굴빛. 기색(氣色)

이기적
(이기주의적)

[한자] 이로울 이 利
몸·자기 기 己
과녁·
목표 적 的

자기에게 / *이익되는 일에만 / *힘쓰는 (것)

예 놀부는 자신의 *이익을 가장 중요한 것으로 생각하는 **이기적**인 인물이다.

*이익(利 이로울 이, 益 이로울 익)   정신적·물질적으로 이롭고 보탬이 되는 일

*힘쓰다   힘을 들여 일을 하다

개인주의

[한자] 낱 개 個
사람 인 人
주인 주 主
옳을 의 義

국가, 사회보다는 / 그것을 구성하는 개인에 더 큰 가치를 *부여하고 · 개인의 권리와 자유를 존중하는 / 사상

예 **개인주의**는 사회 전체의 이익보다는 개인의 이익이 우선시 여기는 관점이고, 집단주의는 개인의 이익보다는 집단 전체의 이익을 우선시 여기는 관점이다.

*부여하다(附 붙을 부, 與 더불 여)   일에 가치·의의 따위를 붙여 주다

극도

[한자] *지극할 극 極
법도 도 度

더할 수 없는 정도

예 *오디션을 앞둔 그는 **극도**로 긴장을 해서 입이 바짝 마르고 손이 떨렸다.

*지극하다(至 이를 지, 極)   (더할 수 없을 정도로) 정성을 다하다

*오디션(audition)   가수, 탤런트, 배우 따위의 연예인을 뽑기 위한 실기 시험

가장

[한자] 집 가 家
길·어른 장 長

한 가정을 이끌어 나가는 / 사람

예 그는 *처자에게 애정을 갖고 가족을 아끼고 돌보는 훌륭한 **가장**이었다.

*처자(妻 아내 처, 子 아들·자식 자)   아내와 자식

인자하다

[한자] 어질 인 仁
사랑 자 慈

마음이 *어질고 · 사랑을 *베푸는 마음이 있다

예 그는 항상 웃는 얼굴로 이웃들에게 가진 것들을 베풀어 주는 **인자한** 사람이었다.

*어질다   마음이 너그럽고 착하며 슬기롭고 덕이 높다

*베풀다   (남에게 돈을 주거나, 일을 도와서) 은혜를 받게 하다

→ 바른 답 11쪽

 문장을 읽고, 알맞은 낱말을 써 넣어 봅시다.

1) 생기 있는 기색 ☐☐

2) 자기에게 이익되는 일에만 힘쓰는 (것) ☐☐☐

3) 국가, 사회보다는 그것을 구성하는 개인에 더 큰 가치를 부여하고 · 개인의 권리와 자유를 존중하는 사상 ☐☐☐☐

4) 더할 수 없는 정도 ☐☐

5) 한 가정을 이끌어 나가는 사람 ☐☐

6) 마음이 어질고 · 사랑을 베푸는 마음이 있다 ☐☐☐

12주 4일

밑줄 친 곳에 알맞은 낱말을 써 넣어 문장을 완성해 봅시다.

1) 부모의 얼굴에 늘 근심하는 빛이 있으니 아이들의 얼굴에도 _____ 가 없었다.

2) 놀부는 자신의 이익을 가장 중요한 것으로 생각하는 _____ 인물이다.

3) _____ 는 사회 전체의 이익보다는 개인의 이익이 우선시 여기는 관점이고, 집단주의는 개인의 이익보다는 집단 전체의 이익을 우선시 여기는 관점이다.

4) 오디션을 앞둔 그는 _____ 로 긴장을 해서 입이 바짝 마르고 손이 떨렸다.

5) 그는 처자에게 애정을 갖고 가족을 아끼고 돌보는 훌륭한 _____ 이었다.

6) 그는 항상 웃는 얼굴로 이웃들에게 가진 것들을 베풀어 주는 _____ 사람이었다.

5일

5. 글에 담긴 생각과 비교해요

삼림

한자 *수풀 · 나무 빽빽할 삼 森 수풀 림 林

나무가 *빽빽하게 많이 있는 / 숲

예 땔감이 부족했던 시절에 많은 나무가 *벌채되어 **삼림**이 많이 *훼손되었다.

*수풀　　나무가 무성하게 우거지거나 꽉 들어찬 것

*벌채(伐 칠 · 벨 벌, 採 캘 채) 나무를 베어 냄

*훼손(毁 헐 · 부술 훼, 損 덜 손)　(무너뜨리거나 깨뜨려서) 못 쓰게 함

비 산림(山 메 산, 林), 수풀, 숲

무성하다

한자 무성할 무 茂 성할 성 盛

풀, 나무 따위가 / 꽉 차서 빽빽하다

예 *황무지인 땅은 여름이 되면 흙이 보이지 않을 만큼 온갖 작물로 **무성하다**.

*황무지(荒 거칠 황, 蕪 거칠 무, 地 땅 지) 손을 대어 거두지 않고 내버려 둔 거친 땅

비 우거지다, 울창하다(鬱 울창할 울, 蒼 푸를 창)

오곡백과

한자 다섯 오 五 곡식 곡 穀 일백 백 百 열매 과 果

온갖 곡식과 여러 가지 열매

예 **오곡백과**는 다섯 가지 곡식과 백 가지 과일이라는 뜻으로, 수확의 계절인 가을에 나오는 풍성한 *식재료를 가리킨다.

*식재료(食 밥 · 음식 식, 材 재목 재, 料 헤아릴 료)　음식의 재료

풍성하다

한자 풍년 풍 豐 성할 성 盛

*넉넉하고 많다

예 오곡백과가 무르익는 가을은 **풍성한** *결실의 계절이다.

*넉넉하다　(크기 · 수량 따위가) 기준에 차고도 남음이 있다

*결실(結 맺을 결, 實 열매 실) 식물이 열매를 맺음. 또는 그 열매

비 풍부하다(豐, 富 부유할 부), 풍요하다(豐, 饒 넉넉할 요)

촌락 (촌)

한자 마을 촌 村 떨어질 · 마을 락 落

시골의 *마을

예 **촌락**은 자연환경에 따라 농촌, 어촌, 산지촌 등으로 *구분된다.

*마을　　시골에서, 여러 집이 모여 사는 곳

*구분되다(區 구분할 구, 分 나눌 분)　(기준에 따라) 전체를 몇 개로 나뉘다

비 마을, 동리(洞 마을 동, 里 마을 리)

발하다

한자 필 발 發

소리, 빛, 냄새, 열, 감정 따위를 / 생기게 하다 또는 일어나게 하다

예 벽난로에는 불꽃이 환한 빛을 **발하고** 있었다.

1 문장을 읽고, 알맞은 낱말을 써 넣어 봅시다.

1) 나무가 빽빽하게 많이 있는 숲

2) 풀, 나무 따위가 꽉 차서 빽빽하다

3) 온갖 곡식과 여러 가지 열매

4) 넉넉하고 많다

5) 시골의 마을

6) 소리, 빛, 냄새, 열, 감정 따위를 생기게 하다 또는
일어나게 하다

12주
5일

2 밑줄 친 곳에 알맞은 낱말을 써 넣어 문장을 완성해 봅시다.

1) 땔감이 부족했던 시절에 많은 나무가 벌채되어 _____ 이 많이
훼손되었다.

2) 황무지인 땅은 여름이 되면 흙이 보이지 않을 만큼 온갖 작물로 _____ .

3) _____ 는 다섯 가지 곡식과 백 가지 과일이라는 뜻으로, 수확의 계절인
가을에 나오는 풍성한 식재료를 가리킨다.

4) 오곡백과가 무르익는 가을은 _____ 결실의 계절이다.

5) _____ 은 자연환경에 따라 농촌, 어촌, 산지촌 등으로 구분된다.

6) 벽난로에는 불꽃이 환한 빛을 _____ 있었다.

1 문장을 읽고, 알맞은 낱말을 써 넣어 봅시다.

1) 서로 간에 마음, 뜻을 모아 화목하게 어울림 　　　　　　

2) 건물, 기념비, 동상, 탑 따위를 만들어 세움 　　　　　　

3) 풀, 나무 따위가 꽉 차서 빽빽하다 　　　　　　

4) 사회, 정치, 인생 따위의 어떤 사물, 현상에 대하여
갖고 있는 생각 　　　　　　

5) 자기에게 이익되는 일에만 힘쓰는 (것) 　　　　　　

6) 한 가정을 이끌어 나가는 사람 　　　　　　

7) 지혜와 덕이 매우 뛰어나 모든 사람이 길이 우러러
받들고 · 모든 사람의 스승이 될 만한 사람 　　　　　　

8) 사람, 사물이 틀림없다고 믿음 또는 그런 믿음의 정도 　　　　　　

9) 몹시 미워함 　　　　　　

10) 생기 있는 기색 　　　　　　

11) 서로 사이좋게 지내지 못함 　　　　　　

12) 국가, 사회보다는 그것을 구성하는 개인에 더 큰 가치를
부여하고 · 개인의 권리와 자유를 존중하는 사상 　　　　　　

13) 나무가 빽빽하게 많이 있는 숲 　　　　　　

14) 마음이 어질고 · 사랑을 베푸는 마음이 있다

15) 온갖 곡식과 여러 가지 열매 _____

16) 빠짐없이 완전히 갖춤 _____

17) 넉넉하고 많다 _____

18) 시골의 마을 _____

19) 필요한 것을 달라고 청함 또는 그 청 _____

20) 소리, 빛, 냄새, 열, 감정 따위를 생기게 하다 또는
일어나게 하다 _____

21) 같은 나라 또는 같은 민족의 사람 _____

22) 사람의 얼굴 모습 및 차림새 _____

23) 여러 부분이 결합하여 이루어진 사물을 그 낱낱으로 나누다

24) 연극, 영화에서 주인공 역을 맡아 연기하는 사람

25) 분위기, 행동 따위가 거칠고 무시무시하다

26) 일정한 모양 또는 일정한 형식 _____

27) 더할 수 없는 정도 _____

28) 어떤 일이 생기기 이전에 미리 보이는 여러 가지 조짐 _____

29) 예우를 갖춰 잘 대하다 _____

30) 필요한 것을 미리 갖추다 _____

2 밑줄 친 곳에 알맞은 낱말을 써 넣어 문장을 완성해 봅시다.

1) 집 안을 청소하고 음식을 장만하는 등 손님을 _____ 위한 준비에 분주했다.

2) 주변 사람들에게 거짓말을 자주 하면 결국 _____ 을 잃게 된다.

3) 부모의 얼굴에 늘 근심하는 빛이 있으니 아이들의 얼굴에도 _____ 가 없었다.

4) 김 교장은 열악한 체육 교육 환경을 개선하기 위해 체육관 _____ 을 추진했다.

5) 그는 처자에게 애정을 갖고 가족을 아끼고 돌보는 훌륭한 _____ 이었다.

6) _____ 는 사회 전체의 이익보다는 개인의 이익이 우선시 여기는 관점이고, 집단주의는 개인의 이익보다는 집단 전체의 이익을 우선시 여기는 관점이다.

7) 동학의 인내천 _____ 은 '사람이 곧 하늘'이라는 생각으로 모든 사람이 평등해야 한다는 뜻을 담고 있다.

8) 땔감이 부족했던 시절에 많은 나무가 벌채되어 _____ 이 많이 훼손되었다.

9) 변호사는 그에게 "재판에 이기려면 충분한 증거를 _____ 한다"고 말했다.

10) 주차장 _____ 라는 광고를 보고 음식점을 방문했는데, 주차할 곳이 전혀 없었다.

11) 오곡백과가 무르익는 가을은 _____ 결실의 계절이다.

12) 예수, 공자, 석가, 소크라테스는 세계 4대 _____ 으로 추앙 받는다.

13) 서로를 몹시 못마땅히 여겼던 두 사람은 _____ 에 찬 눈초리로 서로를 쩨려봤다.

14) _____ 는 다섯 가지 곡식과 백 가지 과일이라는 뜻으로, 수확의 계절인 가을에 나오는 풍성한 식재료를 가리킨다.

→ 바른 답 11쪽

15) 다섯 시간 동안 힘들여 만든 레고 장난감을 조각조각으로 완전히
　　——————— .

16) 형제가 사사건건 부딪히며 ——————— 통에 집안이 하루도 조용할 날이 없다.

17) 절벽에서 떨어지는 장면은 ——————— 가 아니라 스턴트맨이 대역으로 나섰다.

18) 벽난로에는 불꽃이 환한 빛을 ——————— 있었다.

19) 놀부는 자신의 이익을 가장 중요한 것으로 생각하는 ——————— 인물이다.

20) 오늘날 교통과 통신의 발달로 농촌의 생활 ——————— 이 점차 도시화되고 있다.

21) ——————— 은 자연환경에 따라 농촌, 어촌, 산지촌 등으로 구분된다.

22) 오디션을 앞둔 그는 ——————— 로 긴장을 해서 입이 바짝 마르고 손이 떨렸다.

23) 호랑이는 금방 달려들어 죽일듯한 ——————— 눈빛으로 사냥감을 쏘아보았다.

24) 대통령은 취임식에서 계층, 세대, 남녀 간의 반목과 갈등을 종식하고 ——————— 을 이루기 위해 노력하겠다고 말했다.

25) 학부모와 학생 들의 급식 개선 ——————— 에 부응하여 반찬의 양과 질을 높였다.

26) 그는 항상 웃는 얼굴로 이웃들에게 가진 것들을 베풀어 주는 ——————— 사람이었다.

27) 해외에는 한국인이라는 자긍심을 가지고 살아가는 ——————— 들이 많이 있다.

28) 제비가 낮게 나는 것은 주변에 저기압이 형성되어 있고 습도가 높다는 증거로, 곧 비가 내릴 ——————— 이다.

29) 면접을 앞둔 그는 ——————— 를 단정히 보이기 위해 이발을 하고 양복을 장만했다.

30) 황무지인 땅은 여름이 되면 흙이 보이지 않을 만큼 온갖 작물로 ——————— .

1 문장을 읽고, 알맞은 낱말을 써 넣어 봅시다.

1) 어떤 현상, 사물이 원인, 이유가 되다 ( )

2) 기둥 모양으로 생긴 암석 지형 ( )

3) 부족함 없이 매우 넉넉하다 ( )

4) 보통의 것과 아주 다르고 · 이상하다 ( )

5) 변함없이 꼭 지켜야 하는 기본적인 규칙 ( )

6) 다른 것을 그대로 본떠서 만들다 또는 따라 하다 ( )

7) 지구 표면의 평균 기온이 올라가는 현상 ( )

8) 몹시 미워함 ( )

9) 겉으로 드러나다 ( )

10) 어떤 사람이 다른 사람의 인격, 사상, 능력 따위를
    발전하도록 가르쳐 기르다 ( )

11) 여러 부분이 결합하여 이루어진 사물을
    그 낱낱으로 나누다 ( )

12) 일의 상황에 맞춰 자세, 행동을 취하다 ( )

13) 소리, 빛, 냄새, 열, 감정 따위를 생기게 하다 또는
    일어나게 하다 ( )

14) 어떤 산물이 주로 생산되는 지역 ( )

15) 풀, 나무 따위가 꽉 차서 빽빽하다 ( )

⟶≫ 바른 답 11쪽

16)　어떤 일이 생기기 이전에 미리 보이는 여러 가지 조짐　　　（　　　　　　）

17)　풀, 나무, 어패류, 광물질 따위를 캐거나 · 베거나 ·
　　　따거나 · 뜯거나 하여 얻다　　　　　　　　　　　　（　　　　　　）

18)　어떤 집단 안에서 자신들의 비밀을 유지하기 위해
　　　자기들끼리만 자주 사용하는 말　　　　　　　　　　（　　　　　　）

19)　빠짐없이 완전히 갖춤　　　　　　　　　　　　　　　（　　　　　　）

20)　무엇을 여기저기에 흩어서 뿌리다　　　　　　　　　（　　　　　　）

21)　분위기, 행동 따위가 거칠고 무시무시하다　　　　　　（　　　　　　）

22)　어떤 사실에 대하여 딱 잘라 판단하고 결정하는 (것)　（　　　　　　）

23)　일, 상황, 마음 따위가 뒤죽박죽 섞여 어지러움　　　　（　　　　　　）

24)　국가, 사회보다는 그것을 구성하는 개인에 더 큰 가치를
　　　부여하고 · 개인의 권리와 자유를 존중하는 사상　　（　　　　　　）

25)　어떤 상품을 사지 않음　　　　　　　　　　　　　　（　　　　　　）

26)　나무가 빽빽하게 많이 있는 숲　　　　　　　　　　　（　　　　　　）

27)　나무에서 나오는 주위의 병원균, 해충, 곰팡이 따위의
　　　미생물을 죽이는 작용을 하는 물질　　　　　　　　（　　　　　　）

28)　나라를 세우거나 · 그 시작의 바탕이 되는 사람　　　　（　　　　　　）

29)　일반에게 널리 공개하여 모집하다　　　　　　　　　（　　　　　　）

30)　끝이 없이　　　　　　　　　　　　　　　　　　　　（　　　　　　）

2 **밑줄 친 곳에 알맞은 낱말을 써 넣어 문장을 완성해 봅시다.**

1) 아이는 저녁마다 꾸준히 줄넘기와 달리기를 하며 신체를 _____ .

2) 스마트폰을 붙잡고 노는 동생의 모습과 책을 붙잡고 공부하는 언니의 모습이 극명한 _____ 를 이룬다.

3) 화학 비료나 농약을 대량으로 사용하는 기존의 농법이 토양을 오염시키고 인체에 해로운 영향을 끼친다는 반성에서 _____ 이 시작되었다.

4) 임진왜란은 1592년에 일본이 20만 대군을 이끌고 조선을 _____ 발발했다.

5) 그는 아무리 발버둥쳐도 헤어날 수 없는 자신의 암울한 상황을 늪으로 _____ .

6) 인간의 세포를 이용한 복제 실험은 _____ 문제 때문에 쉽게 수행되지 못했다.

7) 영상을 촬영하는 일보다 쓸 만한 영상을 추리는 _____ 에 많은 수고가 들었다.

8) 전람회 작품 공모에 출품한 그림이 _____ 에 통과하여 전시작으로 선정됐다.

9) _____ 체제에서는 수요와 공급의 법칙에 따라 시장 가격이 결정된다.

10) _____ 는 다섯 가지 곡식과 백 가지 과일이라는 뜻으로, 수확의 계절인 가을에 나오는 풍성한 식재료를 가리킨다.

11) 이번에 새로 학교가 개교하여 이 지역의 과대 학급 문제가 다소 _____ .

12) 상품의 시장 경쟁력을 키우기 위해 생산 원가를 _____ 품질을 높여야 한다.

13) 김 교사는 수업 중에 '아는 것이 힘이다'는 베이컨의 명언을 자주 _____ .

14) 나무를 심으면 나무가 _____ 를 흡수해 지구 온난화 예방에 도움이 된다.

15) 바나나를 채취해서 나르는 노동자들은 백혈병에 걸릴 확률이 평균 _____ 보다 두 배나 높게 나타난다.

→ 바른 답 11쪽

16) 대통령은 취임식에서 계층, 세대, 남녀 간의 반목과 갈등을 종식하고 ＿＿＿＿＿＿ 을 이루기 위해 노력하겠다고 말했다.

17) 숲에서 벌목한 나무를 목재로 만들기 위해 ＿＿＿＿＿ 로 운반했다.

18) 땔감이 부족했던 시절에 많은 나무가 벌채되어 ＿＿＿ 이 많이 훼손되었다.

19) 가게에서 천 원짜리 아이스크림을 50 ＿＿＿＿＿ 할인된 가격인 오백 원에 판매한다.

20) 동학의 인내천 ＿＿＿＿＿ 은 '사람이 곧 하늘'이라는 생각으로 모든 사람이 평등해야 한다는 뜻을 담고 있다.

21) 누군가 떠벌리고 다니는 바람에 두 사람이 사귄다는 소문이 전교에 ＿＿＿＿＿ .

22) 오디션을 앞둔 그는 ＿＿＿ 로 긴장을 해서 입이 바짝 마르고 손이 떨렸다.

23) 채소와 과일에는 우리 몸의 ＿＿＿＿＿ 을 키워 주는 여러 가지 영양소가 들어 있다.

24) 수업을 마친 아이들은 ＿＿＿＿＿ 발걸음으로 사뿐사뿐 계단을 내려갔다.

25) 엄마는 '게임을 하고 싶다'는 아이의 의견에 ＿＿＿＿＿ 수 없어서 고개를 저었다.

26) 식품의약품안전처에서는 어린이 식품에 '품질 ＿＿＿ 마크'를 발급하여 어린이들이 안전하고 영양을 고루 갖춘 식품을 고를 수 있도록 품질 ＿＿＿ 을 하고 있다.

27) 형제가 사사건건 부딪히며 ＿＿＿＿＿ 통에 집안이 하루도 조용할 날이 없다.

28) 이번 영화의 ＿＿＿＿＿ 을 맡은 김 감독은 제작진들과 상의하여 배역, 의상, 무대 배경, 음악, 카메라 작업, 시간 배정 등을 결정했다.

29) 놀부는 자신의 이익을 가장 중요한 것으로 생각하는 ＿＿＿＿＿ 인물이다.

30) 그는 그 나라와 긴밀한 외교 관계를 구축하라는 ＿＿＿ 을 받고 파견되었다.

칭찬 사과 색칠놀이

하루 공부를 잘 마쳤다면 나에게 칭찬 사과를 선물하세요.

사과 나무에 사과가 주렁주렁 열릴 때까지 열심히 공부합시다!

■ 하루 공부가 끝나면 사과 한 개씩 예쁘게 색칠해 보세요.

칭찬 사과를
색칠해 보세요!!

5. 글에 담긴 생각과 비교해요

계급 투쟁

한자 섬돌 계 階
등급 급 級
싸울 투 鬪
다툴 쟁 爭

서로 이해관계가 다른 [*]계급 사이에 / 권리, [*]특권, 기회를 얻기 위해 벌어지는 싸움

예 **계급 투쟁**이란 계급 사회에서 한 계급이 다른 계급을 [*]타도하여 정치 · 경제 · 문화적 특권과 기회를 [*]탈취하여 지배권을 얻으려는 싸움을 말한다.

[*]계급(階級) 신분, 재산, 직업 따위가 비슷한 사람들로 형성되는 집단

[*]특권(特 특별할 특, 權 권세 권)   특별한 권리

[*]타도하다(打 칠 타, 倒 넘어질 도) (어떤 대상 · 세력을) 쳐서 무너지게 하다

[*]탈취하다(奪 빼앗을 탈, 取 가질 취)   (다른 사람의 것을) 강제로 빼앗아 가지다

보복

한자 갚을 보 報
돌아올 복 復

어떤 사람이 자기에게 [*]해를 준 대로 / 자기도 그 사람에게 해를 줌

예 학교 폭력의 피해자들은 **보복**이 두려워 신고하지 못하는 경우가 많다.

[*]해(害 해칠 · 해로울 해) 나쁜 영향을 끼치거나 손상을 입힘. 또는 그런 것

비 앙갚음, 대갚음(對 대할 · 마주할 대)

증명하다

한자 증거 증 證
밝을 명 明

무엇의 [*]진위를 / [*]증거를 들어서 밝히다

예 친구가 통장에 일억 원이 있다는 어처구니없는 말을 해서 통장을 보여서 **증명해** 보라고 요구했다.

[*]진위(眞 참 진, 僞 거짓 위)   참과 거짓. 또는 진짜와 가짜

[*]증거(證, 據 근거 거)   증명할 수 있는 근거

비 입증하다(立 설 입, 證), 증빙하다(證, 憑 기댈 빙)

일단

한자 하나 일 一
끝 단 端

사물, 사건 따위의 / 한 부분

예 싸움을 벌인 두 아이가 서로 자신에게 유리한 사건의 **일단**만 말하는 바람에 김 교사는 사건의 [*]진상을 파악할 수 없었다.

[*]진상(眞 참 진, 相 서로 · 모양 상) (사물 · 일 · 현상의) 참된 모습, 참된 내용

인

한자 어질 인 仁

남을 사랑하고 · [*]어질게 행동하는 일

예 공자는 남을 사랑하고 어질게 행동하는 일, 즉 '**인**'의 중요성을 특히 강조했다.

[*]어질다   마음이 너그럽고 착하며 슬기롭고 덕이 높다

종사하다

한자 좇을 ·
따를 종 從
일 사 事

[*]생업으로 어떤 일을 하다

예 촌락 사람들은 주로 주변의 자연환경을 이용한 농업, 어업, 임업 등에 **종사한다**.

[*]생업(업) (生 날 생, 業 직업 업)   생활비를 벌기 위해 하는 일. 직업

1 **문장을 읽고, 알맞은 낱말을 써 넣어 봅시다.**

1) 서로 이해관계가 다른 계급 사이에 권리, 특권,
   기회를 얻기 위해 벌어지는 싸움

2) 어떤 사람이 자기에게 해를 준 대로 자기도 그 사람에게 해를 줌

3) 무엇의 진위를 증거를 들어서 밝히다

4) 사물, 사건 따위의 한 부분

5) 남을 사랑하고 · 어질게 행동하는 일

6) 생업으로 어떤 일을 하다

2 **밑줄 친 곳에 알맞은 낱말을 써 넣어 문장을 완성해 봅시다.**

1) _____ 이란 계급 사회에서 한 계급이 다른 계급을 타도하여 정치·경제·
   문화적 특권과 기회를 탈취하여 지배권을 얻으려는 싸움을 말한다.

2) 학교 폭력의 피해자들은 _____ 이 두려워 신고하지 못하는 경우가 많다.

3) 친구가 통장에 일억 원이 있다는 어처구니없는 말을 해서 통장을 보여서
   _____ 보라고 요구했다.

4) 싸움을 벌인 두 아이가 서로 자신에게 유리한 사건의 _____ 만 말하는
   바람에 김 교사는 사건의 진상을 파악할 수 없었다.

5) 공자는 남을 사랑하고 어질게 행동하는 일, 즉 '____'의 중요성을 특히 강조했다.

6) 촌락 사람들은 주로 주변의 자연환경을 이용한 농업, 어업, 임업 등에 _____.

시일

한자 때 시 時
날 일 日

때와 날 또는 **어느 날**이라고 미리 정한 날

예 백범 김구 선생은 "내 나이 이제 일흔이 넘었으니 직접 국민 교육에 종사할 **시일**이 넉넉지 못하다"고 말했다.

학도 (학생)

한자 배울 학 學
무리 도 徒

학교에서 공부하는 / 사람

예 김 교장은 **학도** *일동을 운동장에 세워 놓고 *훈화를 했다.

*일동(一 한·모든 일, 同 한가지·무리 동) (어떤 단체·모임에 속한) 모든 사람

*훈화(訓 가르칠 훈, 話 말씀 화) 교훈이 되는 말. 또는 가르쳐 타이르는 말

인공 지능

영어 Artificial
Intelligence(AI)

한자 사람 인 人
장인 공 工
알 지 知
능할 능 能

사람의 / **학습하고, 생각하고, 말하는** 능력 등을 / 컴퓨터 프로그램으로 *실현한 / 기술

예 **인공 지능** 기술이 발전하면서 로봇이 사람을 대신해 일하는 영역이 늘어나고, 그 규모도 커지고 있다.

*실현하다(實 열매 실, 現 나타날 현) (꿈·희망·계획 따위를) 실제로 이루다

해방되다

한자 풀 해 解
놓을 방 放

*속박에서 / 풀려서 자유롭게 되다

예 링컨은 미국의 노예를 **해방한** 대통령으로 유명하다.

*속박하다(束 묶을 속, 縛 얽을 박) (어떤 사람·사물이 다른 대상을) 강압적으로 얽어 매거나 자유롭지 못하게 하다

대신하다

한자 대신할 대 代
몸 신 身

남이 할일을 / *떠맡아 하다

예 로봇이 인간을 **대신해** 일을 하면 인간은 위험하거나 단순한 일, 반복적인 일로부터 해방될 수 있다.

*떠맡다 남이 넘겨주는 일이나 책임 따위를 모두 받다

비 대행하다(代, 行 다닐 행)

소득

한자 곳 소 所
얻을 득 得

*노동을 하고 *대가로 / 얻는 돈

예 자신이 얻은 **소득**보다 더 많은 돈을 *지출하면 가난해질 수밖에 없다.

*노동(勞 일할 노, 動 움직일 동) 몸을 움직여 일을 함

*대가(代 대신할 대, 價 값 가) 일하고 그에 대한 값으로 받는 돈이나 물품

*지출하다(支 지탱할지, 出 날 출) (어떤 목적을 위해) 돈을 쓰다

비 수입(收 거둘 수, 入 들 입)

1 **문장을 읽고, 알맞은 낱말을 써 넣어 봅시다.**

1) 때와 날 또는 어느 날이라고 미리 정한 날

2) 학교에서 공부하는 사람

3) 사람의 학습하고, 생각하고, 말하는 능력 등을
    컴퓨터 프로그램으로 실현한 기술

4) 속박에서 풀려서 자유롭게 되다

5) 남이 할일을 떠맡아 하다

6) 노동을 하고 대가로 얻는 돈

2 **밑줄 친 곳에 알맞은 낱말을 써 넣어 문장을 완성해 봅시다.**

1) 백범 김구 선생은 "내 나이 이제 일흔이 넘었으니 직접 국민 교육에 종사할
    _____ 이 넉넉지 못하다"고 말했다.

2) 김 교장은 _____ 일동을 운동장에 세워 놓고 훈화를 했다.

3) _____ 기술이 발전하면서 로봇이 사람을 대신해 일하는 영역이 늘어나고,
    그 규모도 커지고 있다.

4) 링컨은 미국의 노예를 _____ 대통령으로 유명하다.

5) 로봇이 인간을 _____ 일을 하면 인간은 위험하거나 단순한 일, 반복적인
    일로부터 해방될 수 있다.

6) 자신이 얻은 _____ 보다 더 많은 돈을 지출하면 가난해질 수밖에 없다.

소유하다

한자 곳 소 所
있을 유 有

가지고 있다

예 아버지는 자신이 **소유한** 땅을 팔아서 아들의 장사 °밑천을 °마련해 주었다.

° **밑천**   장사나 사업을 처음 시작할 때 들어간 돈

° **마련하다**   (사람이 필요한 것을) 준비하거나, 헤아려 갖추다

부과하다

한자 °부세 부 賦
시험할 과 課

° 세금, 부담금 따위를 / °매기어 부담하게 하다

예 로봇세는 로봇을 소유하고 이용하는 사람에게 **부과하는** 방법과
로봇 자신에게 **부과하는** 방법을 생각해 볼 수 있다.

° **부세(賦, 稅 세금 세)**   세금을 매겨서 부과하는 일

° **세금(稅 세금 세, 金 쇠 금)**   국민이 소득 일부를 국가에 의무적으로 내는 돈

° **매기다**   (일정한 기준에 따라) 차례·값·등수 따위를 정하다

도입하다

한자 이끌 도 導
들 입 入

기술, 방법, 물자 따위를 / 끌어서 안으로 들여 넣다

예 로봇을 소유한 기업이나 로봇에게 세금을 부과하자는 주장이 외국에서
나오고 있으므로 우리도 로봇세를 **도입해야** 한다.

혁명

한자 가죽 · 고칠 혁 革
목숨 · 명령 명 命

이전의 관습, 제도, 방식 따위를 단번에 깨뜨리고 / 새로운 것을 급격하게 세우는 일

예 정보 통신 기술과 인공 지능 기술의 발달은 사회 °전반에 **혁명**을 불러와
산업의 형태가 °급변했으며, 사회와 생활의 모습도 크게 달라졌다.

° **전반(全 온전할 전, 般 가지종류를 세는 단위 반)**   여러 가지 것의 전부. 모두

° **급변하다(急 급할 급, 變 변할 변)**   상황 · 상태가 갑자기 달라지다

전망하다

한자 펼 전 展
바랄 ·
바라볼 망 望

다가올 앞날을 / 미리 °내다보다

예 세계 경제 °포럼은 로봇과 인공 지능이 이끄는 4차 산업 혁명으로 수많은
일자리가 사라질 것이라고 **전망했다.**

° **내다보다**   앞일을 미리 헤아리다

° **포럼(forum)**   사회자의 사회로 한 사람 또는 여러 사람이 발표를 하고, 그에 대해
서 청중이 질문하면서 토론하는 형식

합의

한자 합할 합 合
뜻 의 意

서로 의견이 °일치함 또는 그 의견

예 동생과 서로 컴퓨터를 하겠다고 다투다가, 30분씩 번갈아 하기로 **합의**를
보았다.

° **일치(一 한 일, 致 이를어떤 장소나 시간에 닿다 치)**   서로 꼭 들어맞음

1 **문장을 읽고, 알맞은 낱말을 써 넣어 봅시다.**

1) 가지고 있다

2) 세금, 부담금 따위를 매기어 부담하게 하다

3) 기술, 방법, 물자 따위를 끌어서 안으로 들여 넣다

4) 이전의 관습, 제도, 방식 따위를 단번에 깨뜨리고
    새로운 것을 급격하게 세우는 일

5) 다가올 앞날을 미리 내다보다

6) 서로 의견이 일치함 또는 그 의견

2 **밑줄 친 곳에 알맞은 낱말을 써 넣어 문장을 완성해 봅시다.**

1) 아버지는 자신이 _____ 땅을 팔아서 아들의 장사 밑천을 마련해 주었다.

2) 로봇세는 로봇을 소유하고 이용하는 사람에게 _____ 방법과 로봇
    자신에게 _____ 방법을 생각해 볼 수 있다.

3) 로봇을 소유한 기업이나 로봇에게 세금을 부과하자는 주장이 외국에서 나오고
    있으므로 우리도 로봇세를 _____ 한다.

4) 정보 통신 기술과 인공 지능 기술의 발달은 사회 전반에 _____ 을 불러와
    산업의 형태가 급변했으며, 사회와 생활의 모습도 크게 달라졌다.

5) 세계 경제 포럼은 로봇과 인공 지능이 이끄는 4차 산업 혁명으로 수많은 일자리가
    사라질 것이라고 _____.

6) 동생과 서로 컴퓨터를 하겠다고 다투다가, 30분씩 번갈아 하기로 _____
    를 보았다.

지급하다

한자 지탱할 ·
급여 지 支
줄 급 給

돈, 물품 따위를 / 정해진 몫만큼 내어 주다

예 학교에서는 성적이 우수한 학생들에게 장학금을 **지급한다.**

현행법

한자 나타날 현 現
다닐 행 行
법도 법 法

현재 시행되고 있는 법

예 로봇에게 세금을 부과하는 **현행법**이 없기 때문에 로봇세를 도입하기
위해서는 법적 근거를 마련해야 한다.

납부하다

한자 거두어들일 납 納
줄 부 付

세금, °공과금 따위를 / 내다

예 공과금을 °기한 내에 은행 등 지정 기관에 **납부하지** 않으면 연체료를 내야 한다.

°공과금(公 공평할 공, 課 공부할 · 세금 과, 金 쇠 금) (재산세·전기료·상하수도 요금·
종합 소득세 등) 국가 · 공공 단체가 국민에게 부과하는 금전적인 부담

°기한(期 약속할 기, 限 한정할 한) 미리 한정하여 놓은 시기(적당한 때나 기회)

법인

한자 법도 법 法
사람 인 人

°자연인이 아닌 / 법률상으로 인격을 인정받아서 권리 **능력**을 부여받은 °단체

예 현행법상 자연인과 **법인**만이 세금을 납부할 의무가 있기 때문에 기계인
로봇에게는 세금을 부과할 수 없다.

°자연인(自 스스로 자, 然 그러할 연, 人 사람 인) 출생에서 사망까지 권리나
의무의 주체로서 그 능력과 권리를 인정 받고 있는 개인

°단체(團 둥글 단, 體 몸 체) 여러 사람이 모여서 이루어진 집단

의회

한자 의논할 의 議
모일 회 會

어떤 일을 의논하는 모임 또는 **국회, 시 의회, 도 의회** 따위의 국민이 선출한 의원에
의해 국민의 의사를 °대변하고 결정하는 기관

예 이번 안건이 **의회**에서 °부결되면서 정책 추진에 °제동이 걸렸다.

°대변하다(代 대신할 대, 辯 말 잘할 변) 누구를 대신해서 책임지고 말하다

°부결(否 아닐 · 부정할 부, 決 결단할 결) (의논한 안건을) 회의에서 통과시키지
않기로 결정함. 또는 그런 결정

°제동을 걸다(制 절제할 제, 動 움직일 동) 일의 진행을 방해하거나 멈추게 하다

장기적

한자 길 · 어른 장 長
기약할 기 期
과녁 · 목표 적 的

오랜 기간에 걸치는 (것)

예 시설 투자는 °단기적으로는 비용이 들어서 손해를 보는 것 같지만,
장기적으로 보면 생산성이 향상되어 결국 이익을 가져다준다.

°단기적(短 짧을 단, 期的) 짧은 기간에 걸치는

1 문장을 읽고, 알맞은 낱말을 써 넣어 봅시다.

1) 돈, 물품 따위를 정해진 몫만큼 내어 주다

2) 현재 시행되고 있는 법

3) 세금, 공과금 따위를 내다

4) 자연인이 아닌 법률상으로 인격을 인정받아서
    권리 능력을 부여받은 단체

5) 어떤 일을 의논하는 모임 또는 국회, 시 의회, 도 의회 따위의
    국민이 선출한 의원에 의해 국민의 의사를 대변하고 결정하는 기관

6) 오랜 기간에 걸치는 (것)

2 밑줄 친 곳에 알맞은 낱말을 써 넣어 문장을 완성해 봅시다.

1) 학교에서는 성적이 우수한 학생들에게 장학금을 _____ .

2) 로봇에게 세금을 부과하는 _____ 이 없기 때문에 로봇세를 도입하기
    위해서는 법적 근거를 마련해야 한다.

3) 공과금을 기한 내에 은행 등 지정 기관에 _____ 않으면 연체료를 내야 한다.

4) 현행법상 자연인과 _____ 만이 세금을 납부할 의무가 있기 때문에 기계인
    로봇에게는 세금을 부과할 수 없다.

5) 이번 안건이 _____ 에서 부결되면서 정책 추진에 제동이 걸렸다.

6) 시설 투자는 단기적으로는 비용이 들어서 손해를 보는 것 같지만, _____
    으로 보면 생산성이 향상되어 결국 이익을 가져다준다.

입법
한자 설 립 立
법도 법 法

법을 만들어서 정함
예 국회의 본래 임무가 법을 만드는 **입법**이므로 국회를 °입법부라고 부른다.
°**입법부(국회)**   법을 만들고, 예산을 결정하고, 행정부의 활동을 감시하는 기관

집행
한자 잡을 ·
맡아 다스릴 집 執
다닐 · 갈 행 行

법률, 명령, 재판, 처분 따위의 내용을 / 실제로 행하는 일
예 °행정부는 입법부가 °의결한 내용에 대해 **집행**을 하는 기관이다.
°**행정부(정부) (行 다닐 행, 政 다스릴 정, 府 관청 부)** (국회에서 정한 법에 따라) 법을
    집행하고 나라 살림을 맡아 하는 기관
°**의결하다(議 의논할 의, 決 결단할 · 결정할 결)**   의논하여 결정하다

특수하다
한자 특별할 특 特
다를 ·
뛰어날 수 殊

특별히 다르다
예 우리나라는 남북 분단이라는 **특수한** 정치적
    상황에 놓여 있다.

결의하다
한자 결정할 결 決
의논할 의 議

회의에서 / 의안, 제의 등의 °가부를 결정하다
예 유럽 의회는 장기적으로 집행 위원회가 로봇에게 '특수한 권리와 의무를
    가진 전자 인간'으로 법적 °지위를 부여하는 입법을 추진하도록 **결의했다.**
°**가부(可 옳을 가, 否 아닐 부)** 찬성과 반대의 여부(그러함과 그렇지 않음)
°**지위(地 땅 지, 位 자리 위)**   개인의 사회적 신분에 따르는 위치나 자리

기반
한자 기초 · 토대 기 基
소반 · 쟁반 반 盤

기초가 될 만한 바탕 또는 기본이 되는 °토대
예 신라 진흥왕은 한강 °유역을 차지함으로서 삼국 통일의 **기반**을 마련했다.
°**토대(土 흙 토, 臺 무대 대)**   사물 · 사업의 밑바탕이 되는 기초나 밑천
°**유역(流 흐를 유, 域 지경땅의 가장자리 역)**   강물이 흐르는 가장자리의 지역
비 기초(基, 礎 주춧돌 초), 바탕, 기본(基, 本 근본 본), 토대(土臺)

제정하다
한자 절제할 제 制
정할 정 定

제도, 법률 등을 / 만들어서 정하다
예 우리나라는 °로봇 산업의 법적 기반을 마련하기 위해 2008년에 「지능형 로봇
    개발 및 보급 촉진법」을 **제정했다.**
°**로봇 산업(robot, 産 낳을 산, 業 일 · 직업 업)** 로봇 완성품이나 로봇 부품을
                                    개발하거나 제조하여 판매하는 산업

1 **문장을 읽고, 알맞은 낱말을 써 넣어 봅시다.**

1) 법을 만들어서 정함

2) 법률, 명령, 재판, 처분 따위의 내용을 실제로 행하는 일

3) 특별히 다르다

4) 회의에서 의안, 제의 등의 가부를 결정하다

5) 기초가 될 만한 바탕 또는 기본이 되는 토대

6) 제도, 법률 등을 만들어서 정하다

2 **밑줄 친 곳에 알맞은 낱말을 써 넣어 문장을 완성해 봅시다.**

1) 국회의 본래 임무가 법을 만드는 _____ 이므로 국회를 입법부라고 부른다.

2) 행정부는 입법부가 의결한 내용에 대해 _____ 을 하는 기관이다.

3) 우리나라는 남북 분단이라는 _____ 정치적 상황에 놓여 있다.

4) 유럽 의회는 장기적으로 집행 위원회가 로봇에게 '특수한 권리와 의무를 가진 전자 인간'으로 법적 지위를 부여하는 입법을 추진하도록 _____.

5) 신라 진흥왕은 한강 유역을 차지함으로서 삼국 통일의 _____ 을 마련했다.

6) 우리나라는 로봇 산업의 법적 기반을 마련하기 위해 2008년에 「지능형 로봇 개발 및 보급 촉진법」을 _____.

1 **문장을 읽고, 알맞은 낱말을 써 넣어 봅시다.**

1) 다가올 앞날을 미리 내다보다 _____

2) 서로 이해관계가 다른 계급 사이에 권리, 특권, 기회를
   얻기 위해 벌어지는 싸움 _____

3) 생업으로 어떤 일을 하다 _____

4) 세금, 공과금 따위를 내다 _____

5) 학교에서 공부하는 사람 _____

6) 사물, 사건 따위의 한 부분 _____

7) 법률, 명령, 재판, 처분 따위의 내용을 실제로 행하는 일 _____

8) 오랜 기간에 걸치는 (것) _____

9) 현재 시행되고 있는 법 _____

10) 기초가 될 만한 바탕 또는 기본이 되는 토대 _____

11) 어떤 일을 의논하는 모임 또는 국회, 시 의회, 도 의회
    따위의 국민이 선출한 의원에 의해 국민의 의사를
    대변하고 결정하는 기관 _____

12) 제도, 법률 등을 만들어서 정하다 _____

13) 어떤 사람이 자기에게 해를 준 대로 자기도
    그 사람에게 해를 줌 _____

14) 무엇의 진위를 증거를 들어서 밝히다 _____

⟶ 바른 답 12쪽

15) 때와 날 또는 어느 날이라고 미리 정한 날   _____

16) 법을 만들어서 정함   _____

17) 속박에서 풀려서 자유롭게 되다   _____

18) 사람의 학습하고, 생각하고, 말하는 능력 등을
    컴퓨터 프로그램으로 실현한 기술   _____

19) 노동을 하고 대가로 얻는 돈   _____

20) 세금, 부담금 따위를 매기어 부담하게 하다   _____

21) 기술, 방법, 물자 따위를 끌어서 안으로 들여 넣다   _____

22) 남을 사랑하고 · 어질게 행동하는 일   _____

23) 이전의 관습, 제도, 방식 따위를 단번에 깨뜨리고
    새로운 것을 급격하게 세우는 일   _____

24) 돈, 물품 따위를 정해진 몫만큼 내어 주다   _____

25) 서로 의견이 일치함 또는 그 의견   _____

26) 특별히 다르다   _____

27) 남이 할일을 떠맡아 하다   _____

28) 회의에서 의안, 제의 등의 가부를 결정하다   _____

29) 자연인이 아닌 법률상으로 인격을 인정받아서
    권리 능력을 부여받은 단체   _____

30) 가지고 있다   _____

2 **밑줄 친 곳에 알맞은 낱말을 써 넣어 문장을 완성해 봅시다.**

1) 로봇을 소유한 기업이나 로봇에게 세금을 부과하자는 주장이 외국에서 나오고 있으므로 우리도 로봇세를 _____ 한다.

2) 로봇에게 세금을 부과하는 _____ 이 없기 때문에 로봇세를 도입하기 위해서는 법적 근거를 마련해야 한다.

3) 시설 투자는 단기적으로는 비용이 들어서 손해를 보는 것 같지만, _____ 으로 보면 생산성이 향상되어 결국 이익을 가져다준다.

4) 학교 폭력의 피해자들은 _____ 이 두려워 신고하지 못하는 경우가 많다.

5) 행정부는 입법부가 의결한 내용에 대해 _____ 을 하는 기관이다.

6) 유럽 의회는 장기적으로 집행 위원회가 로봇에게 '특수한 권리와 의무를 가진 전자 인간'으로 법적 지위를 부여하는 입법을 추진하도록 _____.

7) 백범 김구 선생은 "내 나이 이제 일흔이 넘었으니 직접 국민 교육에 종사할 _____ 이 넉넉지 못하다"고 말했다.

8) 이번 안건이 _____ 에서 부결되면서 정책 추진에 제동이 걸렸다.

9) 김 교장은 _____ 일동을 운동장에 세워 놓고 훈화를 했다.

10) 아버지는 자신이 _____ 땅을 팔아서 아들의 장사 밑천을 마련해 주었다.

11) 촌락 사람들은 주로 주변의 자연환경을 이용한 농업, 어업, 임업 등에 _____.

12) 현행법상 자연인과 _____ 만이 세금을 납부할 의무가 있기 때문에 기계인 로봇에게는 세금을 부과할 수 없다.

13) 로봇세는 로봇을 소유하고 이용하는 사람에게 _____ 방법과 로봇 자신에게 _____ 방법을 생각해 볼 수 있다.

14) 세계 경제 포럼은 로봇과 인공 지능이 이끄는 4차 산업 혁명으로 수많은 일자리가 사라질 것이라고 _____.

→ 바른 답 12쪽

공부한 날   월   일   학습평가 ☑

13주
평가

15) _____ 이란 계급 사회에서 한 계급이 다른 계급을 타도하여 정치·경제·
문화적 특권과 기회를 탈취하여 지배권을 얻으려는 싸움을 말한다.

16) 정보 통신 기술과 인공 지능 기술의 발달은 사회 전반에 _____ 을
불러와 산업의 형태가 급변했으며, 사회와 생활의 모습도 크게 달라졌다.

17) 학교에서는 성적이 우수한 학생들에게 장학금을 _____ .

18) 공자는 남을 사랑하고 어질게 행동하는 일, 즉 '____'의 중요성을 특히 강조했다.

19) 공과금을 기한 내에 은행 등 지정 기관에 _____ 않으면 연체료를 내야
한다.

20) 우리나라는 남북 분단이라는 _____ 정치적 상황에 놓여 있다.

21) 동생과 서로 컴퓨터를 하겠다고 다투다가, 30분씩 번갈아 하기로 _____
를 보았다.

22) _____ 기술이 발전하면서 로봇이 사람을 대신해 일하는 영역이
늘어나고, 그 규모도 커지고 있다.

23) 국회의 본래 임무가 법을 만드는 _____ 이므로 국회를 입법부라고
부른다.

24) 로봇이 인간을 _____ 일을 하면 인간은 위험하거나 단순한 일,
반복적인 일로부터 해방될 수 있다.

25) 신라 진흥왕은 한강 유역을 차지함으로서 삼국 통일의 _____ 을
마련했다.

26) 친구가 통장에 일억 원이 있다는 어처구니없는 말을 해서 통장을 보여서
_____ 보라고 요구했다.

27) 우리나라는 로봇 산업의 법적 기반을 마련하기 위해 2008년에「지능형 로봇 개발
및 보급 촉진법」을 _____ .

28) 링컨은 미국의 노예를 _____ 대통령으로 유명하다.

29) 자신이 얻은 _____ 보다 더 많은 돈을 지출하면 가난해질 수밖에 없다.

30) 싸움을 벌인 두 아이가 서로 자신에게 유리한 사건의 _____ 만 말하는
바람에 김 교사는 사건의 진상을 파악할 수 없었다.

글을 읽고 글쓴이의 생각을 파악해요 | 교과서 220~225쪽 |

공존하다

한자 함께 공 共
있을 존 存

두 가지 이상의 사물, 현상이 / 함께 존재하다

예 *일장일단이란 '하나의 장점과 하나의 단점'이라는 뜻으로, 모든 일에는 *긍정적인 측면과 부정적인 측면이 **공존한다**는 뜻이다.

*일장일단(— 한 일, 長 길 장, —, 短 짧을 단) 장점도 있고 단점도 있음
*긍정적(肯 즐길 긍, 定 정할 정, 的) 무엇을 좋게 보거나 옳다고 인정하는 (것)

실직자

한자 잃을 실 失
직분 직 職
사람 자 者

직업을 잃은 사람

예 경제 *불황이 계속되자 많은 기업이 *도산하면서 그로 인해 **실직자**가 *증가했다.

*불황(不 아닐 불, 況 상황 황) 경제 활동 상태가 좋지 못함
*도산하다(倒 넘어질 도, 産 낳을 산)   기업 등이 재산을 모두 잃고 망하다
*증가하다(增 더할 증, 加 더할 가) (양 · 수가 이전보다) 더 늘어나거나, 많아지다

반복하다

한자 돌이킬 반 反
회복할 복 復

같은 일을 여러 번 / 하고 또 하다

예 우등생들은 *이구동성으로 "교과서를 읽고 또 읽어야 하며, 문제집을 풀고 또 풀어야 한다"고 **반복**의 중요성을 강조한다.

*이구동성(異 다를 이, 口 입 구, 同 한가지 동, 聲 소리 성) (입은 다르나 목소리는 같다는 뜻으로) 여럿의 말이 한결같음

부담

한자 짐 질 ·
빚질 부 負
짊어질 담 擔

어떤 일을 맡아 / 책임을 짐

예 둘째 딸이 태어나자 가장으로서 **부담**을 느낀 그는 전보다 더 열심히 일했다.

걸림돌

'길을 걸을 때 걸려 방해가 되는 돌'의 뜻으로 / 어떤 일을 해 나가는 데 / *장애가 되는 요소를 비유하는 말

예 스마트 기기는 공부에 방해가 되는 **걸림돌**로 *작용하는 경우가 더 많다.

*장애(障 막을 장, 礙 거리낄 애)   어떤 일을 하는 데 방해하거나 충분히 기능하지 못하게 함. 또는 그런 일이나 물건
*작용하다(作 지을 작, 用 쓸 용)   어떤 현상을 일으키다, 어떤 영향을 미치다

집중하다

한자 모을 집 集
가운데 중 中

정신을 / 한곳으로 모으다

예 아이는 수업 시간에는 **집중하지** 못하고 딴짓만 하는 반면, 스마트폰만 붙잡으면 누가 불러도 듣지 못할 정도로 **집중한다**.

비 몰두하다(沒 빠질 몰, 頭 머리 두), 골몰하다(汨 골몰할 골, 沒), 열중하다(熱 더울 열, 中), 주의하다(注 부을 주, 意 뜻 의), 기울이다, 모으다

1 문장을 읽고, 알맞은 낱말을 써 넣어 봅시다.

14주
1일

1) 두 가지 이상의 사물, 현상이 함께 존재하다

2) 직업을 잃은 사람

3) 같은 일을 여러 번 하고 또 하다

4) 어떤 일을 맡아 책임을 짐

5) '길을 걸을 때 걸려 방해가 되는 돌'의 뜻으로 어떤 일을
   해 나가는 데 장애가 되는 요소를 비유하는 말

6) 정신을 한곳으로 모으다

2 밑줄 친 곳에 알맞은 낱말을 써 넣어 문장을 완성해 봅시다.

1) 일장일단이란 '하나의 장점과 하나의 단점'이라는 뜻으로, 모든 일에는 긍정적인
   측면과 부정적인 측면이 _____ 는 뜻이다.

2) 경제 불황이 계속되자 많은 기업이 도산하면서 그로 인해 _____ 가
   증가했다.

3) 우등생들은 이구동성으로 "교과서를 읽고 또 읽어야 하며, 문제집을 풀고 또 풀어야
   한다"고 _____ 의 중요성을 강조한다.

4) 둘째 딸이 태어나자 가장으로서 _____ 을 느낀 그는 전보다 더 열심히
   일했다.

5) 스마트 기기는 공부에 방해가 되는 _____ 로 작용하는 경우가 더 많다.

6) 아이는 수업 시간에는 _____ 못하고 딴짓만 하는 반면, 스마트폰만
   붙잡으면 누가 불러도 듣지 못할 정도로 _____ .

독차지하다

한자 홀로 독 獨

혼자서 **모두** *차지하다*

예 욕심쟁이 아이는 맛있는 것이 생기면 모두 자기가 먹겠다며 음식을 **독차지했다**.

*차지하다 (사물 · 공간 · 지위 따위를) 자기 몫으로 가지다

비 독점하다(獨 홀로 독, 占 차지할 점), 독식하다(獨, 食 밥 · 먹을 식)

특허 (특허권)

한자 특별할 특 特
허락할 허 許
권세 권 權

새로 발명한 것에 대한 여러 권리를 / *독점할 수 있는 권리

예 우리 기술 없어서 로봇을 만들면 많은 **특허** 사용료를 외국에 지급해야 한다.

*독점하다(獨 홀로 독, 占 차지할 점)   혼자서 모두 차지하다

투자하다

한자 던질 투 投
재물 자 資

이익을 얻기 위하여 어떤 일, 사업에 / *자본을 대다 또는 시간, 정성을 쏟다

예 그는 퇴직금을 주식에 **투자했다가** 큰 손해를 보았다.

*자본(資 재물 자, 本 근본 본)   장사 · 사업 따위의 기본이 되는 돈. 밑천

원천

한자 *근원 원 源
샘 천 泉

사물의 *근원

예 로봇 특허 사용료를 줄이기 위해서는 독자적인 **원천** 기술의 개발이 *시급하다.

*근원(根 뿌리 근, 源 근원 원) 사물 · 현상이 생겨나는 본바탕

*시급하다(時 때 시, 急 급할 급)   (시각을 다투어야 할 만큼) 몹시 급하다

비 근원(根源), 근본(根, 本 근본 본), 근간(根, 幹 줄기 간), 본질(本, 質 바탕 질), 기초(基 터 기, 礎 주춧돌기둥 밑에 기초로 받쳐 놓은 돌 초), 기본(基本), 기반(基, 盤 소반자그마한 밥상 반), 밑, 밑바탕

의도

한자 뜻 · 생각 의 意
그림 도 圖

무엇을 하고자 하는 / 마음속의 생각이나 계획

예 엄마를 돕겠다는 **의도**로 설거지를 했는데, 접시를 깨서 엄마를 힘들게 만들었다.

고국

한자 옛 고 故
나라 국 國

주로 남의 나라에 있는 사람이 / 자신의 조상 때부터 살던 나라를 / 가리키는 말

예 외국 생활 십여 년 동안 가장 견디기 어려웠던 것은 **고국**에 대한 *향수였다.

*향수(鄕 시골 향, 愁 근심 수) 타향에 있는 사람이 고향을 그리워하는 마음이나 그로 인해 생긴 시름(마음에 걸려 풀리지 않고 항상 남아 있는 근심과 걱정)

1 문장을 읽고, 알맞은 낱말을 써 넣어 봅시다.

1) 혼자서 모두 차지하다

2) 새로 발명한 것에 대한 여러 권리를 독점할 수 있는 권리

3) 이익을 얻기 위하여 어떤 일, 사업에 자본을 대다 또는 시간, 정성을 쏟다

4) 사물의 근원

5) 무엇을 하고자 하는 마음속의 생각이나 계획

6) 주로 남의 나라에 있는 사람이 자신의 조상 때부터 살던 나라를 가리키는 말

2 밑줄 친 곳에 알맞은 낱말을 써 넣어 문장을 완성해 봅시다.

1) 욕심쟁이 아이는 맛있는 것이 생기면 모두 자기가 먹겠다며 음식을 _____ .

2) 우리 기술 없어서 로봇을 만들면 많은 _____ 사용료를 외국에 지급해야 한다.

3) 그는 퇴직금을 주식에 _____ 큰 손해를 보았다.

4) 로봇 특허 사용료를 줄이기 위해서는 독자적인 _____ 기술의 개발이 시급하다.

5) 엄마를 돕겠다는 _____ 로 설거지를 했는데, 접시를 깨서 엄마를 힘들게 만들었다.

6) 외국 생활 십여 년 동안 가장 견디기 어려웠던 것은 _____ 에 대한 향수였다.

모험

한자 무릅쓸 모 冒
험할·
위태로울 험 險

위험을 무릅쓰고 / 어떤 일을 함 또는 그 일

예 그는 "안정적인 길을 걷기보다는 **모험**을 택하고 싶다"며 회사를 그만두었다.

진술하다

한자 참 진 眞
거느릴 솔 率

말, 행동, 태도 따위가 / °진실하고 솔직하다

예 두 사람은 처음 만났지만 °스스럼없이 **진술한** 대화를 나누었다.

°**진실하다(眞 참 진, 實 열매 실)** (마음에 거짓이 없이) 순수하고 바르다

°**스스럼없다** (사람이나, 그의 말·행동이) 조심스럽거나 부끄러운 마음이 없다

철학

한자 밝을 철 哲
배울 학 學

자기 자신의 경험 등에서 얻은 / 인생의 의의, 가치, 목적 따위에 대한 / 기본적인 생각

예 그는 '매사에 최선을 다한다'는 인생의 **철학**을 실천하기 위해 새벽에 일어났다.

세계관

한자 세대 세 世
경계 계 界
볼 관 觀

세계와 인간의 관계, 인생의 가치나 °의의에 대한 / °견해

예 조선 시대에 그린 세계 지도를 보면 중국을 지도 중앙에 그렸는데, 이를 통해 조선 시대 사람들이 중국 중심의 **세계관**을 가지고 있었음을 짐작할 수 있다.

°**의의(意 뜻·생각 의, 義 옳을 의)** 어떤 사실이나 행위 따위가 갖는 중요성이나 가치

°**견해(見 볼 견, 解 풀 해)** 사물이나 현상에 대한 의견이나 생각

비 사고방식(思 생각 사, 考 생각할 고, 方 모 방, 式 법 식)

일행

한자 하나 일 一
다닐·
갈 행 行

함께 길을 가는 사람들

예 여행의 **일행** 중에 아이들과 노인이 많아 °험지로 여행한다는 것은 °무리이다.

°**험지(險 험할 험, 地 땅 지)** 다니기에 위험하고 어려운 땅. 또는 그러한 곳

°**무리(無 없을 무, 理 다스릴 리)** 이치에 맞지 않거나 알맞은 정도에서 벗어남

툴툴거리다
(툴툴대다)

못마땅하여 °불평 섞인 말투로 / °중얼거리다

예 엄마한테 휴대폰을 °압수 당한 아이는 못마땅한 표정으로 계속 **툴툴거렸다**.

°**불평(不 아닐 불, 平 평평할 평)** 못마땅하게(마음에 들지 않게) 생각함

°**중얼거리다(중얼대다)** (알아듣지 못할 정도의 작은 목소리로) 자꾸 혼잣말하다

°**압수(押 누를 압, 收 거둘 수)** 물건 따위를 강제로 빼앗음

⟶ 바른 답 12쪽

1 문장을 읽고, 알맞은 낱말을 써 넣어 봅시다.

14주
3일

1) 위험을 무릅쓰고 어떤 일을 함 또는 그 일

2) 말, 행동, 태도 따위가 진실하고 솔직하다

3) 자기 자신의 경험 등에서 얻은 인생의 의의, 가치, 목적 따위에 대한 기본적인 생각

4) 세계와 인간의 관계, 인생의 가치나 의의에 대한 견해

5) 함께 길을 가는 사람들

6) 못마땅하여 불평 섞인 말투로 중얼거리다

2 밑줄 친 곳에 알맞은 낱말을 써 넣어 문장을 완성해 봅시다.

1) 그는 "안정적인 길을 걷기보다는 _____ 을 택하고 싶다"며 회사를 그만두었다.

2) 두 사람은 처음 만났지만 스스럼없이 _____ 대화를 나누었다.

3) 그는 '매사에 최선을 다한다'는 인생의 _____ 을 실천하기 위해 새벽에 일어났다.

4) 조선 시대에 그린 세계 지도를 보면 중국을 지도 중앙에 그렸는데, 이를 통해 조선 시대 사람들이 중국 중심의 _____ 을 가지고 있었음을 짐작할 수 있다.

5) 여행의 _____ 중에 아이들과 노인이 많아 험지로 여행한다는 것은 무리이다.

6) 엄마한테 휴대폰을 압수 당한 아이는 못마땅한 표정으로 계속 _____ .

4일 5. 글에 담긴 생각과 비교해요

사행길
한자 하여금 · 부릴 사 使 다닐 행 行

*사신이 / 임무를 수행하기 위하여 떠나는 / 길

예 그는 명나라에 사신으로 보낸다는 *칙서를 받고 일행과 함께 **사행길**을 떠났다.

*사신(使 사, 臣 신하 신) 예전에, 왕의 명령을 받아 다른 나라에 사절(節 마디 절: 임무를 받고 나라를 대표하여 다른 나라에 가는 사람)로 가는 신하

*칙서(勅 칙서 칙, 書 글 서) 임금이 특정인에게 훈계하거나 알릴 일을 적은 글

마부
한자 말 마 馬 남편 · 사내 부 夫

말을 타고 갈 때 / 말 앞에서 고삐를 잡고 끌거나 · 말 뒤에서 따르는 / 하인

예 사행길을 함께 떠난 일행 중에 말을 끄는 **마부**가 총 다섯이었다.

장관
한자 씩씩할 장 壯 볼 관 觀

아주 크고 훌륭하여 / 볼 만한 *경치

예 기암절벽을 타고 내리는 100미터 길이의 *폭포는 정말 **장관**이었다.

*경치(풍광, 풍경) (景 볕 · 경치 경, 致 이를 치) 산, 들, 강, 바다 따위의 모습

*폭포(폭포수) (瀑 폭포 폭, 布 펼 포) 낭떠러지에서 곧장 흘러 떨어지는 물

호강

호화롭고 편안한 삶을 누림

예 할머니는 *팔자가 좋아 평생 고생 한번 안 하고 **호강**하며 살았다.

*팔자(사주팔자)(八 여덟 팔, 字 글자 자) 사람의 타고난 운수나 분수

곁눈질

바로 보지 않고 / *곁눈으로 힐끔 보는 짓

예 아이는 옆자리에 앉은 친구의 답안지를 **곁눈질**로 *흘깃흘깃 쳐다보았다.

*곁눈 얼굴은 돌리지 않고 눈알만 옆으로 돌려서 보는 눈

*흘깃흘깃 자꾸 가볍게 흘겨보는(눈동자를 옆으로 굴려 노려보다) 모양

묵묵히
한자 잠잠할 묵 默, 默

아무 말없이 / 조용히

예 엄마의 말을 그냥 **묵묵히** 듣고만 있던 아이가 조심스럽게 입을 열었다.

1 문장을 읽고, 알맞은 낱말을 써 넣어 봅시다.

1) 사신이 임무를 수행하기 위하여 떠나는 길

2) 말을 타고 갈 때 말 앞에서 고삐를 잡고 끌거나 · 말 뒤에서 따르는 하인

3) 아주 크고 훌륭하여 볼 만한 경치

4) 호화롭고 편안한 삶을 누림

5) 바로 보지 않고 곁눈으로 힐끔 보는 짓

6) 아무 말없이 조용히

2 밑줄 친 곳에 알맞은 낱말을 써 넣어 문장을 완성해 봅시다.

1) 그는 명나라에 사신으로 보낸다는 칙서를 받고 일행과 함께 _____ 을 떠났다.

2) 사행길을 함께 떠난 일행 중에 말을 끄는 _____ 가 총 다섯이었다.

3) 기암절벽을 타고 내리는 100미터 길이의 폭포는 정말 _____ 이었다.

4) 할머니는 팔자가 좋아 평생 고생 한번 안 하고 _____ 하며 살았다.

5) 아이는 옆자리에 앉은 친구의 답안지를 _____ 로 흘깃흘깃 쳐다보았다.

6) 엄마의 말을 그냥 _____ 듣고만 있던 아이가 조심스럽게 입을 열었다.

5. 글에 담긴 생각과 비교해요

기와 조각과 똥 덩어리 | 교과서 227~233쪽 |

점포
한자 가게 점 店
가게 포 鋪

물건을 벌여 놓고 파는 / 곳
예 그는 *저자 한 모퉁이에 **점포**를 차리고 온갖 물건을 팔았다.
*저자　　　시장(市 저자 시, 場 마당 장: 상품을 사고파는 일정한 장소)의 옛말

분분하다
한자 어지러울 분 紛

의견이 많아 / 일의 방향을 잡지 못하다
예 그들은 약속 날짜를 잡기 위해 모였지만 의견이 **분분하여** 끝내 정하지
　 못했다.

거대하다
한자 클 거 巨
큰 대 大

무엇이 엄청나게 크다
예 200미터에 달하는 **거대한** 폭포가 우르르 쾅쾅 떨어지는 모습이 장관을
　 이뤘다.

일류
한자 하나 일 一
흐를 류 流

어떤 분야에서 *첫째가는 / 지위, 부류
예 최고를 *지향하는 그는 "세계 **일류** 기업만이 살아남을 수 있다"고 *역설했다.
*첫째가다　여럿 가운데에서 첫째가 되다. 으뜸가다. 제일가다
*지향하다(志 뜻 지, 向 향할 향)　어떤 목적으로 뜻이 쏠리어 향하다
*역설하다(力 힘 력, 說 말씀 설)　자기의 뜻·생각·의견·주장을 힘주어 말하다

왕후장상
한자 임금 왕 王
제후 후 侯
장수 장 將
서로 상 相

*제왕, *제후, 장수, *재상을 아울러 이르는 말
예 '**왕후장상**이 씨가 있나'는 속담은 '높은 자리에 오르는 것은 가문이나 혈통에
　 따른 것이 아니고 자신의 노력에 달렸다'는 뜻이다.
*제왕(帝 임금 제, 王 임금 왕)　황제와 국왕을 아울러 이르는 말
*제후(후) (諸 모두 제, 侯 제후 후)　봉건 시대에 일정한 영토를 가지고 그 영내의
　　　　　　　　　　　　　　　　백성을 지배하는 권력을 가지던 사람
*재상(宰 재상 재, 相 서로 상)　임금을 돕고 모든 관원을 지휘하고 감독하는 일을
　　　　　　　　　　　　　　맡아보던 이품 이상의 벼슬

관원
한자 벼슬 관 官
인원·
관원 원 員

*관청에 나가서 나랏일을 맡아보는 / 사람
예 그는 나라의 *녹을 먹는 **관원**으로서 청렴하게 살기 위해 노력했다.
*관청(官, 廳 관청 청)　나랏일(나라에 관한 일)을 맡아보는 기관
*녹을 먹다　사람이 (관리가 되거나, 국가 기관에 속하여) 월급을 받다
비 관리(官, 吏 벼슬아치 리), 벼슬아치

1 문장을 읽고, 알맞은 낱말을 써 넣어 봅시다.

14주
5일

1) 물건을 벌여 놓고 파는 곳

2) 의견이 많아 일의 방향을 잡지 못하다

3) 무엇이 엄청나게 크다

4) 어떤 분야에서 첫째가는 지위, 부류

5) 제왕, 제후, 장수, 재상을 아울러 이르는 말

6) 관청에 나가서 나랏일을 맡아보는 사람

2 밑줄 친 곳에 알맞은 낱말을 써 넣어 문장을 완성해 봅시다.

1) 그는 저자 한 모퉁이에 _____ 를 차리고 온갖 물건을 팔았다.

2) 그들은 약속 날짜를 잡기 위해 모였지만 의견이 _____ 끝내 정하지 못했다.

3) 200미터에 달하는 _____ 폭포가 우르르 쾅쾅 떨어지는 모습이 장관을 이뤘다.

4) 최고를 지향하는 그는 "세계 _____ 기업만이 살아남을 수 있다"고 역설했다.

5) '_____ 이 씨가 있나'는 속담은 '높은 자리에 오르는 것은 가문이나 혈통에 따른 것이 아니고 자신의 노력에 달렸다'는 뜻이다.

6) 그는 나라의 녹을 먹는 _____ 으로서 청렴하게 살기 위해 노력했다.

1 **문장을 읽고, 알맞은 낱말을 써 넣어 봅시다.**

1) 아주 크고 훌륭하여 볼 만한 경치   _____

2) 무엇을 하고자 하는 마음속의 생각이나 계획   _____

3) 제왕, 제후, 장수, 재상을 아울러 이르는 말   _____

4) 어떤 일을 맡아 책임을 짐   _____

5) 직업을 잃은 사람   _____

6) 혼자서 모두 차지하다   _____

7) 위험을 무릅쓰고 어떤 일을 함 또는 그 일   _____

8) '길을 걸을 때 걸려 방해가 되는 돌'의 뜻으로 어떤 일을
해 나가는 데 장애가 되는 요소를 비유하는 말   _____

9) 말, 행동, 태도 따위가 진실하고 솔직하다   _____

10) 못마땅하여 불평 섞인 말투로 중얼거리다   _____

11) 물건을 벌여 놓고 파는 곳   _____

12) 바로 보지 않고 곁눈으로 힐끔 보는 짓   _____

13) 의견이 많아 일의 방향을 잡지 못하다   _____

14) 호화롭고 편안한 삶을 누림   _____

15) 어떤 분야에서 첫째가는 지위, 부류   _____

⟶ 바른 답 12쪽

14주
평가

16) 관청에 나가서 나랏일을 맡아보는 사람 _____

17) 세계와 인간의 관계, 인생의 가치나 의의에 대한 견해 _____

18) 함께 길을 가는 사람들 _____

19) 새로 발명한 것에 대한 여러 권리를 독점할 수 있는 권리 _____

20) 이익을 얻기 위하여 어떤 일, 사업에 자본을 대다
또는 시간, 정성을 쏟다 _____

21) 사신이 임무를 수행하기 위하여 떠나는 길 _____

22) 무엇이 엄청나게 크다 _____

23) 말을 타고 갈 때 말 앞에서 고삐를 잡고 끌거나ㆍ
말 뒤에서 따르는 하인 _____

24) 같은 일을 여러 번 하고 또 하다 _____

25) 주로 남의 나라에 있는 사람이 자신의 조상 때부터
살던 나라를 가리키는 말 _____

26) 아무 말없이 조용히 _____

27) 사물의 근원 _____

29) 자기 자신의 경험 등에서 얻은 인생의 의의, 가치,
목적 따위에 대한 기본적인 생각 _____

29) 정신을 한곳으로 모으다 _____

30) 두 가지 이상의 사물, 현상이 함께 존재하다 _____

2 **밑줄 친 곳에 알맞은 낱말을 써 넣어 문장을 완성해 봅시다.**

1) 로봇 특허 사용료를 줄이기 위해서는 독자적인 _____ 기술의 개발이 시급하다.

2) 할머니는 팔자가 좋아 평생 고생 한번 안 하고 _____ 하며 살았다.

3) 엄마의 말을 그냥 _____ 듣고만 있던 아이가 조심스럽게 입을 열었다.

4) 경제 불황이 계속되자 많은 기업이 도산하면서 그로 인해 _____ 가 증가했다.

5) '_____ 이 씨가 있나'는 속담은 '높은 자리에 오르는 것은 가문이나 혈통에 따른 것이 아니고 자신의 노력에 달렸다'는 뜻이다.

6) 최고를 지향하는 그는 "세계 _____ 기업만이 살아남을 수 있다"고 역설했다.

7) 우리 기술 없어서 로봇을 만들면 많은 _____ 사용료를 외국에 지급해야 한다.

8) 일장일단이란 '하나의 장점과 하나의 단점'이라는 뜻으로, 모든 일에는 긍정적인 측면과 부정적인 측면이 _____ 는 뜻이다.

9) 200미터에 달하는 _____ 폭포가 우르르 쾅쾅 떨어지는 모습이 장관을 이뤘다.

10) 엄마한테 휴대폰을 압수 당한 아이는 못마땅한 표정으로 계속 _____ .

11) 그는 명나라에 사신으로 보낸다는 칙서를 받고 일행과 함께 _____ 을 떠났다.

12) 여행의 _____ 중에 아이들과 노인이 많아 험지로 여행한다는 것은 무리이다.

13) 기암절벽을 타고 내리는 100미터 길이의 폭포는 정말 _____ 이었다.

14) 그는 "안정적인 길을 걷기보다는 _____ 을 택하고 싶다"며 회사를 그만두었다.

→ 바른 답 13쪽

14주
평가

15) 둘째 딸이 태어나자 가장으로서 _____ 을 느낀 그는 전보다 더 열심히 일했다.

16) 두 사람은 처음 만났지만 스스럼없이 _____ 대화를 나누었다.

17) 그는 나라의 녹을 먹는 _____ 으로서 청렴하게 살기 위해 노력했다.

18) 그는 '매사에 최선을 다한다'는 인생의 _____ 을 실천하기 위해 새벽에 일어났다.

19) 욕심쟁이 아이는 맛있는 것이 생기면 모두 자기가 먹겠다며 음식을 _____ .

20) 그는 퇴직금을 주식에 _____ 큰 손해를 보았다.

21) 엄마를 돕겠다는 _____ 로 설거지를 했는데, 접시를 깨서 엄마를 힘들게 만들었다.

22) 외국 생활 십여 년 동안 가장 견디기 어려웠던 것은 _____ 에 대한 향수였다.

23) 조선 시대에 그린 세계 지도를 보면 중국을 지도 중앙에 그렸는데, 이를 통해 조선 시대 사람들이 중국 중심의 _____ 을 가지고 있었음을 짐작할 수 있다.

24) 우등생들은 이구동성으로 "교과서를 읽고 또 읽어야 하며, 문제집을 풀고 또 풀어야 한다"고 _____ 의 중요성을 강조한다.

25) 사행길을 함께 떠난 일행 중에 말을 끄는 _____ 가 총 다섯이었다.

26) 스마트 기기는 공부에 방해가 되는 _____ 로 작용하는 경우가 더 많다.

27) 아이는 수업 시간에는 _____ 못하고 딴짓만 하는 반면, 스마트폰만 붙잡으면 누가 불러도 듣지 못할 정도로 _____ .

28) 그들은 약속 날짜를 잡기 위해 모였지만 의견이 _____ 끝내 정하지 못했다.

29) 그는 저자 한 모퉁이에 _____ 를 차리고 온갖 물건을 팔았다.

30) 아이는 옆자리에 앉은 친구의 답안지를 _____ 로 흘깃흘깃 쳐다보았다.

1일

5. 글에 담긴 생각과 비교해요

이류
한자 두 이 二
흐를 류 流

질, 정도, 지위 따위가 / 일류만 못하고 으뜸이 되는 것의 / 바로 아래인 부류
예 김 사장은 "우리 회사는 *삼류는 벗어났지만, 일류에는 한참 모자란, **이류**에 머물고 있다"고 말하며, 사원들에게 세계 최고를 향해 *정진할 것을 강조했다.
*삼류(三 석 삼, 流)   어떤 부류에서 그 수준이 가장 낮은 층
*정진하다(精 정할 정, 進 나아갈 진)정성을 다하여 노력해 나아가다

기풍
한자 기운 기 氣
바람 풍 風

어떤 사회, 집단의 사람들을 지배하는 / 공통적인 분위기
예 조선 사회는 임진왜란과 병자호란을 겪은 후 *실학의 **기풍**이 점점 *왕성해졌다.
*실학(實 열매 실, 學 배울 학) 조선 말기, 실생활의 유익을 목표로 한 학문
*왕성하다(旺 왕성할 왕, 盛 성할 성)   세력·기운이 한창 세차고 크게 일어나다

풍속
한자 바람 풍 風
풍속 속 俗

특정한 시대의 / 생활 전반에 걸친 *유행과 *풍습
예 김홍도는 조선 시대에 살았던 사람들이 어떤 일을 하였고, 어떤 옷을 입었고, 어떤 놀이를 즐겼는지 등 당시의 **풍속**을 그림에 담았다.
*유행(流 흐를 유, 行 다닐 행) (언어, 복장, 취미 따위의 생활 양식이나 현상이) 사회 구성원들에게 널리 퍼짐
*풍습(風 바람 풍, 習 익힐 습) 예로부터 그 사회에 전해 오는 생활에 관한 습관

사치
한자 사치할 사 奢
사치할 치 侈

필요 이상의 돈, 물건을 씀으로써 / 자신의 *분수에 지나친 생활을 함
예 그는 온갖 비싼 물건들을 마구 사들이는 **사치**를 부리다가 *파산하고 말았다.
*분수(分 나눌 분, 數 셈 수)   자기 신분에 맞는 한도(그 이상 넘을 수 없는 범위)
*파산하다(破 깨뜨릴 파, 産 낳을·재산 산)   재산을 모두 날려 버리다

소탕하다
한자 쓸·제거할 소 掃
방탕할·쓸어버릴 탕 蕩

휩쓸어 모조리 없애 버리다
예 신라의 장군 장보고는 군사 기지인 청해진을 세운 뒤 해적을 **소탕해** 바다의 질서를 바로잡았다.

고이고이

매우 소중하게
예 할머니는 젊은 시절의 추억이 담긴 사진들을 서랍 속에 **고이고이** 간직했다.

기원 조각과 통영이 | 교과서 227~233쪽 |

공부한 날   월   일   학습평가☑️

1 문장을 읽고, 알맞은 낱말을 써 넣어 봅시다.

1) 질, 정도, 지위 따위가 일류만 못하고 으뜸이 되는 것의
바로 아래인 부류

2) 어떤 사회, 집단의 사람들을 지배하는 공통적인 분위기

15주

1일

3) 특정한 시대의 생활 전반에 걸친 유행과 풍습

4) 필요 이상의 돈, 물건을 씀으로써
자신의 분수에 지나친 생활을 함

5) 휩쓸어 모조리 없애 버리다

6) 매우 소중하게

2 밑줄 친 곳에 알맞은 낱말을 써 넣어 문장을 완성해 봅시다.

1) 김 사장은 "우리 회사는 삼류는 벗어났지만, 일류에는 한참 모자란, _____
에 머물고 있다"고 말하며, 사원들에게 세계 최고를 향해 정진할 것을 강조했다.

2) 조선 사회는 임진왜란과 병자호란을 겪은 후 실학의 _____ 이 점점
왕성해졌다.

3) 김홍도는 조선 시대에 살았던 사람들이 어떤 일을 하였고, 어떤 옷을 입었고, 어떤
놀이를 즐겼는지 등 당시의 _____ 을 그림에 담았다.

4) 그는 온갖 비싼 물건들을 마구 사들이는 _____ 를 부리다가 파산하고 말았다.

5) 신라의 장군 장보고는 군사 기지인 청해진을 세운 뒤 해적을 _____
바다의 질서를 바로잡았다.

6) 할머니는 젊은 시절의 추억이 담긴 사진들을 서랍 속에 _____ 간직했다.

기원 조각과 품 덩어리 | 교과서 227~233쪽 |

진창 (진흙탕)

땅이 질어서 / °질퍽질퍽하게 된 곳

예 밤새 내린 비로 °흙바닥은 **진창**이 되어 버렸다.

°질퍽질퍽하다　진흙 · 반죽 따위가 물기가 많아 매우 부드럽게 진 느낌이 들다

°흙바닥　흙으로 된 맨바닥

삼태기

짚, 싸리 등으로 엮어 / 흙, 거름 따위를 담아 나르는 기구

예 노인은 °소여물이 가득 담긴 **삼태기**를 들고 °외양간으로 들어갔다.

°소여물(쇠여물)　소에게 먹이기 위하여 잘게 썬 짚이나 마른풀

°외양간(間 사이 간)　소나 말을 기르는 곳

웅장하다

한자 수컷 웅 雄
씩씩할 ·
굳셀 장 壯

규모가 / 엄청나게 크다

예 °해발 2,740미터가 넘는 백두산의 °외용은 정말 **웅장했다**.

°해발(海 바다 해, 拔 뽑을 발) 해수면(海, 水 물 수, 面 낯 면: 바닷
물의 표면)으로부터 계산하여 잰 육지나 산의 높이

°외용(겉모습) (外 바깥 외, 容 얼굴 용)　겉으로 드러나 보이는 모습

비 으리으리하다, 거대하다(巨 클 거, 大 클 대), 우람하다

사찰 (절)

한자 절 사 寺
절 찰 刹

불상을 모시고 °불도를 수행하는 / 승려들이 °거처하면서 불교의 가르침을 펴는
/ 집

예 °신자들은 부처님 오신 날을 맞이하여 **사찰**로 가는 길가에 °연등을 죽 매달았다.

°불도(佛 부처 불, 道 길 도)　부처의 가르침. 또는 수행을 쌓아 부처가 되는 길

°거처하다(居 살 거, 處 곳 처) 한 군데 정하여 자리를 잡고 살다

°신자(信 믿을 신, 者 사람 자) 종교를 믿는 사람

°연등(燃 탈 연, 燈 등 등)석가모니의 탄생일에 불을 켜고 복을 비는 의식

벌판

사방으로 펼쳐진 넓고 평평한 / 땅

예 그는 한때 말을 타고 °광활한 만주 **벌판**을 누비던 장수였다.

°광활하다(廣 넓을 광, 闊 넓을 활)　넓고 막힘이 없이 트여 있다

비 광야(廣, 野 들 야), 들, 들판

무심코

한자 없을 무 無
마음 심 心

아무런 뜻 없이 또는 아무런 생각 없이

예 우리가 **무심코** 내뱉은 한마디 말이 다른 사람에게 상처를 줄 수도 있다.

1 문장을 읽고, 알맞은 낱말을 써 넣어 봅시다.

1) 땅이 질어서 질퍽질퍽하게 된 곳

2) 짚, 싸리 등으로 엮어 흙, 거름 따위를 담아 나르는 기구

3) 규모가 엄청나게 크다

4) 불상을 모시고 불도를 수행하는 승려들이 거처하면서
     불교의 가르침을 펴는 집

5) 사방으로 펼쳐진 넓고 평평한 땅

6) 아무런 뜻 없이 또는 아무런 생각 없이

15주
2일

2 밑줄 친 곳에 알맞은 낱말을 써 넣어 문장을 완성해 봅시다.

1) 밤새 내린 비로 흙바닥은 _____ 이 되어 버렸다.

2) 노인은 소여물이 가득 담긴 _____ 를 들고 외양간으로 들어갔다.

3) 해발 2,740미터가 넘는 백두산의 외용은 정말 _____ .

4) 신자들은 부처님 오신 날을 맞이하여 _____ 로 가는 길가에 연등을 죽
     매달았다.

5) 그는 한때 말을 타고 광활한 만주 _____ 을 누비던 장수였다.

6) 우리가 _____ 내뱉은 한마디 말이 다른 사람에게 상처를 줄 수도 있다.

불현듯

'불을 켜서 불이 일어나는 것과 같다'는 뜻으로 / 갑자기 어떠한 생각이 **걷잡을 수 없이** 일어나는 **모양**

예 시험을 완벽히 준비했다고 생각했는데, 시험지를 받자 **불현듯** 불안감이 밀려들었다.

식경

한자 먹을 식 食
•이랑 ·
잠깐 경 頃

한 끼의 밥을 먹을 만한 / 잠깐 동안

예 **식경**이란 한 끼의 음식물을 먹을 만한 시간으로 대략 20~30분 동안을 말하며, '잠깐'의 뜻으로도 쓰인다.

•이랑　　　밭 넓이 단위, 갈아 놓은 밭의 한 두둑(두두룩한 곳)과 한 고랑(두둑의 사이. 두두룩한 두 땅의 사이)을 아울러 이르는 말

명확하다

한자 밝을 명 明
굳을 확 確

•명백하고 · 확실하다

예 사건에 대한 재판은 **명확한** 증거가 없다는 이유로 •종결되고 말았다.

•**명백하다**　(의심할 바 없이) 아주 뚜렷하다

•**종결되다(終 마칠 종, 結 맺을 결)**　끝을 내다. 일이 끝나다

비 확실하다(確, 實 열매 실), 명백하다(明, 白 흰 백), 분명하다(分 나눌 분, 明)

곱씹다

말, 생각 따위를 / •곰곰이 되풀이하다

예 그는 그녀가 남긴 아리송한 말들을 **곱씹으며** •진의를 파악하려고 애썼다.

•**곰곰이**　　여러모로 깊이 생각하는 모양

•**진의(眞 참 진, 意 뜻 의)** 마음속에 품고 있는 참뜻. 또는 진짜 의도

초대하다

한자 부를 초 招
기다릴 대 待

어떤 모임에 와 줄 것을 / 청하다

예 생일 파티에 **초대한** 열 명의 친구 중에 한 명만 빼고 모두 •참석했다.

•**참석하다(參 참여할 참, 席 자리 석)**　　모임 · 회의하는 자리에 함께하다(같이하다)

부둣가

한자 부두 부 埠
머리 두 頭

•부두에서 / 가까운 곳

예 어부들은 이른 아침부터 **부둣가**에 나와서 •출항을 준비하고 있다.

•**부두(埠 부두 부, 頭 머리 두)** 항구에서 배를 대어 사람이 타고 내리거나, 짐을 싣고 내리는 곳

•**출항(出 떠날 출, 港 항구 항)** 배가 항구를 떠나감

→ 바른 답 13쪽

공부한 날　　월　　일　학습평가☑　

1 문장을 읽고, 알맞은 낱말을 써 넣어 봅시다.

1) '불을 켜서 불이 일어나는 것과 같다'는 뜻으로
   갑자기 어떠한 생각이 걷잡을 수 없이 일어나는 모양

2) 한 끼의 밥을 먹을 만한 잠깐 동안

3) 명백하고·확실하다

4) 말, 생각 따위를 곰곰이 되풀이하다

5) 어떤 모임에 와 줄 것을 청하다

6) 부두에서 가까운 곳

15주 3일

2 밑줄 친 곳에 알맞은 낱말을 써 넣어 문장을 완성해 봅시다.

1) 시험을 완벽히 준비했다고 생각했는데, 시험지를 받자 _____ 불안감이
   밀려들었다.

2) _____ 이란 한 끼의 음식물을 먹을 만한 시간으로 대략 20~30분 동안을
   말하며, '잠깐'의 뜻으로도 쓰인다.

3) 사건에 대한 재판은 _____ 증거가 없다는 이유로 종결되고 말았다.

4) 그는 그녀가 남긴 아리송한 말들을 _____ 진의를 파악하려고 애썼다.

5) 생일 파티에 _____ 열 명의 친구 중에 한 명만 빼고 모두 참석했다.

6) 어부들은 이른 아침부터 _____ 에 나와서 출항을 준비하고 있다.

요청하다
한자 중요할 · 구할 요 要 청할 청 請

필요한 일을 / 해 달라고 부탁하다
예 사고 현장을 목격한 그는 다급한 목소리로 119에 신고하여 구조를 **요청했다**.

법률
한자 법도 법 法 법률 율 律

국회에서 만든 법으로 / 모든 국민들이 지키기로 약속한 / 강제적인 사회 °규범
예 국회에서 만든 법을 **법률**이라고 하며, **법률**에는 민법, 상법, 형법, 민사 소송법, 형사 소송법 등이 있다.
°규범(規 법 규, 範 법 범) (인간이 행동하거나, 판단할 때에) 마땅히 따르고 지켜야 할 가치 판단의 기준

소송 (송사)
한자 호소할 소 訴 송사할 · 다툴 송 訟 일 사 事

법률상의 °판결을 법원에 요구하는 일 또는 그런 절차
예 의료 사고가 많은 그 지역에서는 의사를 상대로 **소송**을 거는 일이 °비일비재하다.
°판결(判 판단할 판, 決 결단할 결) (옳고 그름, 좋고 나쁨을) 판단하여 결정함
°비일비재(非 아닐 비, 一 한 일, 非, 再 두 재) 같은 일이 (한두 번이 아니고) 많다

익사자
한자 빠질 익 溺 죽을 사 死 사람 자 者

물에 빠져 죽은 / 사람
예 강 상류에서 °급류에 휩쓸려 °실종되면 대개 **익사자**가 되어 하류에서 발견된다.
°급류(急 급할 급, 流 흐를 류) 물이 빠르게 흐름. 또는 그 물
°실종(失 잃을 실, 踪 자취 종) 사람이 간 곳이나 생사를 알 수 없게 사라짐

기각
한자 버릴 · 그만둘 기 棄 물리칠 · 돌아갈 각 却

법원이 소송을 °심리한 결과, 그 내용이 / 이유가 없거나 · 적법하지 않다고 / 판단하여 소송을 종료하는 일
예 이번 °상고에 대한 대법원의 **기각** 결정으로 형이 확정되었다.
°심리(審 살필 심, 理 다스릴 리) 재판에 필요한 사실 관계 및 법률관계를 명확히 하기 위하여 법원이 사건을 조사하는 행위
°상고(上 윗 상, 告 알릴 고) 제2심 판결에 불복하여 판결의 재심사를 대법원에 신청하는 일

명시되다
한자 밝을 명 明 보일 시 示

분명하게 드러내 보이다
예 °헌법에는 모든 국민이 평등하다는 것이 **명시되어** 있다.
°헌법(憲 법 헌, 法 법 법) 법 중에서 가장 기본이 되는 우리나라 최고의 법

자신의 생각과 글쓴이의 생각을 비교하며 읽기 | 교과서 234~239쪽 |

1 문장을 읽고, 알맞은 낱말을 써 넣어 봅시다.

1) 필요한 일을 해 달라고 부탁하다 ☐☐☐☐

2) 국회에서 만든 법으로 모든 국민들이 지키기로
약속한 강제적인 사회 규범 ☐☐

3) 법률상의 판결을 법원에 요구하는 일 또는 그런 절차 ☐☐

15주
4일

4) 물에 빠져 죽은 사람 ☐☐☐

5) 법원이 소송을 심리한 결과, 그 내용이 이유가 없거나
적법하지 않다고 판단하여 소송을 종료하는 일 ☐☐

6) 분명하게 드러내 보이다 ☐☐☐☐

2 밑줄 친 곳에 알맞은 낱말을 써 넣어 문장을 완성해 봅시다.

1) 사고 현장을 목격한 그는 다급한 목소리로 119에 신고하여 구조를 _____ .

2) 국회에서 만든 법을 _____ 이라고 하며, _____ 에는 민법, 상법,
형법, 민사 소송법, 형사 소송법 등이 있다.

3) 의료 사고가 많은 그 지역에서는 의사를 상대로 _____ 을 거는 일이
비일비재하다.

4) 강 상류에서 급류에 휩쓸려 실종되면 대개 _____ 가 되어 하류에서 발견된다.

5) 이번 상고에 대한 대법원의 _____ 결정으로 형이 확정되었다.

6) 헌법에는 모든 국민이 평등하다는 것이 _____ 있다.

세로 텍스트: | 자신의 생각과 상대의 생각을 비교하며 토론하기 | 교과서 234~239쪽 |

처벌하다

한자 곳 처 處
벌줄 벌 罰

죄나 잘못이 있는 사람에게 / 벌을 주다

예 '착한 사마리안의 법'은 자신에게 특별한 부담이나 피해가 오지 않는데도 불구하고 위험에 처한 사람을 돕지 않는 경우 **처벌하는** 법을 이르는 말이다.

규제하다

한자 법 규 規
절제할·
억제할 제 制

°법령, 규칙, °관습 따위로 / 무엇을 하지 못하게 막다

예 정부는 환경 보호를 위해 일회용 비닐 봉투의 사용을 **규제하고** 있다.

°**법령**(法 법 법, 令 하여금·법령 령)   법률과 명령을 아울러 이르는 말

°**관습**(慣 익숙할 관, 習 익힐 습)   어떤 사회에 오랫동안 지켜 내려와 그 사회 구성원들이 널리 인정하는 질서나 풍속(옛날부터 전해 오는 생활 전반에 걸친 습관)

강압

한자 강할 강 强
누를 압 壓

강한 힘으로 °억누름 또는 억누르는 힘

예 공부를 끔찍이 싫어하는 아이는 엄마의 **강압**에 의해 마지못해 책상에 앉았다.

°**억누르다**   자유롭게 행동하지 못하도록 억지로 누르다(꼼짝 못하게 힘을 가하다)

반론

한자 돌이킬·
되돌릴 반 反
논의할·
말할 론 論

남의 의견에 대하여 / 반대 의견을 펌 또는 그 반대 의견

예 '환경 보호를 위해 공장을 없애자'는 주장에 대해 '공장 근로자가 직장을 잃게 되어 생계에 어려움을 겪는다'는 내용을 근거로 들며 **반론**을 제기했다.

반박하다

한자 되돌아올·
뒤집을 반 反
°논박할 박 駁

남의 의견, 비난에 맞서서 / 그 잘못된 점을 °지적하며 °따지다

예 아이는 "피해를 봤다"고 주장하는 친구의 말을 듣고, "사실과 다르다"고 **반박했다**.

°**논박하다**(論 논할 논, 駁) 어떤 의견에 대해 잘못된 점을 조리 있게 공격하여 말하다

°**지적하다**(指 가리킬 지, 摘 들추어낼 적) (잘못·실수 등을) 드러내어 꼭 집어 말하다

°**따지다**   문제가 되는 일을 상대에게 캐묻고 분명한 답을 요구하다

비 논박하다(論駁), 반론하다(反, 論 논할 론)

어감

한자 말씀 어 語
느낄 감 感

말소리, 말투의 차이에 따라 / 말이 주는 느낌

예 그는 주장을 °인상적으로 나타내기 위해 부정적인 **어감**이 드는 낱말을 사용하여 "위험에 처한 사람을 구해 주지 않는 것은 결국 범죄와 다르지 않다"고 말했다.

°**인상적**(印 도장 인, 象 코끼리 상, 的 과녁 적) 마음에 주는 느낌이 뚜렷하고 강한

→ 바른 답 13쪽

1 문장을 읽고, 알맞은 낱말을 써 넣어 봅시다.

1) 죄나 잘못이 있는 사람에게 벌을 주다

2) 법령, 규칙, 관습 따위로 무엇을 하지 못하게 막다

3) 강한 힘으로 억누름 또는 억누르는 힘

15주
5일

4) 남의 의견에 대하여 반대 의견을 폄 또는 그 반대 의견

5) 남의 의견, 비난에 맞서서 그 잘못된 점을 지적하며 따지다

6) 말소리, 말투의 차이에 따라 말이 주는 느낌

2 밑줄 친 곳에 알맞은 낱말을 써 넣어 문장을 완성해 봅시다.

1) '착한 사마리안의 법'은 자신에게 특별한 부담이나 피해가 오지 않는데도 불구하고 위험에 처한 사람을 돕지 않는 경우 _____ 법을 이르는 말이다.

2) 정부는 환경 보호를 위해 일회용 비닐 봉투의 사용을 _____ 있다.

3) 공부를 끔찍이 싫어하는 아이는 엄마의 _____ 에 의해 마지못해 책상에 앉았다.

4) '환경 보호를 위해 공장을 없애자'는 주장에 대해 '공장 근로자가 직장을 잃게 되어 생계에 어려움을 겪는다'는 내용을 근거로 들며 _____ 을 제기했다.

5) 아이는 "피해를 봤다"고 주장하는 친구의 말을 듣고, "사실과 다르다"고 _____ .

6) 그는 주장을 인상적으로 나타내기 위해 부정적인 _____ 이 드는 낱말을 사용하여 "위험에 처한 사람을 구해 주지 않는 것은 결국 범죄와 다르지 않다"고 말했다.

1 문장을 읽고, 알맞은 낱말을 써 넣어 봅시다.

1) 아무런 뜻 없이 또는 아무런 생각 없이 _____

2) 강한 힘으로 억누름 또는 억누르는 힘 _____

3) 한 끼의 밥을 먹을 만한 잠깐 동안 _____

4) 말, 생각 따위를 곰곰이 되풀이하다 _____

5) 남의 의견에 대하여 반대 의견을 폄 또는 그 반대 의견 _____

6) 땅이 질어서 질퍽질퍽하게 된 곳 _____

7) 매우 소중하게 _____

8) 규모가 엄청나게 크다 _____

9) '불을 켜서 불이 일어나는 것과 같다'는 뜻으로
갑자기 어떠한 생각이 걷잡을 수 없이 일어나는 모양 _____

10) 필요한 일을 해 달라고 부탁하다 _____

11) 법원이 소송을 심리한 결과, 그 내용이 이유가 없거나·
적법하지 않다고 판단하여 소송을 종료하는 일 _____

12) 국회에서 만든 법으로 모든 국민들이 지키기로
약속한 강제적인 사회 규범 _____

13) 죄나 잘못이 있는 사람에게 벌을 주다 _____

14) 필요 이상의 돈, 물건을 씀으로써 자신의 분수에
지나친 생활을 함 _____

→ 바른 답 13쪽

15) 법령, 규칙, 관습 따위로 무엇을 하지 못하게 막다 _____

16) 어떤 사회, 집단의 사람들을 지배하는 공통적인 분위기 _____

17) 휩쓸어 모조리 없애 버리다 _____

18) 남의 의견, 비난에 맞서서 그 잘못된 점을 지적하며 따지다 _____

15주 평가

19) 질, 정도, 지위 따위가 일류만 못하고 으뜸이 되는 것의
    바로 아래인 부류 _____

20) 명백하고·확실하다 _____

21) 부두에서 가까운 곳 _____

22) 말소리, 말투의 차이에 따라 말이 주는 느낌 _____

23) 물에 빠져 죽은 사람 _____

24) 특정한 시대의 생활 전반에 걸친 유행과 풍습 _____

25) 분명하게 드러내 보이다 _____

26) 불상을 모시고 불도를 수행하는 승려들이 거처하면서
    불교의 가르침을 펴는 집 _____

27) 법률상의 판결을 법원에 요구하는 일 또는 그런 절차 _____

28) 짚, 싸리 등으로 엮어 흙, 거름 따위를 담아 나르는 기구 _____

29) 어떤 모임에 와 줄 것을 청하다 _____

30) 사방으로 펼쳐진 넓고 평평한 땅 _____

2 밑줄 친 곳에 알맞은 낱말을 써 넣어 문장을 완성해 봅시다.

1) 사건에 대한 재판은 _____ 증거가 없다는 이유로 종결되고 말았다.

2) 노인은 소여물이 가득 담긴 _____ 를 들고 외양간으로 들어갔다.

3) '착한 사마리안의 법'은 자신에게 특별한 부담이나 피해가 오지 않는데도 불구하고 위험에 처한 사람을 돕지 않는 경우 _____ 법을 이르는 말이다.

4) 그는 온갖 비싼 물건들을 마구 사들이는 _____ 를 부리다가 파산하고 말았다.

5) 정부는 환경 보호를 위해 일회용 비닐 봉투의 사용을 _____ 있다.

6) 조선 사회는 임진왜란과 병자호란을 겪은 후 실학의 _____ 이 점점 왕성해졌다.

7) 생일 파티에 _____ 열 명의 친구 중에 한 명만 빼고 모두 참석했다.

8) 김홍도는 조선 시대에 살았던 사람들이 어떤 일을 하였고, 어떤 옷을 입었고, 어떤 놀이를 즐겼는지 등 당시의 _____ 을 그림에 담았다.

9) 신자들은 부처님 오신 날을 맞이하여 _____ 로 가는 길가에 연등을 죽 매달았다.

10) '환경 보호를 위해 공장을 없애자'는 주장에 대해 '공장 근로자가 직장을 잃게 되어 생계에 어려움을 겪는다'는 내용을 근거로 들며 _____ 을 제기했다.

11) 국회에서 만든 법을 _____ 이라고 하며, _____ 에는 민법, 상법, 형법, 민사 소송법, 형사 소송법 등이 있다.

12) 이번 상고에 대한 대법원의 _____ 결정으로 형이 확정되었다.

13) 의료 사고가 많은 그 지역에서는 의사를 상대로 _____ 을 거는 일이 비일비재하다.

14) 시험을 완벽히 준비했다고 생각했는데, 시험지를 받자 _____ 불안감이 밀려들었다.

→ 바른 답 13쪽

15) 신라의 장군 장보고는 군사 기지인 청해진을 세운 뒤 해적을 _____ 바다의 질서를 바로잡았다.

16) _____ 이란 한 끼의 음식물을 먹을 만한 시간으로 대략 20~30분 동안을 말하며, '잠깐'의 뜻으로도 쓰인다.

17) 그는 그녀가 남긴 아리송한 말들을 _____ 진의를 파악하려고 애썼다.

18) 공부를 끔찍이 싫어하는 아이는 엄마의 _____ 에 의해 마지못해 책상에 앉았다.

19) 그는 주장을 인상적으로 나타내기 위해 부정적인 _____ 이 드는 낱말을 사용하여 "위험에 처한 사람을 구해 주지 않는 것은 결국 범죄와 다르지 않다"고 말했다.

20) 어부들은 이른 아침부터 _____ 에 나와서 출항을 준비하고 있다.

21) 강 상류에서 급류에 휩쓸려 실종되면 대개 _____ 가 되어 하류에서 발견된다.

22) 밤새 내린 비로 흙바닥은 _____ 이 되어 버렸다.

23) 사고 현장을 목격한 그는 다급한 목소리로 119에 신고하여 구조를 _____ .

24) 해발 2,740미터가 넘는 백두산의 외용은 정말 _____ .

25) 김 사장은 "우리 회사는 삼류는 벗어났지만, 일류에는 한참 모자란, _____에 머물고 있다"고 말하며, 사원들에게 세계 최고를 향해 정진할 것을 강조했다.

26) 할머니는 젊은 시절의 추억이 담긴 사진들을 서랍 속에 _____ 간직했다.

27) 그는 한때 말을 타고 광활한 만주 _____ 을 누비던 장수였다.

28) 우리가 _____ 내뱉은 한마디 말이 다른 사람에게 상처를 줄 수도 있다.

29) 헌법에는 모든 국민이 평등하다는 것이 _____ 있다.

30) 아이는 "피해를 봤다"고 주장하는 친구의 말을 듣고, "사실과 다르다"고 _____ .

설득력

한자 말씀 설 說
얻을 득 得
힘 력 力

•설득하는 / 힘

예 자신이 내세우는 근거에 알맞은 예를 들어 설명하면
설득력이 높아진다.

•설득하다(說得) (자신의 뜻에 따르도록 듣는 사람에게) 잘 알아
듣게 말하다

정보

한자 뜻 정 情
알릴 보 報

찾아 모은 자료들을 / 문제 해결에 도움이 될 **수 있도록** / 정리한 지식 또는 그 자료

예 •뉴스나 광고는 사람들에게 새로운 **정보**를 알려 준다.

•뉴스(news) 새로운 소식을 알려 주는 방송 프로그램. 또는 그러한 소식

타당성

한자 온당할 타 妥
마땅할 당 當
성품 성 性

사물의 이치에 맞는 / 옳은 성질

예 뉴스의 **타당성**을 •판단하려면 가치 있고 중요한 내용을 다룬 뉴스인지,
그 뉴스에 대한 근거가 •적절한지를 판단해야 한다.

•판단(判 판가름할 판, 斷 끊을 단) (옳고 그름, 나음과 못함을) 따져서 분명하게 정함

•적절하다(適 맞을 적, 切 끊을 절) 매우 알맞다(기준에 넘치거나 모자라지 않다)

협약

한자 협력할·
도울 협 協
약속할·
맺을 약 約

•협상하여 •조약을 맺음 또는 그 조약

예 「기후 변화 **협약**」은 온실가스를 규제하기 위한 국제 **협약**으로 1992년에
150여 개국이 참석한 리우 환경 회의에서 •채택되었다.

•협상(協, 商 장사 상) 어떤 목적에 부합되는 결정을 하기 위하여 함께 의논함

•조약(條 가지 조, 約) 국가와 국가 사이에 맺은 법적 구속력을 가지는 약속

•채택되다(採 캘 채, 擇 가릴 택) (무엇이) 몇 가지 중에서 골라져 뽑히다

선언하다

한자 베풀·
널리 펼 선 宣
말씀 언 言

널리 펴서 말하다 또는 분명하게 알리다

예 아이는 친구와 다투고 난 후에 "더 이상 친구하지 말자"며 •절교를 **선언했다**.

•절교(絕 끊을 절, 交 사귈 교) 두 사람이 친구로 사귀어 지내던 것을 그만둠

체결하다

한자 맺을 체 締
맺을 결 結

•계약, 조약, 약속 따위를 / 서로 맺다

예 남한과 북한은 1953년 7월 27일에 6 · 25 전쟁의 휴전 •협정을 **체결했다**.

•계약(契 맺을 계, 約 맺을 약) (일정한 법률적 효과의 발생을 목적으로) 두 사람
이상이 의사 표시의 합의를 이룸으로써 이루어지는 법률 행위

•협정(協 화합할 협, 定 정할 정) 서로 의견을 주고받아서 결정함. 또는 그 결정

──→ 바른 답 14쪽

공부한 날　　월　　일　　학습평가✓　😊　😛　😵

1 문장을 읽고, 알맞은 낱말을 써 넣어 봅시다.

1) 설득하는 힘

2) 찾아 모은 자료들을 문제 해결에 도움이 될 수 있도록
   정리한 지식 또는 그 자료

3) 사물의 이치에 맞는 옳은 성질

4) 협상하여 조약을 맺음 또는 그 조약

5) 널리 펴서 말하다 또는 분명하게 알리다

6) 계약, 조약, 약속 따위를 서로 맺다

16주
1일

2 밑줄 친 곳에 알맞은 낱말을 써 넣어 문장을 완성해 봅시다.

1) 자신이 내세우는 근거에 알맞은 예를 들어 설명하면 _____ 이 높아진다.

2) 뉴스나 광고는 사람들에게 새로운 _____ 를 알려 준다.

3) 뉴스의 _____ 을 판단하려면 가치 있고 중요한 내용을 다룬 뉴스인지, 그
   뉴스에 대한 근거가 적절한지를 판단해야 한다.

4) 「기후 변화 _____ 」은 온실가스를 규제하기 위한 국제 _____
   으로 1992년에 150여 개국이 참석한 리우 환경 회의에서 채택되었다.

5) 아이는 친구와 다투고 난 후에 "더 이상 친구하지 말자"며 절교를 _____ .

6) 남한과 북한은 1953년 7월 27일에 6 · 25 전쟁의 휴전 협정을 _____ .

6. 정보와 표현 판단하기

온실가스
한자 따뜻할·
데울 온 溫
집 실 室
gas

지구 대기를 오염시켜 *온실 효과를 일으키는 / 이산화 탄소, 메탄, 프레온 등의 *가스

예 겨울에는 석유, 석탄 등의 사용이 많아지기 때문에 **온실가스**의 배출이 증가한다.

*온실 효과(溫室, 效 본받을 효, 果 열매 과)   온실가스가 지구에 있는 열을 지구 밖으로 빠져나가지 못하도록 막아서 지구의 평균 기온을 유지시키는 작용

*가스(gas) '기체로 된 물질'을 통틀어 이르는 말

규정
한자 법 규 規
정할 정 定

*규칙으로 정함

예 위원회에서는 금지 약물을 복용한 선수를 대회의 **규정**에 따라 *실격 처리했다.

*규칙(規, 則 법칙 칙)   (여러 사람이 다 함께 지키기로 정한) 약속

*실격(失 잃을 실, 格 격식 격) (기준에 미달하거나, 규칙을 위반해) 자격을 잃음

세대
한자 세대 세 世
대신할 대 代

같은 시대에 살면서 · *공통의 체험을 바탕으로 공통의 의식을 가지는 / 비슷한 연령층의 사람들

예 '20세기 마지막 **세대**'를 의미하는 Z세대는 1990년대 중반에서 2000년대 초반에 걸쳐 출생한 젊은 **세대**를 이르는 말이다.

*공통(共 한가지 공, 通 통할 통)   둘 이상의 여럿 사이에 두루 통하고 관계됨

보전하다
한자 보전할 보 保
온전할 전 全

온전하게 / 잘 지키다 또는 *유지하다

예 모든 동물은 *종족을 **보전하려는** 본능을 가지고 있다.

*유지하다(維 유지할 유, 持 가질 지)   (어떤 상태·상황을) 변함없이 계속 이어 가다

*종족(種 씨 종, 族 겨레 족)   '같은 종류의 생물 전체'를 이르는 말

비판적
한자 비평할·
바로잡을 비 批
판단할 판 判
과녁·목표 적 的

잘못된 점을 지적하여 / 부정적으로 말하는 (것)

예 광고하는 글을 읽을 때는 글의 내용이 사실인지, 주장이 타당한지, 뒷받침하는 근거는 알맞은지 꼼꼼히 따져 가며 **비판적**으로 읽어야 한다.

과장되다
한자 자랑할 과 誇
베풀 장 張

무엇이 / 실제보다 더 크거나 대단한 것으로 / *부풀리다

예 현명한 소비자가 되기 위해서는 광고 *문구를 볼 때 '무조건' '절대로' '최고' '100퍼센트' 같은 **과장된** 표현을 비판적으로 바라봐야 한다.

*부풀다   (어떤 일이 사실과 다르게) 실제보다 과장되다

*문구(文 글월 문, 句 글귀 구) 글을 이루고 있는 구절(한 토막의 말이나 글)

⟶ 바른 답 14쪽

 문장을 읽고, 알맞은 낱말을 써 넣어 봅시다.

1) 지구 대기를 오염시켜 온실 효과를 일으키는
   이산화 탄소, 메탄, 프레온 등의 가스

2) 규칙으로 정함

3) 같은 시대에 살면서 · 공통의 체험을 바탕으로 공통의
   의식을 가지는 비슷한 연령층의 사람들

4) 온전하게 잘 지키다 또는 유지하다

5) 잘못된 점을 지적하여 부정적으로 말하는 (것)

6) 무엇이 실제보다 더 크거나 대단한 것으로 부풀리다

16주
2일

 밑줄 친 곳에 알맞은 낱말을 써 넣어 문장을 완성해 봅시다.

1) 겨울에는 석유, 석탄 등의 사용이 많아지기 때문에 _____ 의 배출이
   증가한다.

2) 위원회에서는 금지 약물을 복용한 선수를 대회의 _____ 에 따라 실격
   처리했다.

3) '20세기 마지막 _____'를 의미하는 Z _____ 는 1990년대
   중반에서 2000년대 초반에 걸쳐 출생한 젊은 _____ 를 이르는 말이다.

4) 모든 동물은 종족을 _____ 본능을 가지고 있다.

5) 광고하는 글을 읽을 때는 글의 내용이 사실인지, 주장이 타당한지, 뒷받침하는
   근거는 알맞은지 꼼꼼히 따져 가며 _____ 으로 읽어야 한다.

6) 현명한 소비자가 되기 위해서는 광고 문구를 볼 때 '무조건' '절대로' '최고' '100퍼센트'
   같은 _____ 표현을 비판적으로 바라봐야 한다.

형성하다

한자 모양·
형상 형 形
이룰 성 成

무엇이 / 어떤 모양을 이루다

예 청소년기는 그 사람의 인격을 **형성하는** 데 있어서 매우 중요한 시기이다.

여론

한자 수레·줄 여 輿
논의할·
말할 론 論

사회 °대중의 공통된 의견 또는 **세상** 사람들의 의견

예 뉴스는 어떤 사건을 긍정적 또는 비판적 °시각으로 보게 하여 **여론**을
형성한다.

°대중(大 클 대, 衆 무리 중)   현대 사회를 구성하는 대다수(거의 모두 다)의 사람

°시각(視 볼 시, 角 뿔 각) 사물·현상을 바라보거나 파악하는 기본적인 자세

공익 광고

한자 공평할 공 公
더할 익 益
넓을 광 廣
고할 고 告

기업, 단체에서 / °공공의 이익을 목적으로 하는 / 광고

예 '지구 환경 보호하기'를 주제로 한 **공익 광고**를 시청하고
난 후로 분리수거를 열심히 하게 되었다.

°공공(公, 共 한가지 공)   사회 구성원에게 두루(널리, 범위가 넓게) 관계되는 일

공익 광고

구도

한자 얽을 구 構
그림 도 圖

그림에서 / 모양, 색깔, 위치 등의 / °짜임새

예 아이는 도화지의 아래쪽에 풀숲, 양쪽 옆에 초록 나무, 한가운데에 회색 길,
위쪽에 파란 하늘이 나오는 **구도**로 밑그림을 그렸다.

°짜임새   체계 있게 잘 짜여 있는 모양

색감

한자 빛 색 色
느낄 감 感

색에서 받는 / 느낌

예 천연 °염색은 자연의 재료를 이용해서 염색을 하기 때문에 자연스러운
색감을 얻을 수 있다.

°염색(染 물들 염, 色 빛 색)   염료를 써서 실·천·머리카락 따위에 물을 들임

무료하다

한자 없을 무 無
귀 울릴·
즐거울 료 聊

보내고 있는 시간이 / 지루하고 심심하다

예 °연휴 기간에 따분하고 **무료한** 시간을 달래기 위해 °근교로 °드라이브를 갔다.

°연휴(連 연속할 연, 休 쉴 휴) 휴일이 이틀 이상 계속되는 일. 또는 그 휴일

°근교(近 가까울 근, 郊 야외도시에서 좀 떨어져 있는 들판 교)   도시에 가까운 변두리
지역

°드라이브(drive)   기분 전환을 위해 자동차 따위를 타고 돌아다님

공부한 날 월 일 학습평가 ☑

1 문장을 읽고, 알맞은 낱말을 써 넣어 봅시다.

1) 무엇이 어떤 모양을 이루다

2) 사회 대중의 공통된 의견 또는 세상 사람들의 의견

3) 기업, 단체에서 공공의 이익을 목적으로 하는 광고

4) 그림에서 모양, 색깔, 위치 등의 짜임새

5) 색에서 받는 느낌

6) 보내고 있는 시간이 지루하고 심심하다

16주
3일

2 밑줄 친 곳에 알맞은 낱말을 써 넣어 문장을 완성해 봅시다.

1) 청소년기는 그 사람의 인격을 _____ 데 있어서 매우 중요한 시기이다.

2) 뉴스는 어떤 사건을 긍정적 또는 비판적 시각으로 보게 하여 _____ 을 형성한다.

3) '지구 환경 보호하기'를 주제로 한 _____ 를 시청하고 난 후로 분리수거를 열심히 하게 되었다.

4) 아이는 도화지의 아래쪽에 풀숲, 양쪽 옆에 초록 나무, 한가운데에 회색 길, 위쪽에 파란 하늘이 나오는 _____ 로 밑그림을 그렸다.

5) 천연 염색은 자연의 재료를 이용해서 염색을 하기 때문에 자연스러운 _____ 을 얻을 수 있다.

6) 연휴 기간에 따분하고 _____ 시간을 달래기 위해 근교로 드라이브를 갔다.

독보적

한자 홀로 독 獨
걸음 보 步
과녁 · 목표 적 的

어떤 분야에서 / 남이 따를 수 없을 만큼 홀로 뛰어난 (것)

예 평균 점수가 60점인 시험에서 혼자 100점을 맞으며 **독보적인** 실력을
°과시했다.

°**과시하다(誇 자랑할 과, 示 보일 시)**　　(솜씨 · 실력을) 자랑하거나, 뽐내어 보이다

내구성

한자 견딜 내 耐
오랠 구 久
성품 성 性

물질이 / 원래의 상태에서 변하지 않고 / 오래 견디는 성질

예 이 제품의 °수명은 °영구적이라 할 만큼 **내구성**이 뛰어나다.

°**수명(壽 목숨 수, 命 목숨 명)** 물품 따위가 사용에 견디는 기간

°**영구적(永 길 · 오랠 영, 久, 的 과녁 · 목표 적)** 오래도록 변하지 않는 (것)

선사하다

한자 선물 선 膳
줄 사 賜

남에게 선물을 주다

예 동생은 졸업하는 언니에게 꽃다발을 한 °아름 **선사했다.**

°**아름**　　두 팔을 둥글게 모아 만든 둘레 안에 들 만한
분량을 세는 단위

초경량

한자 뛰어넘을 초 超
가벼울 경 輕
헤아릴 량 量

아주 가벼운 무게

예 2인승 이하이고 °중량이 225kg 이하인 비행기를 **초경량** 항공기라고 부른다.

°**중량(重 무거울 중, 量 헤아릴 량)**　　물건의 무거운 정도. 무게

재질

한자 재목 재 材
바탕 질 質

°재료가 갖는 °성질

예 이 책가방은 교과서를 모두 넣어도 찢어질 염려가 없는 튼튼한 **재질**로
만들었다.

°**재료(材 재목 재, 料 헤아릴 료)**　　어떤 물건을 만드는 데 쓰인(사용된) 것

°**성질(性 성품 성, 質 바탕 질)** 사물이 본래부터 가지고 있는 특유(그것만이 특별히 가
지고 있음)의 것

가공하다

한자 더할 가 加
장인 공 工

천연의 것, 완성되지 않은 것에 / 사람의 힘을 더하여 / 새로운 제품을 만들다

예 젖소에서 짜낸 °원유를 **가공하여** 우유, 분유, 치즈 따위의 제품을 만든다.

°**원유(原 근원 원, 乳 젖 유)**　　가공하지 않은 우유(牛 소 우, 乳: 소의 젖)

광고에 나타난 표현의 적절성 파악하기 | 교과서 252~257쪽 |

1 문장을 읽고, 알맞은 낱말을 써 넣어 봅시다.

1) 어떤 분야에서 남이 따를 수 없을 만큼 홀로 뛰어난 (것)

2) 물질이 원래의 상태에서 변하지 않고 오래 견디는 성질

3) 남에게 선물을 주다

4) 아주 가벼운 무게

5) 재료가 갖는 성질

6) 천연의 것, 완성되지 않은 것에 사람의 힘을 더하여 새로운 제품을 만들다

16주
4일

2 밑줄 친 곳에 알맞은 낱말을 써 넣어 문장을 완성해 봅시다.

1) 평균 점수가 60점인 시험에서 혼자 100점을 맞으며 _____ 실력을 과시했다.

2) 이 제품의 수명은 영구적이라 할 만큼 _____ 이 뛰어나다.

3) 동생은 졸업하는 언니에게 꽃다발을 한 아름 _____ .

4) 2인승 이하이고 중량이 225kg 이하인 비행기를 _____ 항공기라고 부른다.

5) 이 책가방은 교과서를 모두 넣어도 찢어질 염려가 없는 튼튼한 _____ 로 만들었다.

6) 젖소에서 짜낸 원유를 _____ 우유, 분유, 치즈 따위의 제품을 만든다.

5일

6. 정보와 표현 판단하기

우수하다

한자 넉넉할·뛰어날 우 優 빼어날 수 秀

여럿 가운데 / 두드러지게 *뛰어나다
예 김 교사는 시험에서 평균 90점 이상 받은 **우수한** 학생에게 *상장을 *수여했다.
*뛰어나다 (다른 비교 대상보다) 두드러지게 훌륭하거나 앞서 있다
*상장(賞 상줄 상, 狀 문서 장) 상을 주는 뜻을 적어서 주는 증서(증명하는 문서)
*수여하다(授 줄 수, 與 더불·줄 여) (상장·훈장 따위를) 주다

품목

한자 물건 품 品 눈 목 目

물품의 종류에 따른 / 이름
예 초등학생을 위한 문구 세트와 학생용 가구, 가방 등 150여 **품목**을 *판매한다.
*판매하다(販 팔·장사할 판, 賣 팔 매) 상품 따위를 팔다

허위

한자 빌 허 虛 거짓 위 僞

거짓을 사실처럼 *꾸민 것 또는 꾸며 낸 거짓
예 있지도 않은 상품 기능을 있는 것처럼 설명하는 광고를 **허위** 광고라고 한다.
*꾸미다 (거짓이나, 없는 것을) 사실인 것처럼 지어내다
비 가짜, 거짓

기부하다

한자 보낼 기 寄 붙일 부 附

공적인 일이나·남을 돕기 위하여 / 돈, 물건을 대가 없이 내놓다
예 할머니는 평생 장사해서 모은 전 재산을 지역 대학에 장학금으로 **기부했다**.

분석하다

한자 나눌 분 分 쪼갤 석 析

얽혀 있거나, 복잡한 / 대상을 풀어서 / 그 *성분, 성질 따위를 / 확실히 밝히다
예 과학자들은 우주인들이 채취해 온 *월석의 토양과 암석을 **분석하였다**.
*성분(成 이룰 성, 分 나눌 분) 물체를 이루는 바탕이 되는 요소
*월석(月 달 월, 石 돌 석) 달의 표면에 있는 돌

번식하다

한자 번성할 번 繁 불릴 식 殖

동식물의 수가 / *늘어서 많이 퍼지다
예 녹조 현상은 비정상적으로 많이 **번식한** *녹조류 때문에 물빛이 녹색으로 변하는 것을 말한다.
*늘다 (수, 길이, 무게, 부피 따위가) 본디보다 더 크게, 더 많게, 더 길게 되다
*녹조류(녹색조류) (綠 푸를 녹, 藻 마름바늘꽃과에 속하는 한해살이의 수초 조, 類 무리 류)
엽록소를 가지고 있어 녹색을 띤 조류(물속에 살면서 꽃을 피우지 않는 식물)

→ 바른 답 14쪽

1　**문장을 읽고, 알맞은 낱말을 써 넣어 봅시다.**

1)　여럿 가운데 두드러지게 뛰어나다 　□□□□

2)　물품의 종류에 따른 이름 　□□

3)　거짓을 사실처럼 꾸민 것 또는 꾸며 낸 거짓 　□□

4)　공적인 일이나·남을 돕기 위하여 돈, 물건을
　대가 없이 내놓다 　□□□□

5)　얽혀 있거나, 복잡한 대상을 풀어서 그 성분,
　성질 따위를 확실히 밝히다 　□□□□

6)　동식물의 수가 늘어서 많이 퍼지다 　□□□□

16주 5일

2　**밑줄 친 곳에 알맞은 낱말을 써 넣어 문장을 완성해 봅시다.**

1)　김 교사는 시험에서 평균 90점 이상 받은 ＿＿＿＿＿ 학생에게 상장을
　수여했다.

2)　초등학생을 위한 문구 세트와 학생용 가구, 가방 등 150여 ＿＿＿ 을 판매한다.

3)　있지도 않은 상품 기능을 있는 것처럼 설명하는 광고를 ＿＿＿ 광고라고 한다.

4)　할머니는 평생 장사해서 모은 전 재산을 지역 대학에 장학금으로 ＿＿＿＿＿.

5)　과학자들은 우주인들이 채취해 온 월석의 토양과 암석을 ＿＿＿＿＿.

6)　녹조 현상은 비정상적으로 많이 ＿＿＿＿＿ 녹조류 때문에 물빛이 녹색으로
　변하는 것을 말한다.

1 **문장을 읽고, 알맞은 낱말을 써 넣어 봅시다.**

1) 남에게 선물을 주다 _____

2) 거짓을 사실처럼 꾸민 것 또는 꾸며 낸 거짓 _____

3) 규칙으로 정함 _____

4) 잘못된 점을 지적하여 부정적으로 말하는 (것) _____

5) 물품의 종류에 따른 이름 _____

6) 찾아 모은 자료들을 문제 해결에 도움이 될 수 있도록
정리한 지식 또는 그 자료 _____

7) 재료가 갖는 성질 _____

8) 사회 대중의 공통된 의견 또는 세상 사람들의 의견 _____

9) 협상하여 조약을 맺음 또는 그 조약 _____

10) 동식물의 수가 늘어서 많이 퍼지다 _____

11) 천연의 것, 완성되지 않은 것에 사람의 힘을 더하여
새로운 제품을 만들다 _____

12) 아주 가벼운 무게 _____

13) 어떤 분야에서 남이 따를 수 없을 만큼 홀로 뛰어난 (것) _____

14) 설득하는 힘 _____

15) 색에서 받는 느낌 _____

→ 바른 답 14쪽

16) 지구 대기를 오염시켜 온실 효과를 일으키는
이산화 탄소, 메탄, 프레온 등의 가스 _____

17) 계약, 조약, 약속 따위를 서로 맺다 _____

18) 얽혀 있거나, 복잡한 대상을 풀어서 그 성분,
성질 따위를 확실히 밝히다 _____

19) 같은 시대에 살면서 · 공통의 체험을 바탕으로 공통의
의식을 가지는 비슷한 연령층의 사람들 _____

20) 무엇이 어떤 모양을 이루다 _____

21) 그림에서 모양, 색깔, 위치 등의 짜임새 _____

22) 여럿 가운데 두드러지게 뛰어나다 _____

23) 공적인 일이나 · 남을 돕기 위하여 돈, 물건을
대가 없이 내놓다 _____

24) 기업, 단체에서 공공의 이익을 목적으로 하는 광고 _____

25) 보내고 있는 시간이 지루하고 심심하다 _____

26) 온전하게 잘 지키다 또는 유지하다 _____

27) 무엇이 실제보다 더 크거나 대단한 것으로 부풀리다 _____

28) 사물의 이치에 맞는 옳은 성질 _____

29) 물질이 원래의 상태에서 변하지 않고 오래 견디는 성질 _____

30) 널리 펴서 말하다 또는 분명하게 알리다 _____

16주
평가

2 밑줄 친 곳에 알맞은 낱말을 써 넣어 문장을 완성해 봅시다.

1) 광고하는 글을 읽을 때는 글의 내용이 사실인지, 주장이 타당한지, 뒷받침하는 근거는 알맞은지 꼼꼼히 따져 가며 _____ 으로 읽어야 한다.

2) 뉴스나 광고는 사람들에게 새로운 _____ 를 알려 준다.

3) 위원회에서는 금지 약물을 복용한 선수를 대회의 _____ 에 따라 실격 처리했다.

4) 녹조 현상은 비정상적으로 많이 _____ 녹조류 때문에 물빛이 녹색으로 변하는 것을 말한다.

5) 김 교사는 시험에서 평균 90점 이상 받은 _____ 학생에게 상장을 수여했다.

6) 2인승 이하이고 중량이 225kg 이하인 비행기를 _____ 항공기라고 부른다.

7) 초등학생을 위한 문구 세트와 학생용 가구, 가방 등 150여 _____ 을 판매한다.

8) 이 책가방은 교과서를 모두 넣어도 찢어질 염려가 없는 튼튼한 _____ 로 만들었다.

9) 천연 염색은 자연의 재료를 이용해서 염색을 하기 때문에 자연스러운 _____ 을 얻을 수 있다.

10) 있지도 않은 상품 기능을 있는 것처럼 설명하는 광고를 _____ 광고라고 한다.

11) 평균 점수가 60점인 시험에서 혼자 100점을 맞으며 _____ 실력을 과시했다.

12) 연휴 기간에 따분하고 _____ 시간을 달래기 위해 근교로 드라이브를 갔다.

13) 이 제품의 수명은 영구적이라 할 만큼 _____ 이 뛰어나다.

→ 바른 답 14쪽

14) 동생은 졸업하는 언니에게 꽃다발을 한 아름 _____ .

15) 청소년기는 그 사람의 인격을 _____ 데 있어서 매우 중요한 시기이다.

16) 뉴스의 _____ 을 판단하려면 가치 있고 중요한 내용을 다룬 뉴스인지, 그 뉴스에 대한 근거가 적절한지를 판단해야 한다.

17) 아이는 친구와 다투고 난 후에 "더 이상 친구하지 말자"며 절교를 _____ .

18) 할머니는 평생 장사해서 모은 전 재산을 지역 대학에 장학금으로 _____ .

19) '지구 환경 보호하기'를 주제로 한 _____ 를 시청하고 난 후로 분리수거를 열심히 하게 되었다.

20) 겨울에는 석유, 석탄 등의 사용이 많아지기 때문에 _____ 의 배출이 증가한다.

21) 자신이 내세우는 근거에 알맞은 예를 들어 설명하면 _____ 이 높아진다.

22) 모든 동물은 종족을 _____ 본능을 가지고 있다.

23) 뉴스는 어떤 사건을 긍정적 또는 비판적 시각으로 보게 하여 _____ 을 형성한다.

24) 현명한 소비자가 되기 위해서는 광고 문구를 볼 때 '무조건' '절대로' '최고' '100 퍼센트' 같은 _____ 표현을 비판적으로 바라봐야 한다.

25) 아이는 도화지의 아래쪽에 풀숲, 양쪽 옆에 초록 나무, 한가운데에 회색 길, 위쪽에 파란 하늘이 나오는 _____ 로 밑그림을 그렸다.

26) '20세기 마지막 _____ '를 의미하는 Z _____ 는 1990년대 중반에서 2000년대 초반에 걸쳐 출생한 젊은 _____ 를 이르는 말이다.

27) 「기후 변화 _____ 」은 온실가스를 규제하기 위한 국제 _____ 으로 1992년에 150여 개국이 참석한 리우 환경 회의에서 채택되었다.

28) 남한과 북한은 1953년 7월 27일에 6·25 전쟁의 휴전 협정을 _____ .

29) 젖소에서 짜낸 원유를 _____ 우유, 분유, 치즈 따위의 제품을 만든다.

30) 과학자들은 우주인들이 채취해 온 월석의 토양과 암석을 _____ .

1 문장을 읽고, 알맞은 낱말을 써 넣어 봅시다.

1) 바로 보지 않고 곁눈으로 힐끔 보는 짓 ( )

2) 남의 의견, 비난에 맞서서 그 잘못된 점을 지적하며 따지다 ( )

3) 이전의 관습, 제도, 방식 따위를 단번에 깨뜨리고
새로운 것을 급격하게 세우는 일 ( )

4) 보내고 있는 시간이 지루하고 심심하다 ( )

5) 새로 발명한 것에 대한 여러 권리를 독점할 수 있는 권리 ( )

6) 다가올 앞날을 미리 내다보다 ( )

7) 거짓을 사실처럼 꾸민 것 또는 꾸며 낸 거짓 ( )

8) '길을 걸을 때 걸려 방해가 되는 돌'의 뜻으로 어떤 일을 해
나가는 데 장애가 되는 요소를 비유하는 말 ( )

9) 자연인이 아닌 법률상으로 인격을 인정받아서
권리 능력을 부여받은 단체 ( )

10) 법령, 규칙, 관습 따위로 무엇을 하지 못하게 막다 ( )

11) 아무 말없이 조용히 ( )

12) 제도, 법률 등을 만들어서 정하다 ( )

13) 같은 일을 여러 번 하고 또 하다 ( )

14) 짚, 싸리 등으로 엮어 흙, 거름 따위를 담아 나르는 기구 ( )

15) 가지고 있다 ( )

→ 바른 답 14쪽

16) 법률상의 판결을 법원에 요구하는 일 또는 그런 절차 ( )

17) '불을 켜서 불이 일어나는 것과 같다'는 뜻으로
갑자기 어떠한 생각이 걷잡을 수 없이 일어나는 모양 ( )

18) 서로 이해관계가 다른 계급 사이에 권리, 특권, 기회를
얻기 위해 벌어지는 싸움 ( )

19) 분명하게 드러내 보이다 ( )

20) 두 가지 이상의 사물, 현상이 함께 존재하다 ( )

21) 법원이 소송을 심리한 결과, 그 내용이 이유가 없거나·
적법하지 않다고 판단하여 소송을 종료하는 일 ( )

22) 아무런 뜻 없이 또는 아무런 생각 없이 ( )

23) 계약, 조약, 약속 따위를 서로 맺다 ( )

24) 세금, 공과금 따위를 내다 ( )

25) 협상하여 조약을 맺음 또는 그 조약 ( )

26) 제왕, 제후, 장수, 재상을 아울러 이르는 말 ( )

27) 천연의 것, 완성되지 않은 것에 사람의 힘을 더하여
새로운 제품을 만들다 ( )

28) 기술, 방법, 물자 따위를 끌어서 안으로 들여 넣다 ( )

29) 사물의 이치에 맞는 옳은 성질 ( )

30) 사신이 임무를 수행하기 위하여 떠나는 길 ( )

2 **밑줄 친 곳에 알맞은 낱말을 써 넣어 문장을 완성해 봅시다.**

1) '환경 보호를 위해 공장을 없애자'는 주장에 대해 '공장 근로자가 직장을 잃게 되어 생계에 어려움을 겪는다'는 내용을 근거로 들며 _____ 을 제기했다.

2) _____ 이란 한 끼의 음식물을 먹을 만한 시간으로 대략 20~30분 동안을 말하며, '잠깐'의 뜻으로도 쓰인다.

3) 아이는 수업 시간에는 _____ 못하고 딴짓만 하는 반면, 스마트폰만 붙잡으면 누가 불러도 듣지 못할 정도로 _____ .

4) 로봇 특허 사용료를 줄이기 위해서는 독자적인 _____ 기술의 개발이 시급하다.

5) 그는 '매사에 최선을 다한다'는 인생의 _____ 을 실천하기 위해 새벽에 일어났다.

6) 로봇에게 세금을 부과하는 _____ 이 없기 때문에 로봇세를 도입하기 위해서는 법적 근거를 마련해야 한다.

7) 공부를 끔찍이 싫어하는 아이는 엄마의 _____ 에 의해 마지못해 책상에 앉았다.

8) 유럽 의회는 장기적으로 집행 위원회가 로봇에게 '특수한 권리와 의무를 가진 전자 인간'으로 법적 지위를 부여하는 입법을 추진하도록 _____ .

9) 국회에서 만든 법을 _____ 이라고 하며, _____ 에는 민법, 상법, 형법, 민사 소송법, 형사 소송법 등이 있다.

10) 촌락 사람들은 주로 주변의 자연환경을 이용한 농업, 어업, 임업 등에 _____ .

11) 사건에 대한 재판은 _____ 증거가 없다는 이유로 종결되고 말았다.

12) 조선 시대에 그린 세계 지도를 보면 중국을 지도 중앙에 그렸는데, 이를 통해 조선 시대 사람들이 중국 중심의 _____ 을 가지고 있었음을 짐작할 수 있다.

13) _____ 기술이 발전하면서 로봇이 사람을 대신해 일하는 영역이 늘어나고, 그 규모도 커지고 있다.

14) 평균 점수가 60점인 시험에서 혼자 100점을 맞으며 _____ 실력을 과시했다.

⟶ 바른 답 14쪽

15) 욕심쟁이 아이는 맛있는 것이 생기면 모두 자기가 먹겠다며 음식을 _____ .

16) 친구가 통장에 일억 원이 있다는 어처구니없는 말을 해서 통장을 보여서 _____ 보라고 요구했다.

17) '20세기 마지막 _____ '를 의미하는 Z _____ 는 1990년대 중반에서 2000년대 초반에 걸쳐 출생한 젊은 _____ 를 이르는 말이다.

18) 그들은 약속 날짜를 잡기 위해 모였지만 의견이 _____ 끝내 정하지 못했다.

19) 행정부는 입법부가 의결한 내용에 대해 _____ 을 하는 기관이다.

20) 이 제품의 수명은 영구적이라 할 만큼 _____ 이 뛰어나다.

21) 그는 그녀가 남긴 아리송한 말들을 _____ 진의를 파악하려고 애썼다.

22) 로봇세는 로봇을 소유하고 이용하는 사람에게 _____ 방법과 로봇 자신에게 _____ 방법을 생각해 볼 수 있다.

23) 광고하는 글을 읽을 때는 글의 내용이 사실인지, 주장이 타당한지, 뒷받침하는 근거는 알맞은지 꼼꼼히 따져 가며 _____ 으로 읽어야 한다.

24) 엄마한테 휴대폰을 압수 당한 아이는 못마땅한 표정으로 계속 _____ .

25) 뉴스는 어떤 사건을 긍정적 또는 비판적 시각으로 보게 하여 _____ 을 형성한다.

26) 밤새 내린 비로 흙바닥은 _____ 이 되어 버렸다.

27) 학교에서는 성적이 우수한 학생들에게 장학금을 _____ .

28) 할머니는 평생 장사해서 모은 전 재산을 지역 대학에 장학금으로 _____ .

29) 두 사람은 처음 만났지만 스스럼없이 _____ 대화를 나누었다.

30) 녹조 현상은 비정상적으로 많이 _____ 녹조류 때문에 물빛이 녹색으로 변하는 것을 말한다.

17~19주

칭찬 사과 색칠놀이

하루 공부를 잘 마쳤다면 나에게 칭찬 사과를 선물하세요.
사과 나무에 사과가 주렁주렁 열릴 때까지 열심히 공부합시다!

■ 하루 공부가 끝나면 사과 한 개씩 예쁘게 색칠해 보세요.

칭찬 사과를
색칠해 보세요!!

이타
한자 이로울 이 利
다를 타 他

°타인을 이롭게 함

예 성공의 °비결은 다른 사람들의 행복을 바라고 배려하는 **이타**적인 마음에 있다.

°타인(他 다를 타, 人 사람 인) (자신 이외의) 다른 사람

°비결(秘 숨길 비, 訣 비결 결) 세상에 알려져 있지 않은 자기만의 뛰어난 방법

보도하다
한자 알릴 보 報
길 도 道

신문, 방송으로 나라 안팎의 / 새로운 소식을 / 사람들에게 널리 알리다

예 '뉴스'란 사람들에게 새로운 소식이나 중요하거나 흥미로운 사건을 때에 알맞게 **보도하는** 것을 말한다.

유도하다
한자 꾈 ·
°유혹할 유 誘
이끌 ·
인도할 도 導

사물, 대상을 / 의도하는 방향으로 이끌다

예 김 교사는 독서의 중요성을 강조하며 학생들이 책을 읽도록 분위기를 **유도했다**.

°유혹하다(誘, 惑 미혹할 혹) 남을 꾀어서 그릇된 마음을 품거나 그릇된 행동을 하게 하다

감염
한자 느낄 감 感
물들 염 染

병균, 병이 / 몸 안에 침입하여 °증식하는 일

예 전염병의 **감염**을 막기 위해서는 손을 자주 씻어서 °청결을 유지해야 한다.

°증식하다(增 더할 증, 殖 불릴 식) (생물, 세포 따위의) 수가 늘어나다

°청결(淸 맑을 청, 潔 깨끗할 결) 맑고 깨끗함

형광
한자 개똥벌레 형 螢
빛 광 光

어떤 종류의 물체가 / 빛, 엑스선, 전자선 따위의 자극을 받았을 때에 나타내는 / 고유한 빛

예 시계의 숫자판과 바늘에 **형광** °안료를 발라서 어두운 밤에도 시간을 볼 수 있다.

°안료(顔 낯 안, 料 헤아릴 료) 물에 녹지 않고, 다른 물질에 색을 내는 미세 가루

예방하다
한자 미리 예 豫
막을 방 防

어떤 일이 생기기 전에 / 알맞은 조치를 취하여 / 미리 막다

예 °수시로 30초 동안 손을 씻으면 전염병 감염의 70퍼센트를 **예방할** 수 있다.

°수시로(隨 따를 수, 時 때 시) 시간 나는 대로 아무때나

 문장을 읽고, 알맞은 낱말을 써 넣어 봅시다.

1) 타인을 이롭게 함 ☐☐

2) 신문, 방송으로 나라 안팎의 새로운 소식을
사람들에게 널리 알리다 ☐☐☐☐

3) 사물, 대상을 의도하는 방향으로 이끌다 ☐☐☐

4) 병균, 병이 몸 안에 침입하여 증식하는 일 ☐☐

5) 어떤 종류의 물체가 빛, 엑스선, 전자선 따위의 자극을
받았을 때에 나타내는 고유한 빛 ☐☐

6) 어떤 일이 생기기 전에 알맞은 조치를 취하여 미리 막다 ☐☐☐☐

밑줄 친 곳에 알맞은 낱말을 써 넣어 문장을 완성해 봅시다.

1) 성공의 비결은 다른 사람들의 행복을 바라고 배려하는 _____ 적인 마음에 있다.

2) '뉴스'란 사람들에게 새로운 소식이나 중요하거나 흥미로운 사건을 때에 알맞게
_____ 것을 말한다.

3) 김 교사는 독서의 중요성을 강조하며 학생들이 책을 읽도록 분위기를
_____ .

4) 전염병의 _____ 을 막기 위해서는 손을 자주 씻어서 청결을 유지해야
한다.

5) 시계의 숫자판과 바늘에 _____ 안료를 발라서 어두운 밤에도 시간을 볼
수 있다.

6) 수시로 30초 동안 손을 씻으면 전염병 감염의 70퍼센트를 _____ 수 있다.

장수

한자 길 장 長
목숨 수 壽

오래 삶

예 아버지의 생신 때 **장수**를 기원하는 뜻으로 *십장생이 수놓인 *침구를 선물했다.

*십장생(十 열 십, 長, 生 날 생)　죽지 않고 오래 산다는 열 가지. 해, 산, 물, 돌, 구름, 소나무, 불로초, 거북, 학, 사슴

*침구(寢 잘 침, 具 갖출 구)　잠자는 데 쓰는 이부자리·베개 따위

취재하다

한자 가질 취 取
재목 재 材

*기자가 / *기사 작성을 위해 자료를 찾아 모으다

예 김 기자는 100세가 넘은 노인들을 찾아가 장수의 비결을 **취재했다.**

*기자(記 기록할 기, 者 사람 자)　신문·잡지·방송 등의 기사를 쓰거나 편집하는 사람

*기사(記, 事 일 사)　(신문·잡지 등에서) 어떤 사실을 알리는 글

유통 기한

한자 흐를 유 流
통할 통 通
기약할 기 期
한계 한 限

식품 따위의 상품이 *시중에 유통될 수 있는 / 정해진 기간

예 아이는 **유통 기한**이 한 달 지난 우유를 먹고 배탈이 났다.

*시중(市 시장 시, 中 가운데 중)　'사람들이 생활하는 공개된 공간'을 비유적으로 일컫는 말

악취

한자 악할·
나쁠 악 惡
냄새 취 臭

나쁜 냄새

예 여름이 되면 골목에 *방치된 음식물 쓰레기 더미에서 **악취**가 진동했다.

*방치하다(放 놓을 방, 置 내버려 둘 치)　(무엇을) 아무렇게나 내버려두다

신선하다

한자 새로울 신 新
고울 선 鮮

채소, 생선 따위가 / 싱싱하다

예 고기나 생선은 **신선한** 상태를 유지하기 위해 냉장고에 보관하는 것이 좋다.

비속어

한자 낮을 비 卑
풍속 속 俗
말씀 어 語

예절에 어긋나는 / 상스럽고 거친 말

예 대화를 할 때 **비속어**를 쓰면 다른 사람에게 불쾌감을 주거나 *교양 없는 사람이라는 *인상을 주게 된다.

*교양(敎 가르칠 교, 養 기를 양)　학문·지식·사회생활을 바탕으로 이루어지는 품위. 또는 문화에 대한 폭넓은 지식

*인상(印 도장 인, 象 코끼리 상)　(어떤 대상에 대해) 마음에 새겨지는 느낌

1 문장을 읽고, 알맞은 낱말을 써 넣어 봅시다.

1) 오래 삶

2) 기자가 기사 작성을 위해 자료를 찾아 모으다

3) 식품 따위의 상품이 시중에 유통될 수 있는 정해진 기간

4) 나쁜 냄새

5) 채소, 생선 따위가 싱싱하다

6) 예절에 어긋나는 상스럽고 거친 말

2 밑줄 친 곳에 알맞은 낱말을 써 넣어 문장을 완성해 봅시다.

1) 아버지의 생신 때 _____ 를 기원하는 뜻으로 십장생이 수놓인 침구를 선물했다.

2) 김 기자는 100세가 넘은 노인들을 찾아가 장수의 비결을 _____ .

3) 아이는 _____ 이 한 달 지난 우유를 먹고 배탈이 났다.

4) 여름이 되면 골목에 방치된 음식물 쓰레기 더미에서 _____ 가 진동했다.

5) 고기나 생선은 _____ 상태를 유지하기 위해 냉장고에 보관하는 것이 좋다.

6) 대화를 할 때 _____ 를 쓰면 다른 사람에게 불쾌감을 주거나 교양 없는 사람이라는 인상을 주게 된다.

격언

한자 격식 격 格
말씀 언 言

인생의 *교훈이 될 만한 / 짧은 말

예 말이 눈에 보이지 않는 마음임을 표현할 때 "말은 마음의 거울"이라는 **격언**을 사용한다.

*교훈(敎 가르칠 교, 訓 가르칠 훈)　행동·생활에 지침이 될 만한 가르침

원활하다

한자 둥글 원 圓
미끄러울 활 滑

일이 / 거침없이 잘되어 나가다

예 고운 말을 사용하면 다른 사람을 존중하는 마음을 전할 수 있고, 다른 사람과 대화를 **원활하게** 할 수 있게 한다.

오해

한자 그릇할 오 誤
풀 해 解

사실과 다르게 받아들임 또는 그 뜻을 잘못 앎

예 김 교사는 '이리 와 보라'는 *의도로 손짓을 했는데, 학생은 '제 자리에 앉아'라는 뜻으로 **오해**를 해서 자기 자리로 돌아갔다.

*의도(意 뜻 의, 圖 그림 도)　무엇을 하고자 하는 마음속의 생각이나 계획

투쟁

한자 싸울 투 鬪
다툴 쟁 爭

어떤 대상을 이기려고 싸움

예 "은어나 비속어를 사용했다가 친구들끼리 **투쟁**으로 이어지는 경우가 있다"는 문장에서 '**투쟁**'은 *어색한 낱말이므로 '싸움'이나 '다툼'으로 고쳐야 한다.

*어색하다(語 말씀 어, 塞 막힐 색)　자연스럽지 않다. 어울리지 않다

후손

한자 뒤 후 後
손자 손 孫

자신의 세대에서 / 여러 세대가 지난 뒤의 자녀를 / 통틀어 이르는 말

예 소중한 *문화유산인 말을 아끼고 가꾸어서 아름다운 우리말을 **후손**에게 물려주어야 한다.

*문화유산(文 글월 문, 化 될 화, 遺 남길 유, 産 낳을 산)　후손들에게 물려줄 만한 가치가 있는 조상들의 문화(사회 구성원들로부터 배우고 전달받은 모든 것)

비 자손(子 아들 자, 孫 손자 손), 후예(後 뒤 후, 裔 후손 예)

불확실하다

한자 아닐 불 不
굳을 확 確
열매 실 實

*확실하지 않다

예 주장하는 글을 쓸 때에는 '~할 수도 있다'처럼 **불확실한** 표현을 사용하지 않는 것이 좋다.

*확실하다(確 굳을 확, 實 열매 실)　틀림없이 그렇다

비 불명확하다(不, 明 밝을 명, 確) 불분명하다(不, 分 나눌 분, 明)

1 **문장을 읽고, 알맞은 낱말을 써 넣어 봅시다.**

1) 인생의 교훈이 될 만한 짧은 말

2) 일이 거침없이 잘되어 나가다

3) 사실과 다르게 받아들임 또는 그 뜻을 잘못 앎

4) 어떤 대상을 이기려고 싸움

5) 자신의 세대에서 여러 세대가 지난 뒤의 자녀를 통틀어 이르는 말

6) 확실하지 않다

2 **밑줄 친 곳에 알맞은 낱말을 써 넣어 문장을 완성해 봅시다.**

1) 말이 눈에 보이지 않는 마음임을 표현할 때 "말은 마음의 거울"이라는
   _____ 을 사용한다.

2) 고운 말을 사용하면 다른 사람을 존중하는 마음을 전할 수 있고, 다른 사람과
   대화를 _____ 할 수 있게 한다.

3) 김 교사는 '이리 와 보라'는 의도로 손짓을 했는데, 학생은 '제 자리에 앉아'라는 뜻으로
   _____ 를 해서 자기 자리로 돌아갔다.

4) "은어나 비속어를 사용했다가 친구들끼리 _____ 으로 이어지는 경우가 있다"
   는 문장에서 ' _____ '은 어색한 낱말이므로 '싸움'이나 '다툼'으로 고쳐야 한다.

5) 소중한 문화유산인 말을 아끼고 가꾸어서 아름다운 우리말을 _____ 에게
   물려주어야 한다.

6) 주장하는 글을 쓸 때에는 '~할 수도 있다'처럼 _____ 표현을 사용하지
   않는 것이 좋다.

교정
한자 바로잡을 교 矯
바를 정 正

글에서 / 틀린 글자, 빠진 글자나 내용 등을 바르게 고침

예 작가 본인이 꼼꼼하게 *원고의 **교정**을 보았지만 여전히 틀린 글자들이
있었다.

*원고(原 근원 원, 稿 원고 고) 인쇄하기 위해 쓴 초벌(初 처음 초: 같은 일을 되풀이할
때의 첫 번째 차례)의 글이나 그림

부호
한자 부신 부 符
부르짖을 호 號

덧셈(+), 뺄셈(-) 기호처럼 / 어떤 뜻을 나타내기 위하여 쓰는 / 그림, 문자 따위의
*기호

예 다 쓴 글을 다시 읽으면서 잘못된 부분을 찾아 바르게 고쳐 쓰는 것을
'교정'이라 하고, 교정을 할 때 쓰는 기호를 '교정 **부호**'라고 한다.

*기호(記 기록할 기, 號 이름 호)   (어떤 뜻을 나타내기 위해 쓰는) 글자, 그림 따위

열량
한자 더울 열 熱
헤아릴 량 量

열을 / 에너지의 양으로 나타낸 것

예 **열량**이 높은 음식을 자주 많이 먹으면 영양 *과다로 인해 *비만에 걸린다.

*과다(過 지날 · 지나칠 과, 多 많을 다)   지나치게 많음

*비만(肥 살찔 비, 滿 가득 찰 만)   살이 쪄서 몸이 뚱뚱함

거르다

사람이 *반복적인 행위를 / 하지 않고 넘어가다

예 아침에 배가 아파서 아침밥을 **걸렀더니** 오전 내내 배가 너무 고팠다.

*반복(反 돌이킬 반, 復 회복할 복)   같은 일을 여러 번 하고 또 함

필수
한자 반드시 필 必
쓰일 수 需

반드시 있어야 함 또는 반드시 쓰임

예 뿌리는 식물의 생명 유지에 **필수**인 물과 양분을 빨아들이는 중요한 역할을
한다.

분비되다
한자 나눌 분 分
샘물 흐를 ·
분비할 비 泌

세포가 침, 소화액, *호르몬 따위의 물질을 / 세포 밖으로 배출하는 것

예 몸에서 인슐린이 제대로 **분비되지** 않으면 혈액 속에 당이 많아져서 당뇨병에
걸린다.

*호르몬(hormone)   동물의 몸속 기관에서 분비되고, 혈관을 통해서 온몸을 돌며
우리 몸의 각 기능을 정상적인 상태로 유지시켜 주고, 키를
자라게 하거나, 남성과 여성의 성적 특징을 드러나게 하는
등의 역할을 하는 물질

1 **문장을 읽고, 알맞은 낱말을 써 넣어 봅시다.**

1) 글에서 틀린 글자, 빠진 글자나 내용 등을 바르게 고침

2) 덧셈(+), 뺄셈(−) 기호처럼 어떤 뜻을 나타내기 위하여
    쓰는 그림, 문자 따위의 기호

3) 열을 에너지의 양으로 나타낸 것

4) 사람이 반복적인 행위를 하지 않고 넘어가다

5) 반드시 있어야 함 또는 반드시 쓰임

6) 세포가 침, 소화액, 호르몬 따위의 물질을
    세포 밖으로 배출하는 것

2 **밑줄 친 곳에 알맞은 낱말을 써 넣어 문장을 완성해 봅시다.**

1) 작가 본인이 꼼꼼하게 원고의 _____ 을 보았지만 여전히 틀린 글자들이 있었다.

2) 다 쓴 글을 다시 읽으면서 잘못된 부분을 찾아 바르게 고쳐 쓰는 것을 '교정'이라
    하고, 교정을 할 때 쓰는 기호를 '교정 _____ '라고 한다.

3) _____ 이 높은 음식을 자주 많이 먹으면 영양 과다로 인해 비만에 걸린다.

4) 아침에 배가 아파서 아침밥을 _____ 오전 내내 배가 너무 고팠다.

5) 뿌리는 식물의 생명 유지에 _____ 인 물과 양분을 빨아들이는 중요한 역할을
    한다.

6) 몸에서 인슐린이 제대로 _____ 않으면 혈액 속에 당이 많아져서 당뇨병에
    걸린다.

위산

한자 위장 위 胃
신맛 산 酸

위액 속에 들어 있는 / *산

예 *체내에 **위산**이 너무 많이 분비되면 속이 쓰리고, 심하면 위궤양이 되기도 한다.

*산(酸 실 산) 물에 녹았을 때 수소 이온(H+)을 내놓아 산성 반응을 일으키는 물질

*체내(體 몸 체, 內 안 내)   몸의 안

중화

한자 가운데 중 中
화할 화 和

서로 반대되는 성질을 가진 두 물질이 합쳐지면서 / **원래 가지고 있던** 각자의 성질을 모두 잃어 버리는 **현상**

예 산성을 띠는 위액이 염기성을 띠는 이자액과 쓸개즙을 만나면 **중화**가 일어난다.

소모되다

한자 사라질 소 消
소모할 ·
*소비할 모 耗

연료, 에너지 따위가 / **쓰여 없어지다**

예 출퇴근에 **소모되는** 시간이 세 시간이 넘어서 결국 회사 *근처로 이사했다.

*소비하다(消 사라질 소, 費 쓸 비)   돈 · 물자 · 시간 · 노력 따위를 써서 없애다

*근처(近 가까울 근, 處 곳 처) 가까운 곳

치명적

한자 이를 치 致
목숨 명 命
과녁 · 목표 적 的

생명을 잃을 정도의 (것)

예 암은 사람에게 **치명적인** 병으로, 해마다 수많은 사람이 암으로 *사망한다.

*사망하다(死 죽을 사, 亡 망할 · 달아날 망)   죽다. 목숨이 끊어지다. 생명을 잃다

경련

한자 경련 경 痙
걸릴 련 攣

근육이 **별다른 이유 없이** / 갑자기 *수축하거나 · 떨게 되는 / 현상

예 근육 조직이 갑자기 수축하며 **경련**이 일어나는 것을 '쥐가 났다'고 말한다.

*수축하다(收 거둘 수, 縮 줄일 축)   (사물이) 오그라들거나, 줄어들다

발작

한자 필 발 發
지을 작 作

어떤 증상, 격한 감정 따위가 / 갑자기 세차게 일어남

예 *천식을 앓는 동생이 갑자기 **발작**을 일으키자 언니는 어찌할 바를 몰랐다.

*천식(喘 숨찰 천, 息 숨 쉴 식)   발작적으로 호흡 곤란을 일으키는 병

문장을 읽고, 알맞은 낱말을 써 넣어 봅시다.

1) 위액 속에 들어 있는 산

2) 서로 반대되는 성질을 가진 두 물질이 합쳐지면서
원래 가지고 있던 각자의 성질을 모두 잃어 버리는 현상

3) 연료, 에너지 따위가 쓰여 없어지다

4) 생명을 잃을 정도의 (것)

5) 근육이 별다른 이유 없이 갑자기 수축하거나·떨게 되는 현상

6) 어떤 증상, 격한 감정 따위가 갑자기 세차게 일어남

밑줄 친 곳에 알맞은 낱말을 써 넣어 문장을 완성해 봅시다.

1) 체내에 _____ 이 너무 많이 분비되면 속이 쓰리고, 심하면 위궤양이 되기도
한다.

2) 산성을 띠는 위액이 염기성을 띠는 이자액과 쓸개즙을 만나면 _____ 가
일어난다.

3) 출퇴근에 _____ 시간이 세 시간이 넘어서 결국 회사 근처로 이사했다.

4) 암은 사람에게 _____ 병으로, 해마다 수많은 사람이 암으로 사망한다.

5) 근육 조직이 갑자기 수축하며 _____ 이 일어나는 것을 '쥐가 났다'고 말한다.

6) 천식을 앓는 동생이 갑자기 _____ 을 일으키자 언니는 어찌할 바를 몰랐다.

1 문장을 읽고, 알맞은 낱말을 써 넣어 봅시다.

1) 채소, 생선 따위가 싱싱하다 _____

2) 일이 거침없이 잘되어 나가다 _____

3) 글에서 틀린 글자, 빠진 글자나 내용 등을 바르게 고침 _____

4) 근육이 별다른 이유 없이 갑자기 수축하거나 · 떨게 되는 현상 _____

5) 사실과 다르게 받아들임 또는 그 뜻을 잘못 앎 _____

6) 어떤 일이 생기기 전에 알맞은 조치를 취하여 미리 막다 _____

7) 어떤 증상, 격한 감정 따위가 갑자기 세차게 일어남 _____

8) 예절에 어긋나는 상스럽고 거친 말 _____

9) 열을 에너지의 양으로 나타낸 것 _____

10) 타인을 이롭게 함 _____

11) 사람이 반복적인 행위를 하지 않고 넘어가다 _____

12) 신문, 방송으로 나라 안팎의 새로운 소식을 사람들에게 널리 알리다 _____

13) 인생의 교훈이 될 만한 짧은 말 _____

14) 연료, 에너지 따위가 쓰여 없어지다 _____

15) 나쁜 냄새 _____

16) 어떤 종류의 물체가 빛, 엑스선, 전자선 따위의 자극을
    받았을 때에 나타내는 고유한 빛 _____

17) 어떤 대상을 이기려고 싸움 _____

18) 자신의 세대에서 여러 세대가 지난 뒤의 자녀를
    통틀어 이르는 말 _____

19) 확실하지 않다 _____

20) 사물, 대상을 의도하는 방향으로 이끌다 _____

21) 병균, 병이 몸 안에 침입하여 증식하는 일 _____

22) 오래 삶 _____

23) 위액 속에 들어 있는 산 _____

24) 기자가 기사 작성을 위해 자료를 찾아 모으다 _____

25) 생명을 잃을 정도의 (것) _____

26) 식품 따위의 상품이 시중에 유통될 수 있는 정해진 기간 _____

27) 덧셈(+), 뺄셈(-) 기호처럼 어떤 뜻을 나타내기 위하여
    쓰는 그림, 문자 따위의 기호 _____

28) 세포가 침, 소화액, 호르몬 따위의 물질을 세포
    밖으로 배출하는 것 _____

29) 서로 반대되는 성질을 가진 두 물질이 합쳐지면서
    원래 가지고 있던 각자의 성질을 모두 잃어 버리는 현상 _____

30) 반드시 있어야 함 또는 반드시 쓰임 _____

2 **밑줄 친 곳에 알맞은 낱말을 써 넣어 문장을 완성해 봅시다.**

1) 김 교사는 '이리 와 보라'는 의도로 손짓을 했는데, 학생은 '제 자리에 앉아'라는 뜻으로 _____ 를 해서 자기 자리로 돌아갔다.

2) 시계의 숫자판과 바늘에 _____ 안료를 발라서 어두운 밤에도 시간을 볼 수 있다.

3) 김 기자는 100세가 넘은 노인들을 찾아가 장수의 비결을 _____ .

4) 다 쓴 글을 다시 읽으면서 잘못된 부분을 찾아 바르게 고쳐 쓰는 것을 '교정'이라 하고, 교정을 할 때 쓰는 기호를 '교정 _____ '라고 한다.

5) 고운 말을 사용하면 다른 사람을 존중하는 마음을 전할 수 있고, 다른 사람과 대화를 _____ 할 수 있게 한다.

6) 암은 사람에게 _____ 병으로, 해마다 수많은 사람이 암으로 사망한다.

7) 성공의 비결은 다른 사람들의 행복을 바라고 배려하는 _____ 적인 마음에 있다.

8) 주장하는 글을 쓸 때에는 '~할 수도 있다'처럼 _____ 표현을 사용하지 않는 것이 좋다.

9) 뿌리는 식물의 생명 유지에 _____ 인 물과 양분을 빨아들이는 중요한 역할을 한다.

10) '뉴스'란 사람들에게 새로운 소식이나 중요하거나 흥미로운 사건을 때에 알맞게 _____ 것을 말한다.

11) 소중한 문화유산인 말을 아끼고 가꾸어서 아름다운 우리말을 _____ 에게 물려주어야 한다.

12) 김 교사는 독서의 중요성을 강조하며 학생들이 책을 읽도록 분위기를 _____ .

13) 산성을 띠는 위액이 염기성을 띠는 이자액과 쓸개즙을 만나면 _____ 가 일어난다.

14) 전염병의 _____ 을 막기 위해서는 손을 자주 씻어서 청결을 유지해야 한다.

15) 근육 조직이 갑자기 수축하며 _____ 이 일어나는 것을 '쥐가 났다'고 말한다.

16) 아버지의 생신 때 _____ 를 기원하는 뜻으로 십장생이 수놓인 침구를 선물했다.

17) 수시로 30초 동안 손을 씻으면 전염병 감염의 70퍼센트를 _____ 수 있다.

18) "은어나 비속어를 사용했다가 친구들끼리 _____ 으로 이어지는 경우가 있다"는 문장에서 '_____ '은 어색한 낱말이므로 '싸움'이나 '다툼'으로 고쳐야 한다.

19) 체내에 _____ 이 너무 많이 분비되면 속이 쓰리고, 심하면 위궤양이 되기도 한다.

20) 고기나 생선은 _____ 상태를 유지하기 위해 냉장고에 보관하는 것이 좋다.

21) 작가 본인이 꼼꼼하게 원고의 _____ 을 보았지만 여전히 틀린 글자들이 있었다.

22) 대화를 할 때 _____ 를 쓰면 다른 사람에게 불쾌감을 주거나 교양 없는 사람이라는 인상을 주게 된다.

23) 아침에 배가 아파서 아침밥을 _____ 오전 내내 배가 너무 고팠다.

24) 출퇴근에 _____ 시간이 세 시간이 넘어서 결국 회사 근처로 이사했다.

25) 천식을 앓는 동생이 갑자기 _____ 을 일으키자 언니는 어찌할 바를 몰랐다.

26) 아이는 _____ 이 한 달 지난 우유를 먹고 배탈이 났다.

27) 몸에서 인슐린이 제대로 _____ 않으면 혈액 속에 당이 많아져서 당뇨병에 걸린다.

28) 여름이 되면 골목에 방치된 음식물 쓰레기 더미에서 _____ 가 진동했다.

29) 말이 눈에 보이지 않는 마음임을 표현할 때 "말은 마음의 거울"이라는 _____ 을 사용한다.

30) _____ 이 높은 음식을 자주 많이 먹으면 영양 과다로 인해 비만에 걸린다.

자료를 활용해 글 쓰기 | 교과서 284~287쪽 |

개발하다

한자 열·펼 개 開
필·쏠 발 發

전에 없던 무엇을 / 처음으로 만들어 내다

예 새롭게 **개발한** 약을 동물 실험을 *거치지 않고 사람에게 사용하면 부작용이 발생할 수 있다.

*거치다　어떤 과정이나 단계를 겪거나 밟다

비 발명하다(發, 明 밝을 명)

희생

한자 희생 희 犧
희생 생 牲

다른 사람, 어떤 목적을 위해 / 자신의 것(목숨, 재산, 명예, 이익 등)을 바치거나 버림

예 *의약품을 개발하는 과정에서 실험으로 인해 많은 동물이 **희생**을 당하고 있다.

*의약품(醫 의원 의, 藥 약 약, 品 물건 품) 병이나 상처의 치료 또는 예방을 위하여 먹거나 바르거나 주사하는 일체의 물질

부작용

한자 버금 부 副
지을 작 作
쏠 용 用

약이 지닌 그 본래의 작용 이외에 / *부수적으로 일어나는 작용

예 감기약을 먹고 **부작용**이 일어났는지 얼굴이 붉어지고 간질대기 시작했다.

*부수적(附 붙을 부, 隨 따를 수, 的 과녁 적)　주된 것에 붙어서 따르는 (것)

신약

한자 새로울 신 新
약 약 藥

새로 발명한 / 약

예 많은 *제약 회사가 전염병을 치료할 수 있는 **신약**을 개발하기 위해 *분투했다.

*제약(製 지을 제, 藥 약 약)　약을 만듦. 또는 그 약

*분투하다(奮 떨칠 분, 鬪 싸울 투)　있는 힘을 다해 싸우거나 노력하다

복용하다

한자 옷·먹을 복 服
쏠 용 用

약을 먹다

예 동물 실험을 거치지 않고 사람들에게 신약을 판매한 결과, 약을 **복용한** 많은 사람이 부작용으로 사망하는 불행한 일이 벌어졌다.

대체하다

한자 대신할 대 代
바꿀 체 替

어떤 것을 *대신하여 / 다른 것으로 바꾸다

예 일부 사람들은 동물 실험을 *당장 다른 방법으로 **대체해야** 한다고 주장한다.

*대신하다(代, 身 몸 신) (어떤 행동·사물·상태를) 다른 것으로 갈아 채우다

*당장(當 마땅 당, 場 마당 장) 일이 생긴 바로 그 자리 또는 그때

1 **문장을 읽고, 알맞은 낱말을 써 넣어 봅시다.**

18주
1일

1) 전에 없던 무엇을 처음으로 만들어 내다 ☐☐☐☐

2) 다른 사람, 어떤 목적을 위해 자신의 것
(목숨, 재산, 명예, 이익 등)을 바치거나 버림 ☐☐

3) 약이 지닌 그 본래의 작용 이외에 부수적으로 일어나는 작용 ☐☐

4) 새로 발명한 약 ☐☐

5) 약을 먹다 ☐☐☐☐

6) 어떤 것을 대신하여 다른 것으로 바꾸다 ☐☐☐☐

2 **밑줄 친 곳에 알맞은 낱말을 써 넣어 문장을 완성해 봅시다.**

1) 새롭게 _____ 약을 동물 실험을 거치지 않고 사람에게 사용하면
부작용이 발생할 수 있다.

2) 의약품을 개발하는 과정에서 실험으로 인해 많은 동물이 _____ 을
당하고 있다.

3) 감기약을 먹고 _____ 이 일어났는지 얼굴이 붉어지고 간질대기
시작했다.

4) 많은 제약 회사가 전염병을 치료할 수 있는 _____ 을 개발하기 위해
분투했다.

5) 동물 실험을 거치지 않고 사람들에게 신약을 판매한 결과, 약을 _____
많은 사람이 부작용으로 사망하는 불행한 일이 벌어졌다.

6) 일부 사람들은 동물 실험을 당장 다른 방법으로 _____ 한다고 주장한다.

자료를 활용해 글 쓰기 | 교과서 284~287쪽 |

투여하다

한자 던질 투 投
더불 여 與

환자에게 / 약을 먹이거나 · *주사하다

예 *연구진은 동물 실험으로 개발한 신약의 *효과를 확인하려고 원숭이에게
*백신을 **투여했다.**

*주사하다(注 부을 주, 射 쏠 사)   액체로 된 약을 주사기에 넣어 생물체의 조직이나
혈액 속에 직접 주입하다

*연구진(硏 갈 연, 究 연구할 구, 陣 무리 진)   연구를 맡은 사람들의 무리

*효과(效 본받을 효, 果 열매 과)   보람이 있는 좋은 결과

*백신(vaccine)   전염병에 대해 인공적으로 면역을 얻기 위해 생체에 투여하는 물질

확신

한자 굳을 확 確
믿을 신 信

굳게 믿음 또는 **굳게 믿는** 마음

예 '과연 해낼 수 있을까?'라는 *의심은 *각고의 노력을 기울인 끝에 '반드시
성공한다'는 **확신**으로 바뀌었다.

*의심(疑 의심할 의, 心 마음 심)   확실히 알 수 없어서 믿지 못하는 마음

*각고(刻 새길 각, 苦 괴로울 · 애쓸 고)   무엇을 이루기 위해 고생을 견디며 몹시 애씀

판매하다

한자 팔 판 販
팔 매 賣

상품 따위를 팔다

예 제값을 주고 *구매한 새 제품을 일 년 동안 쓰다가 *중고로 반값에 **판매했다.**

*구매하다(購 살 구, 買 살 매) 물건 따위를 사다

*중고(중고품)(中 가운데 중, 古 옛 고, 品 물건 품)   좀 오래되거나 낡은 물건

시일

한자 때 시 時
날 일 日

때와 날 또는 어떤 일을 마치기까지의 기간, 기한

예 수학 점수를 50점에서 100점까지 *향상시키는 데 일 년이라는 **시일**이 걸렸다.

*향상시키다(向 향할 향, 上 윗 상)   (수준, 실력 따위를) 이전보다 더 나아지게 하다

막대하다

한자 없을 막 莫
큰 대 大

더할 수 없이 / 크다, 많다

예 동물 실험을 대체할 방법을 개발하는 데 오랜 시간이 걸리고 수백억 원
이상의 **막대한** 비용이 든다.

자신이 쓴 글을 고쳐 쓰고 공유하기

공유하다

한자 함께 공 共
있을 ·
가질 유 有

두 사람 이상이 / 한 물건을 함께 갖다

예 '*공유 *경제'란 *재화를 소유의 개념이 아닌, 여럿이 함께 **공유해서** 사용하는
개념으로 *인식하여 경제 활동을 하는 것을 뜻한다.

*경제(經 지날 경, 濟 건널 제) 재화와 서비스를 만들고, 나누고, 쓰는 모든 활동

*재화(財 재물 재, 貨 재물 화) 인간이 바라는 바를 충족시켜 주는 모든 물건

*인식하다(認 알 인, 識 알 식) (사물을 분별하고 판단하여) 알다

1 문장을 읽고, 알맞은 낱말을 써 넣어 봅시다.

1) 환자에게 약을 먹이거나 · 주사하다

2) 굳게 믿음 또는 굳게 믿는 마음

3) 상품 따위를 팔다

4) 때와 날 또는 어떤 일을 마치기까지의 기간, 기한

5) 더할 수 없이 크다, 많다

6) 두 사람 이상이 한 물건을 함께 갖다

18주 2일

2 밑줄 친 곳에 알맞은 낱말을 써 넣어 문장을 완성해 봅시다.

1) 연구진은 동물 실험으로 개발한 신약의 효과를 확인하려고 원숭이에게 백신을 _____ .

2) '과연 해낼 수 있을까?'라는 의심은 각고의 노력을 기울인 끝에 '반드시 성공한다'는 _____ 으로 바뀌었다.

3) 제값을 주고 구매한 새 제품을 일 년 동안 쓰다가 중고로 반값에 _____ .

4) 수학 점수를 50점에서 100점까지 향상시키는 데 일 년이라는 _____ 이 걸렸다.

5) 동물 실험을 대체할 방법을 개발하는 데 오랜 시간이 걸리고 수백억 원 이상의 _____ 비용이 든다.

6) '_____ 경제'란 재화를 소유의 개념이 아닌, 여럿이 함께 _____ 사용하는 개념으로 인식하여 경제 활동을 하는 것을 뜻한다.

8. 작품으로 경험하기

단호하다

한자 끊을 단 斷
어조사 호 *乎

결심, 태도, 입장 따위가 / *과단성 있고 *엄격하다

예 부탁을 듣자마자 "싫어"라고 말하는 친구의 **단호한** 태도에 서운함을 느꼈다.

*乎　　'~느냐?' '~지?'와 같은 어조사(語 말씀 어, 助 도울 조, 辭 말씀 사: 실질적인 뜻은 없고, 다만 다른 글자들의 보조)로 쓰이는 글자

*과단성(果 열매 과, 斷 끊을 단, 性 성품 성)　일을 딱 잘라서 결정하는 성질

*엄격하다(嚴 엄할 엄, 格 격식 격)　말, 태도, 규칙 따위가 매우 엄하고 철저하다

조화

한자 고를 조 調
화할 화 和

서로 잘 어울림

예 창덕궁은 궁궐을 이루는 건물과 정원은 물론이고 작은 돌과 나무 한 그루까지도 *절묘하게 **조화**를 이루어 모두 자연의 일부처럼 느껴진다.

*절묘하다(絶 끊을 절, 妙 묘할 묘)　더할 수 없이 묘하다(색다르고 뛰어나다)

하수

한자 아래 하 下
물 수 水

가정, 공장 등에서 쓰고 버리는 / 더러운 물

예 공장 *폐수와 가정의 *생활 **하수**로 날이 갈수록 강과 바다가 오염되고 있다.

*폐수(廢 못 쓰게 될 폐, 水)　공장 따위에서 쓰고 난 뒤에 버리는 물

*생활 하수(生 날 생, 活 살 활, 下水) 가정에서 쓰고 버리는 더러운 물

복원하다

한자 돌아올 · 회복할 복 復
으뜸 · 처음 원 元

무엇을 처음 상태로 되돌리다

예 수년에 걸친 노력 끝에 *방화로 불타 없어진 숭례문을 옛 모습으로 **복원했다**.

*방화(放 놓을 방, 火 불 화)　일부러 불을 지름

비 복구하다(復, 舊 오래될 · 옛 구)

추가하다

한자 쫓을 추 追
더할 가 加

나중에 더하여 보태다

예 *전달하려는 내용을 효과적으로 표현하기 위해 사진, 표, 지도, 그림을 **추가했다**.

*전달하다(傳 전할 전, 達 통달할 달)　(의미 · 지식 · 감정 따위를) 전하여 알게 하다

일정

한자 날 일 日
단위 정 程

일정한 기간 동안 / 그날 하루에 해야 할 일의 계획을 / 날짜별로 짜 놓은 것

예 여행 계획서를 쓸 때, **일정** 칸에는 날마다 몇 시쯤, 어디에서 무엇을 할지 쓴다.

→ 바른 답 15쪽

18주
3일

1 문장을 읽고, 알맞은 낱말을 써 넣어 봅시다.

1) 결심, 태도, 입장 따위가 과단성 있고 엄격하다

2) 서로 잘 어울림

3) 가정, 공장 등에서 쓰고 버리는 더러운 물

4) 무엇을 처음 상태로 되돌리다

5) 나중에 더하여 보태다

6) 일정한 기간 동안 그날 하루에 해야 할 일의 계획을
날짜별로 짜 놓은 것

2 밑줄 친 곳에 알맞은 낱말을 써 넣어 문장을 완성해 봅시다.

1) 부탁을 듣자마자 "싫어"라고 말하는 친구의 _____ 태도에 서운함을
느꼈다.

2) 창덕궁은 궁궐을 이루는 건물과 정원은 물론이고 작은 돌과 나무 한 그루까지도
절묘하게 _____ 를 이루어 모두 자연의 일부처럼 느껴진다.

3) 공장 폐수와 가정의 생활 _____ 로 날이 갈수록 강과 바다가 오염되고 있다.

4) 수년에 걸친 노력 끝에 방화로 불타 없어진 숭례문을 옛 모습으로 _____ .

5) 전달하려는 내용을 효과적으로 표현하기 위해 사진, 표, 지도, 그림을 _____ .

6) 여행 계획서를 쓸 때, _____ 칸에는 날마다 몇 시쯤, 어디에서 무엇을 할지
쓴다.

비용
한자 쓸 비 費
쓸 용 用

물건을 사거나 · 일을 하는 데 / 쓰이는 돈

예 여행에 필요한 **비용**은 날마다 쓸 돈을 입장료, 교통비, 식비로 나누어 *추산한다.

*추산하다(推 밀 추, 算 계산 · 셈 산)   짐작으로 미루어 계산하다

입양되다
한자 들 입 入
기를 양 養

아이가 / 어디에 *양자로 들어가다

예 다섯 살에 해외로 **입양된** 아이는 자신의 피부색이 가족과 달라서 *적응이 안 되고 힘들었다.

*양자(養, 子 아들 자)   입양에 의하여 자식의 자격을 얻은 사람

*적응하다(適 맞을 적, 應 응할 응)   (어떤 상황 · 환경에) 맞추어 잘 어울리다

회상하다
한자 돌아올 회 回
생각 상 想

지난 일을 / 돌이켜 생각하다

예 할머니는 빛바랜 *사진첩을 넘기며 지난 날들을 **회상했다.**

*사진첩(寫 베낄 사, 眞 참 진, 帖 문서 첩) 사진을 붙이거나 끼워 정리해서 보존하기
위한 책. 앨범(album)

비 회고하다(回, 顧 돌아볼 고), 추억하다(追 쫓을 추, 憶 생각할 억)

교역
한자 사귈 교 交
바꿀 역 易

나라와 나라 사이에서 / 물건을 사고팔며 · 서로 교환함

예 중동과의 **교역**이 늘어나면서 아랍어에 *능통한 *인재의 필요성이 커지고 있다.

*능통하다(能 능할 능, 通 통할 통)   막힘 없이 잘하고, 모르는 것 없이 다 알다

*인재(人 사람 인, 材 재목 재) 어떤 일을 할 수 있는 학식이나 능력을 갖춘 사람

풍랑
한자 바람 풍 風
물결 ·
파도 랑 浪

바다에서 바람이 강하게 불어 일어나는 / 물결

예 태풍의 영향으로 **풍랑** *경보가 *발령되어 배의 입출항이 모두 *통제된 상태이다.

*경보(警 경계할 경, 報 알릴 보)   (태풍 · 지진 · 홍수 · 공습 따위의) 위험이 닥칠 때
조심하고 주의하라고 미리 알리는 일. 또는 그 보도나 신호

*발령(發 필 발, 令 하여금 령) 긴급한 상황에 대한 경보(警報)가 발표되다

*통제(統 거느릴 통, 制 억제할 제)   일정한 방침에 따라 행위를 제한하거나 제약함

이문
한자 이로울 이 利
글월 문 文

이익으로 남은 / 돈

예 유통의 단계가 늘어나면 중간에서 상인들이 챙기는 **이문**도 덩달아 증가하기
때문에 결국 최종 소비자 가격이 높아진다.

비 이윤(利, 潤 윤택할 윤), 이익금(利益, 金 쇠 금), 이익(利益)

1 문장을 읽고, 알맞은 낱말을 써 넣어 봅시다.

18주
4일

1) 물건을 사거나·일을 하는 데 쓰이는 돈

2) 아이가 어디에 양자로 들어가다

3) 지난 일을 돌이켜 생각하다

4) 나라와 나라 사이에서 물건을 사고팔며·서로 교환함

5) 바다에서 바람이 강하게 불어 일어나는 물결

6) 이익으로 남은 돈

2 밑줄 친 곳에 알맞은 낱말을 써 넣어 문장을 완성해 봅시다.

1) 여행에 필요한 _____ 은 날마다 쓸 돈을 입장료, 교통비, 식비로 나누어 추산한다.

2) 다섯 살에 해외로 _____ 아이는 자신의 피부색이 가족과 달라서 적응이 안 되고 힘들었다.

3) 할머니는 빛바랜 사진첩을 넘기며 지난 날들을 _____ .

4) 중동과의 _____ 이 늘어나면서 아랍어에 능통한 인재의 필요성이 커지고 있다.

5) 태풍의 영향으로 _____ 경보가 발령되어 배의 입출항이 모두 통제된 상태이다.

6) 유통의 단계가 늘어나면 중간에서 상인들이 챙기는 _____ 도 덩달아 증가하기 때문에 결국 최종 소비자 가격이 높아진다.

8. 작품으로 경험하기

대성주 올라 | 교과서 310~317쪽 |

교역로

한자 오고갈 교 交
바꿀 역 易
길 로 路

상인이 / 물건을 사고팔고 서로 바꿀 때 / 물건을 실어 나르는 길

예 °고대의 동서 **교역로**인 °실크 로드는 멀고 험한 여행 코스로 알려져 있다.

° **고대(古** 옛 고, **代** 대신할 · 시대 대) 역사의 시대 구분에서 원시 시대와 중세의 사이

° **실크 로드(비단길) (Silk Road, 緋** 비단 비, **緞** 비단 단) 중국, 인도와 서유럽을 잇는 고대 무역로

남하

한자 남녘 남 南
아래 하 下

남쪽으로 내려감

예 고구려의 장수왕은 적극적인 **남하** 정책을 추진하기 위해 °수도를 오늘날 중국의 길림성 지역에 위치한 국내성에서 평양으로 °천도했다.

° **수도(首** 머리 수, **都** 도읍 도) 나라의 중앙 정부가 있는 도시. 서울

° **천도(遷** 옮길 천, **都)** 도읍(**都, 邑** 마을 읍: 예전에, 한 나라의 수도)을 옮김

비 남진(南, 進 나아갈 진)

하구 (강어귀)

한자 물 · 강 하 河
입 구 口

강물이 / 바다로 흘러 들어가는 °어귀

예 강과 바다가 마주치는 넓은 **하구**에는 °물새 떼들이 하늘을 뒤엎을만큼 많다.

° **어귀** 들어가고 나가는 곳이 시작되는 지점

° **물새** 생활 조건이 물과 밀접한 관계가 있는 새를 통틀어 이르는 말

북상하다

한자 북녘 북 北
위 상 上

북쪽을 향하여 올라가다

예 기후의 아열대화로 인해 감귤의 °주산지가 제주도에서 내륙으로 **북상하고** 있다.

° **주산지(主** 임금 주, **産** 낳을 산, **地** 땅 지) 어떤 물건이 주로 생산되는 지역

비 북진하다(北, 進 나아갈 진)

서역

한자 서녘 서 西
지경 역 域

예전에, 중국의 서쪽 지역을 통틀어 이르던 말

예 옛날에 동서 무역의 중요한 교통로였던 **서역**은 '중국의 서쪽 지역에 있던 여러 나라'를 °통틀어 이르는 말로, 넓게는 중앙아시아, 서부아시아, 인도를 포함한다.

° **통틀다** 있는 대로 모두 한데 묶다

상인

한자 장사 상 商
사람 인 人

장사를 직업으로 하는 / 사람

예 시장에 가면 **상인**과 물건 값을 °흥정하는 사람들을 심심치 않게 볼 수 있다.

° **흥정하다** (물건을 사거나 팔기 위해) 두 사람이 가격을 서로 불러 정하다

1 문장을 읽고, 알맞은 낱말을 써 넣어 봅시다.

18주
5일

1) 상인이 물건을 사고팔고 서로 바꿀 때 물건을 실어 나르는 길 ☐☐☐

2) 남쪽으로 내려감 ☐☐

3) 강물이 바다로 흘러 들어가는 어귀 ☐☐

4) 북쪽을 향하여 올라가다 ☐☐☐

5) 예전에, 중국의 서쪽 지역을 통틀어 이르던 말 ☐☐

6) 장사를 직업으로 하는 사람 ☐☐

2 밑줄 친 곳에 알맞은 낱말을 써 넣어 문장을 완성해 봅시다.

1) 고대의 동서 _____ 인 실크 로드는 멀고 험한 여행 코스로 알려져 있다.

2) 고구려의 장수왕은 적극적인 _____ 정책을 추진하기 위해 수도를 오늘날 중국의 길림성 지역에 위치한 국내성에서 평양으로 천도했다.

3) 강과 바다가 마주치는 넓은 _____ 에는 물새 떼들이 하늘을 뒤엎을만큼 많다.

4) 기후의 아열대화로 인해 감귤의 주산지가 제주도에서 내륙으로 _____ 있다.

5) 옛날에 동서 무역의 중요한 교통로였던 _____ 은 '중국의 서쪽 지역에 있던 여러 나라'를 통틀어 이르는 말로, 넓게는 중앙아시아, 서부아시아, 인도를 포함한다.

6) 시장에 가면 _____ 과 물건 값을 흥정하는 사람들을 심심치 않게 볼 수 있다.

1 문장을 읽고, 알맞은 낱말을 써 넣어 봅시다.

1) 나라와 나라 사이에서 물건을 사고팔며·서로 교환함 _____

2) 지난 일을 돌이켜 생각하다 _____

3) 북쪽을 향하여 올라가다 _____

4) 서로 잘 어울림 _____

5) 예전에, 중국의 서쪽 지역을 통틀어 이르던 말 _____

6) 남쪽으로 내려감 _____

7) 아이가 어디에 양자로 들어가다 _____

8) 장사를 직업으로 하는 사람 _____

9) 두 사람 이상이 한 물건을 함께 갖다 _____

10) 약을 먹다 _____

11) 굳게 믿음 또는 굳게 믿는 마음 _____

12) 이익으로 남은 돈 _____

13) 무엇을 처음 상태로 되돌리다 _____

14) 다른 사람, 어떤 목적을 위해 자신의 것(목숨, 재산, 명예, 이익 등)을 바치거나 버림 _____

15) 가정, 공장 등에서 쓰고 버리는 더러운 물 _____

→ 바른 답 16쪽

18주
평가

16) 전에 없던 무엇을 처음으로 만들어 내다 _____

17) 새로 발명한 약 _____

18) 바다에서 바람이 강하게 불어 일어나는 물결 _____

19) 환자에게 약을 먹이거나 · 주사하다 _____

20) 어떤 것을 대신하여 다른 것으로 바꾸다 _____

21) 나중에 더하여 보태다 _____

22) 상품 따위를 팔다 _____

23) 결심, 태도, 입장 따위가 과단성 있고 엄격하다 _____

24) 더할 수 없이 크다, 많다 _____

25) 약이 지닌 그 본래의 작용 이외에 부수적으로
     일어나는 작용 _____

26) 상인이 물건을 사고팔고 서로 바꿀 때 물건을
     실어 나르는 길 _____

27) 강물이 바다로 흘러 들어가는 어귀 _____

28) 일정한 기간 동안 그날 하루에 해야 할 일의 계획을
     날짜별로 짜 놓은 것 _____

29) 때와 날 또는 어떤 일을 마치기까지의 기간, 기한 _____

30) 물건을 사거나 · 일을 하는 데 쓰이는 돈 _____

2 밑줄 친 곳에 알맞은 낱말을 써 넣어 문장을 완성해 봅시다.

1) 고구려의 장수왕은 적극적인 _____ 정책을 추진하기 위해 수도를 오늘날 중국의 길림성 지역에 위치한 국내성에서 평양으로 천도했다.

2) 동물 실험을 대체할 방법을 개발하는 데 오랜 시간이 걸리고 수백억 원 이상의 _____ 비용이 든다.

3) 많은 제약 회사가 전염병을 치료할 수 있는 _____ 을 개발하기 위해 분투했다.

4) 여행 계획서를 쓸 때, _____ 칸에는 날마다 몇 시쯤, 어디에서 무엇을 할지 쓴다.

5) 기후의 아열대화로 인해 감귤의 주산지가 제주도에서 내륙으로 _____ 있다.

6) 새롭게 _____ 약을 동물 실험을 거치지 않고 사람에게 사용하면 부작용이 발생할 수 있다.

7) 할머니는 빛바랜 사진첩을 넘기며 지난 날들을 _____ .

8) 고대의 동서 _____ 인 실크 로드는 멀고 험한 여행 코스로 알려져 있다.

9) 유통의 단계가 늘어나면 중간에서 상인들이 챙기는 _____ 도 덩달아 증가하기 때문에 결국 최종 소비자 가격이 높아진다.

10) 감기약을 먹고 _____ 이 일어났는지 얼굴이 붉어지고 간질대기 시작했다.

11) 연구진은 동물 실험으로 개발한 신약의 효과를 확인하려고 원숭이에게 백신을 _____ .

12) 제값을 주고 구매한 새 제품을 일 년 동안 쓰다가 중고로 반값에 _____ .

13) 창덕궁은 궁궐을 이루는 건물과 정원은 물론이고 작은 돌과 나무 한 그루까지도 절묘하게 _____ 를 이루어 모두 자연의 일부처럼 느껴진다.

14) 여행에 필요한 _____ 은 날마다 쓸 돈을 입장료, 교통비, 식비로 나누어 추산한다.

15) 수학 점수를 50점에서 100점까지 향상시키는 데 일 년이라는 _____ 이 걸렸다.

16) 다섯 살에 해외로 _____ 아이는 자신의 피부색이 가족과 달라서 적응이 안 되고 힘들었다.

17) 부탁을 듣자마자 "싫어"라고 말하는 친구의 _____ 태도에 서운함을 느꼈다.

18) 일부 사람들은 동물 실험을 당장 다른 방법으로 _____ 한다고 주장한다.

19) 옛날에 동서 무역의 중요한 교통로였던 _____ 은 '중국의 서쪽 지역에 있던 여러 나라'를 통틀어 이르는 말로, 넓게는 중앙아시아, 서부아시아, 인도를 포함한다.

20) 의약품을 개발하는 과정에서 실험으로 인해 많은 동물이 _____ 을 당하고 있다.

21) '_____ 경제'란 재화를 소유의 개념이 아닌, 여럿이 함께 _____ 사용하는 개념으로 인식하여 경제 활동을 하는 것을 뜻한다.

22) 전달하려는 내용을 효과적으로 표현하기 위해 사진, 표, 지도, 그림을 _____.

23) 중동과의 _____ 이 늘어나면서 아랍어에 능통한 인재의 필요성이 커지고 있다.

24) 동물 실험을 거치지 않고 사람들에게 신약을 판매한 결과, 약을 _____ 많은 사람이 부작용으로 사망하는 불행한 일이 벌어졌다.

25) 태풍의 영향으로 _____ 경보가 발령되어 배의 입출항이 모두 통제된 상태이다.

26) '과연 해낼 수 있을까?'라는 의심은 각고의 노력을 기울인 끝에 '반드시 성공한다'는 _____ 으로 바뀌었다.

27) 공장 폐수와 가정의 생활 _____ 로 날이 갈수록 강과 바다가 오염되고 있다.

28) 강과 바다가 마주치는 넓은 _____ 에는 물새 떼들이 하늘을 뒤엎을만큼 많다.

29) 시장에 가면 _____ 과 물건 값을 흥정하는 사람들을 심심치 않게 볼 수 있다.

30) 수년에 걸친 노력 끝에 방화로 불타 없어진 숭례문을 옛 모습으로 _____.

대상주 올라 | 교과서 310~317쪽 |

눈총

눈에 독기를 띠며 쏘아보는 / °시선

예 그는 영화관에서 소란스럽게 통화를 해서 사람들의 따가운 **눈총**을
받았지만, °아랑곳하지 않고 통화를 계속했다.

°**시선**(視 볼 시, 線 줄 선) 눈이 가는 길. 또는 눈의 방향. 눈길

°**아랑곳하다** 어떤 일에 나서서 알려고 들거나 참견하다

해안

한자 바다 해 海
언덕 안 岸

바다와 맞닿은 **부분**의 / °육지 또는 **바다와 육지가** / 맞닿은 부분

예 바다와 땅이 맞닿아 있는 **해안** 지역에 사는 사람들은 주로
바다를 이용하여 생활한다.

°**육지**(陸 육지 · 땅 육, 地 땅 지) 물에 잠기지 않은 지구 표면. 땅

비 바닷가, 연안(沿 물 따라갈 연, 岸 언덕 안)

선심

한자 착할 선 善
마음 심 心

남에게 베푸는 / 착한 마음

예 소설 속의 놀부는 부자이지만 남에게 **선심**을 °베풀 줄 모르는 °이기적인
인물이다.

°**베풀다** 남에게 돈을 주거나 일을 도와주어서 혜택을 받게 하다

°**이기적**(利 이로울 이, 己 몸 기, 的 과녁 적) 자기 자신의 이익만을 꾀하는 (것)

품삯 (품값)

어떤 일을 하고 나서 / 받거나 · 주는 / 돈 또는 물품

예 이번 °추수에는 일꾼을 많이 °고용해서 **품삯**이 상당히 많이 나갔다.

°**추수**(가을걷이) (秋 가을 추, 收 거둘 수) 가을에 익은 곡식을 거둬들이는 일

°**고용하다**(雇 품 팔 고, 用 쓸 용) 품삯을 주고 사람을 시켜 일을 하게 하다

파다하다

한자 뿌릴 ·
퍼뜨릴 파 播
많을 다 多

°소문 등이 널리 퍼져 있다

예 누군가 소문을 내고 다니는 바람에 둘이 사귄다는 °풍문이 전교에 **파다했다.**

°**소문**(所 바 소, 聞 들을 문) 여러 사람의 입에 오르내리며 세상에 떠도는 말

°**풍문**(風 바람 풍, 聞 들을 문) 바람처럼 떠도는 소문

반색하다

몹시 반가워하다

예 전학 간 친구와 °조우한 아이는 친구의 손을 °와락 붙잡으며 **반색했다.**

°**조우하다**(遭 우연히 만날 조, 遇 우연히 만날 우) 우연히 서로 만나다

°**와락** 갑자기 급하게 달려들거나 잡아당기는 모양을 나타내는 말

공부한 날　　월　　일　　학습평가☑

1 문장을 읽고, 알맞은 낱말을 써 넣어 봅시다.

1) 눈에 독기를 띠며 쏘아보는 시선

2) 바다와 맞닿은 부분의 육지 또는 바다와 육지가 맞닿은 부분

19주
1일

3) 남에게 베푸는 착한 마음

4) 어떤 일을 하고 나서 받거나·주는 돈 또는 물품

5) 소문 등이 널리 퍼져 있다

6) 몹시 반가워하다

2 밑줄 친 곳에 알맞은 낱말을 써 넣어 문장을 완성해 봅시다.

1) 그는 영화관에서 소란스럽게 통화를 해서 사람들의 따가운 _____ 을 받았지만, 아랑곳하지 않고 통화를 계속했다.

2) 바다와 땅이 맞닿아 있는 _____ 지역에 사는 사람들은 주로 바다를 이용하여 생활한다.

3) 소설 속의 놀부는 부자이지만 남에게 _____ 을 베풀 줄 모르는 이기적인 인물이다.

4) 이번 추수에는 일꾼을 많이 고용해서 _____ 이 상당히 많이 나갔다.

5) 누군가 소문을 내고 다니는 바람에 둘이 사귄다는 풍문이 전교에 _____ .

6) 전학 간 친구와 조우한 아이는 친구의 손을 와락 붙잡으며 _____ .

노숙

한자 이슬 노 露
잠잘 숙 宿

하늘을 가리지 않은 / 집밖의 장소에서 잠을 잠

예 배낭만 달랑 메고 ˚무전여행을 떠난 젊은이들은 밤마다 ˚야외에서 **노숙했다.**

˚무전여행(無 없을 무, 錢 돈 전, 旅 나그네 여, 行 다닐 행) 돈을 한 푼도 갖지 않고
하는 여행

˚야외(野 들판 야, 外 바깥 외) 집이나 건물의 밖

조리하다

한자 고를 ·
조절할 조 調
다스릴 리 理

음식을 만들다

예 이 음식점은 요리사가 손님 앞에 설치된 불판 앞에서 음식을 직접 **조리한다.**

비 요리하다(料 헤아릴 요, 理)

객줏집 (객주)

한자 손 객 客
주인 주 主

예전에, ˚나그네들에게 / 술, 음식을 팔고 · 묵을 방을 내주던 / 집

예 과거 시험을 치르기 위해 한양으로 가던 김 선비는 날이 저물자
객줏집에서 들어가서 저녁을 먹고 하룻밤을 묵었다.

˚나그네 다른 지역에 잠시 머무르고 있거나, 여행 중에 있는 사람

침상

한자 잠잘 ·
쉴 침 寢
˚평상 상 牀

누워서 잘 수 있도록 만든 / 가구

예 나그네는 ˚모전이 깔린 **침상** 위에 누웠지만 잠이 오지 않아 몸을 뒤척였다.

˚평상(平 평평할 평, 牀 평상 상) 나무로 만든 침상의 하나

˚모전(毛 털 모, 氈 모전 · 담요 전) 짐승의 털로 색을 맞추고 무늬를 놓아 두툼하게 짠
부드러운 요(사람이 눕거나 앉을 때 바닥에 까는 속에 솜 · 짚 · 털 등을 넣은 침구)

경이롭다

한자 놀랄 경 驚
다를 ·
기이할 이 異

놀랍고 신기한 데가 있다

예 작은 씨앗에서 ˚떡잎과 줄기가 나고 가지가 뻗어 자라는 모습이 무척
경이롭다.

˚떡잎 씨앗에서 싹이 트면서 맨 처음에 나오는 잎

진귀하다

한자 보배 ·
보물 진 珍
귀할 귀 貴

˚보배롭고 ˚귀하다

예 예전에 소금과 후추는 ˚금은보화처럼 **진귀한** 것으로 ˚취급되었다.

˚보배롭다 보배(아주 귀하고 소중한 물건)로 삼을 만한 가치가 있다

˚귀(貴) 희귀한(드물어서 매우 귀한), 존귀한(신분이 높고 귀한), 값비싼

˚금은보화(金 쇠 금, 銀 은 은, 寶 보배 보, 貨 재물 화) 금 · 은 · 옥 · 진주 따위의 매우
귀중한 보물. 금은보배. 금은보물

˚취급(取 가질 취, 扱 다룰 급) A를 B로 여기거나 대하는 일

대성중등국단어 | 교과서 310~317쪽 |

→ 바른 답 16쪽

공부한 날   월   일   학습평가☑

1 문장을 읽고, 알맞은 낱말을 써 넣어 봅시다.

1) 하늘을 가리지 않은 집밖의 장소에서 잠을 잠

2) 음식을 만들다

3) 예전에, 나그네들에게 술, 음식을 팔고·묵을 방을 내주던 집

4) 누워서 잘 수 있도록 만든 가구

5) 놀랍고 신기한 데가 있다

6) 보배롭고 귀하다

19주 2일

2 밑줄 친 곳에 알맞은 낱말을 써 넣어 문장을 완성해 봅시다.

1) 배낭만 달랑 메고 무전여행을 떠난 젊은이들은 밤마다 야외에서 _____ .

2) 이 음식점은 요리사가 손님 앞에 설치된 불판 앞에서 음식을 직접 _____ .

3) 과거 시험을 치르기 위해 한양으로 가던 김 선비는 날이 저물자 _____
에서 들어가서 저녁을 먹고 하룻밤을 묵었다.

4) 나그네는 모전이 깔린 _____ 위에 누웠지만 잠이 오지 않아 몸을
뒤척였다.

5) 작은 씨앗에서 떡잎과 줄기가 나고 가지가 뻗어 자라는 모습이 무척 _____ .

6) 예전에 소금과 후추는 금은보화처럼 _____ 것으로 취급되었다.

|교과서 310~317쪽| 대상추천

박동

한자 두드릴 ·
칠 박 搏
움직일 동 動

ㅇ맥이 뜀

예 스트레스를 받으면 심장의 **박동**이 빨라지고 근육이 긴장된다.

ㅇ맥(脈 줄기 · 맥박 맥)   심장의 박동으로 심장에서 나오는 피가 얇은 피부에 분포되어
있는 동맥의 벽에 닿아서 생기는 주기적인 파동

|교과서 318~321쪽| 경험한 내용을 영화로 만들기

나열하다

한자 벌일 나 羅
벌일 열 列

ㅇ죽 ㅇ벌여 놓다

예 아이는 사건에 관련된 친구들의 이름을 하나하나 ㅇ죽 **나열했다**.

ㅇ죽   여럿이 고르게 늘어서거나 가지런히 벌여 있는 모양

ㅇ벌이다   (여러 가지 물건을) 한자리에 죽 늘어놓다

⟶ 바른 답 16쪽

공부한 날　　월　　일　　학습평가☑　

1 문장을 읽고, 알맞은 낱말을 써 넣어 봅시다.

1) 맥이 뜀

2) 죽 벌여 놓다

2 밑줄 친 곳에 알맞은 낱말을 써 넣어 문장을 완성해 봅시다.

1) 스트레스를 받으면 심장의 _____ 이 빨라지고 근육이 긴장된다.

2) 아이는 사건에 관련된 친구들의 이름을 하나하나 죽 _____ .

1 문장을 읽고, 알맞은 낱말을 써 넣어 봅시다.

1) 소문 등이 널리 퍼져 있다 _____

2) 예전에, 나그네들에게 술, 음식을 팔고 · 묵을 방을 내주던 집 _____

3) 바다와 맞닿은 부분의 육지 또는 바다와 육지가 맞닿은 부분 _____

4) 누워서 잘 수 있도록 만든 가구 _____

5) 눈에 독기를 띠며 쏘아보는 시선 _____

6) 보배롭고 귀하다 _____

7) 남에게 베푸는 착한 마음 _____

8) 하늘을 가리지 않은 집밖의 장소에서 잠을 잠 _____

9) 맥이 뜀 _____

10) 몹시 반가워하다 _____

11) 죽 벌여 놓다 _____

12) 음식을 만들다 _____

13) 놀랍고 신기한 데가 있다 _____

14) 어떤 일을 하고 나서 받거나 · 주는 돈 또는 물품 _____

──≫ 바른 답 16쪽

2 **밑줄 친 곳에 알맞은 낱말을 써 넣어 문장을 완성해 봅시다.**

19주
평가

1) 소설 속의 놀부는 부자이지만 남에게 _____ 을 베풀 줄 모르는 이기적인 인물이다.

2) 과거 시험을 치르기 위해 한양으로 가던 김 선비는 날이 저물자 _____ 에서 들어가서 저녁을 먹고 하룻밤을 묵었다.

3) 스트레스를 받으면 심장의 _____ 이 빨라지고 근육이 긴장된다.

4) 그는 영화관에서 소란스럽게 통화를 해서 사람들의 따가운 _____ 을 받았지만, 아랑곳하지 않고 통화를 계속했다.

5) 전학 간 친구와 조우한 아이는 친구의 손을 와락 붙잡으며 _____ .

6) 작은 씨앗에서 떡잎과 줄기가 나고 가지가 뻗어 자라는 모습이 무척 _____ .

7) 바다와 땅이 맞닿아 있는 _____ 지역에 사는 사람들은 주로 바다를 이용하여 생활한다.

8) 배낭만 달랑 메고 무전여행을 떠난 젊은이들은 밤마다 야외에서 _____ .

9) 누군가 소문을 내고 다니는 바람에 둘이 사귄다는 풍문이 전교에 _____ .

10) 이 음식점은 요리사가 손님 앞에 설치된 불판 앞에서 음식을 직접 _____ .

11) 나그네는 모전이 깔린 _____ 위에 누웠지만 잠이 오지 않아 몸을 뒤척였다.

12) 아이는 사건에 관련된 친구들의 이름을 하나하나 죽 _____ .

13) 예전에 소금과 후추는 금은보화처럼 _____ 것으로 취급되었다.

14) 이번 추수에는 일꾼을 많이 고용해서 _____ 이 상당히 많이 나갔다.

1 문장을 읽고, 알맞은 낱말을 써 넣어 봅시다.

1) 바다에서 바람이 강하게 불어 일어나는 물결 ( )

2) 일이 거침없이 잘되어 나가다 ( )

3) 예전에, 나그네들에게 술, 음식을 팔고·묵을 방을
내주던 집 ( )

4) 지난 일을 돌이켜 생각하다 ( )

5) 보배롭고 귀하다 ( )

6) 어떤 일을 하고 나서 받거나·주는 돈 또는 물품 ( )

7) 세포가 침, 소화액, 호르몬 따위의 물질을 세포 밖으로
배출하는 것 ( )

8) 상인이 물건을 사고팔고 서로 바꿀 때 물건을
실어 나르는 길 ( )

9) 두 사람 이상이 한 물건을 함께 갖다 ( )

10) 어떤 대상을 이기려고 싸움 ( )

11) 무엇을 처음 상태로 되돌리다 ( )

12) 누워서 잘 수 있도록 만든 가구 ( )

13) 사물, 대상을 의도하는 방향으로 이끌다 ( )

14) 결심, 태도, 입장 따위가 과단성 있고 엄격하다 ( )

15) 서로 잘 어울림 ( )

→ 바른 답 16쪽

16) 연료, 에너지 따위가 쓰여 없어지다　　　　　　（　　　　　　）

17) 나라와 나라 사이에서 물건을 사고팔며 · 서로 교환함　（　　　　　　）

18) 인생의 교훈이 될 만한 짧은 말　　　　　　　　（　　　　　　）

19) 식품 따위의 상품이 시중에 유통될 수 있는 정해진 기간　（　　　　　　）

20) 아이가 어디에 양자로 들어가다　　　　　　　　（　　　　　　）

21) 근육이 별다른 이유 없이 갑자기 수축하거나 ·
　　 떨게 되는 현상　　　　　　　　　　　　　（　　　　　　）

22) 전에 없던 무엇을 처음으로 만들어 내다　　　　（　　　　　　）

23) 타인을 이롭게 함　　　　　　　　　　　　　（　　　　　　）

24) 몹시 반가워하다　　　　　　　　　　　　　（　　　　　　）

25) 이익으로 남은 돈　　　　　　　　　　　　　（　　　　　　）

26) 어떤 것을 대신하여 다른 것으로 바꾸다　　　　（　　　　　　）

27) 어떤 종류의 물체가 빛, 엑스선, 전자선 따위의 자극을
　　 받았을 때에 나타내는 고유한 빛　　　　　　　（　　　　　　）

28) 예전에, 중국의 서쪽 지역을 통틀어 이르던 말　　（　　　　　　）

29) 기자가 기사 작성을 위해 자료를 찾아 모으다　　（　　　　　　）

30) 사람이 반복적인 행위를 하지 않고 넘어가다　　（　　　　　　）

2 밑줄 친 곳에 알맞은 낱말을 써 넣어 문장을 완성해 봅시다.

1) 동물 실험을 대체할 방법을 개발하는 데 오랜 시간이 걸리고 수백억 원 이상의 _____ 비용이 든다.

2) 고구려의 장수왕은 적극적인 _____ 정책을 추진하기 위해 수도를 오늘날 중국의 길림성 지역에 위치한 국내성에서 평양으로 천도했다.

3) 고기나 생선은 _____ 상태를 유지하기 위해 냉장고에 보관하는 것이 좋다.

4) 의약품을 개발하는 과정에서 실험으로 인해 많은 동물이 _____ 을 당하고 있다.

5) 산성을 띠는 위액이 염기성을 띠는 이자액과 쓸개즙을 만나면 _____ 가 일어난다.

6) 작은 씨앗에서 떡잎과 줄기가 나고 가지가 뻗어 자라는 모습이 무척 _____ .

7) 말이 눈에 보이지 않는 마음임을 표현할 때 "말은 마음의 거울"이라는 _____ 을 사용한다.

8) 여행에 필요한 _____ 은 날마다 쓸 돈을 입장료, 교통비, 식비로 나누어 추산한다.

9) 아이는 사건에 관련된 친구들의 이름을 하나하나 죽 _____ .

10) 다 쓴 글을 다시 읽으면서 잘못된 부분을 찾아 바르게 고쳐 쓰는 것을 '교정'이라 하고, 교정을 할 때 쓰는 기호를 '교정 _____ '라고 한다.

11) 이 음식점은 요리사가 손님 앞에 설치된 불판 앞에서 음식을 직접 _____ .

12) 아버지의 생신 때 _____ 를 기원하는 뜻으로 십장생이 수놓인 침구를 선물했다.

13) 스트레스를 받으면 심장의 _____ 이 빨라지고 근육이 긴장된다.

14) 여행 계획서를 쓸 때, _____ 칸에는 날마다 몇 시쯤, 어디에서 무엇을 할지 쓴다.

15) 김 교사는 '이리 와 보라'는 의도로 손짓을 했는데, 학생은 '제 자리에 앉아'라는 뜻으로 _____ 를 해서 자기 자리로 돌아갔다.

16) 배낭만 달랑 메고 무전여행을 떠난 젊은이들은 밤마다 야외에서 _____ .

17) 전염병의 _____ 을 막기 위해서는 손을 자주 씻어서 청결을 유지해야 한다.

18) 소설 속의 놀부는 부자이지만 남에게 _____ 을 베풀 줄 모르는 이기적인
인물이다.

19) 소중한 문화유산인 말을 아끼고 가꾸어서 아름다운 우리말을 _____ 에게
물려주어야 한다.

20) 바다와 땅이 맞닿아 있는 _____ 지역에 사는 사람들은 주로 바다를
이용하여 생활한다.

21) 그는 영화관에서 소란스럽게 통화를 해서 사람들의 따가운 _____ 을
받았지만, 아랑곳하지 않고 통화를 계속했다.

22) _____ 이 높은 음식을 자주 많이 먹으면 영양 과다로 인해 비만에 걸린다.

23) 동물 실험을 거치지 않고 사람들에게 신약을 판매한 결과, 약을 _____ 많은
사람이 부작용으로 사망하는 불행한 일이 벌어졌다.

24) 연구진은 동물 실험으로 개발한 신약의 효과를 확인하려고 원숭이에게 백신을
_____ .

25) ' _____ 경제'란 재화를 소유의 개념이 아닌, 여럿이 함께 _____
사용하는 개념으로 인식하여 경제 활동을 하는 것을 뜻한다.

26) 작가 본인이 꼼꼼하게 원고의 _____ 을 보았지만 여전히 틀린 글자들이 있었다.

27) 강과 바다가 마주치는 넓은 _____ 에는 물새 떼들이 하늘을 뒤엎을만큼 많다.

28) 누군가 소문을 내고 다니는 바람에 둘이 사귄다는 풍문이 전교에 _____ .

29) 암은 사람에게 _____ 병으로, 해마다 수많은 사람이 암으로 사망한다.

30) '과연 해낼 수 있을까?'라는 의심은 각고의 노력을 기울인 끝에 '반드시 성공한다'는
_____ 으로 바뀌었다.

💡 **문장을 읽고, 알맞은 낱말을 써 넣어 봅시다.**

1) 어떤 사물, 현상을 직접 설명하지 않고 그와 비슷한 사물,
   현상에 빗대어 표현하다 ( )

2) 여행할 때 쓰는 물건과 차림 ( )

3) 이미 알려진 사실, 정보를 근거로 삼아 직접 드러나지 않은
   판단, 결론을 이끌어 내다 ( )

4) 어떤 일이 생기기 전에 알맞은 조치를 취하여 미리 막다 ( )

5) 여러 채로 된 집 가운데 바깥주인이 생활하면서
   손님들을 접대하는 집채 ( )

6) 국제적인 목적이나 활동을 위해서 두 나라 이상의
   회원국으로 구성된 조직체 ( )

7) 예전의 신분제 사회에서, 양반과 중인의 아래이며·
   천인보다는 위였던 일반 백성들을 이르던 말 ( )

8) 어떤 일에 몹시 놀라서 또는 어이가 없어서 말을 못하다 ( )

9) 예전에, 나그네들에게 술, 음식을 팔고·묵을 방을
   내주던 집 ( )

10) 이야기에서 인물들 사이에 벌어진 사건과 갈등이
    해결되고 마무리되는 부분 ( )

11) 못마땅하여 불평 섞인 말투로 중얼거리다 ( )

12) 급하게 재촉하여 요구하다 ( )

13) 어떤 집단 안에서 자신들의 비밀을 유지하기 위해
    자기들끼리만 자주 사용하는 말 ( )

14) 말, 생각 따위를 곰곰이 되풀이하다 ( )

──≫ 바른 답 17쪽

15) 어떤 일 따위를 마음에 두고 생각함　　　　　　　(　　　　　)

16) 자본가, 지주 등이 근로자, 농민이 제공한 노동의 가치만큼
　　임금을 지급하지 않고 그 이익의 대부분을 차지하는 일　(　　　　　)

17) 남의 말, 글에서 필요한 부분을 자신의 말, 글 속에
　　끌어 쓰다　　　　　　　　　　　　　　　　　(　　　　　)

18) 그림을 모아 엮어 놓은 책　　　　　　　　　　(　　　　　)

19) 다가올 앞날을 미리 내다보다　　　　　　　　　(　　　　　)

20) 아무리 쉬운 일이라도 여럿이 힘을 합해서 하면
　　혼자 하는 것보다 훨씬 더 쉽다　　　　　　　　(　　　　　)

21) 세금, 부담금 따위를 매기어 부담하게 하다　　　(　　　　　)

22) 남의 집 부녀자를 부르는 말　　　　　　　　　(　　　　　)

23) 현재 시행되고 있는 법　　　　　　　　　　　(　　　　　)

24) 비석 따위에 새겨진 글씨, 그림, 무늬를 종이에 그대로 뜨다 (　　　　　)

25) 사람이 사물을 관찰하거나 고찰할 때, 그것을 바라보는
　　방향 또는 생각하는 입장　　　　　　　　　　(　　　　　)

26) 어떤 사람이 다른 사람을 가르쳐서 유능한 사람을 길러 내다 (　　　　　)

27) 어떤 현상, 사물이 원인, 이유가 되다　　　　　(　　　　　)

28) 말만 잘하면 어려운 일도 해결할 수 있다　　　(　　　　　)

29) 보고 들음 또는 보고 들어서 깨닫고 얻은 지식　(　　　　　)

30) 무공해 식량을 생산하려는 농업 또는 그 농사 방법　(　　　　　)

31) 무엇을 이루려고 정성과 노력을 많이 쏟다　　(　　　　　)

32) 임명을 받아 근무하는 장소   (   )

33) 두 가지 이상의 사물, 현상이 함께 존재하다   (   )

34) 눈에 눈물이 괼 정도로 애절하고 간절한 감정에 처하다   (   )

35) 사신이 임무를 수행하기 위하여 떠나는 길   (   )

36) 나라와 나라 사이에 서로 물품을 사고파는 일   (   )

37) 마음에 탐탁지 않아 관심이 거의 없다   (   )

38) 일, 행동을 시작하게 만든 원인   (   )

39) 몹시 반가워하다   (   )

40) 쓸쓸한 느낌이 들 만큼 고요하다   (   )

41) 국가, 사회에 의해 공적으로 인정된 방식   (   )

42) 지식이 뛰어나고 훌륭한 사람일수록 겸손하고 ·
     남 앞에서 자기를 내세우지 않는다   (   )

43) 맡겨진 임무   (   )

44) 천연덕스럽고 · 구수하며 · 멋지다   (   )

45) 자유로운 경쟁 속에서 시장에서의 수요와 공급을 통해
     상품의 가격이 형성되는 경제   (   )

46) 짚, 싸리 등으로 엮어 흙, 거름 따위를 담아 나르는 기구   (   )

47) 그런 것 같기도 하고, 그렇지 않은 것 같기도 하여
     분간하기 어렵다   (   )

48) 법원이 소송을 심리한 결과, 그 내용이 이유가 없거나 ·
     적법하지 않다고 판단하여 소송을 종료하는 일   (   )

⟶ 바른 답 17쪽

49) 흥에 겨워서 입으로 노래를 자꾸 부르다 　　　(　　　　)

50) 기둥 모양으로 생긴 암석 지형 　　　(　　　　)

51) 이야기에서 일이 일어난 시대 상황 　　　(　　　　)

52) 널리 퍼서 말하다 또는 분명하게 알리다 　　　(　　　　)

53) 어떤 일을 하려고 생각했으면 한창 열이 올랐을 때 망설이지
말고 곧바로 행동으로 옮겨야 함을 비유적으로 이르는 말 　　　(　　　　)

54) 뜻, 생각이 깊다 　　　(　　　　)

55) 얽혀 있거나, 복잡한 대상을 풀어서 그 성분, 성질 따위를
확실히 밝히다 　　　(　　　　)

56) 뜻깊은 일 또는 훌륭한 인물 등을 오래도록 잊지 않고
마음속에 간직하다 　　　(　　　　)

57) '길을 걸을 때 걸려 방해가 되는 돌'의 뜻으로 어떤 일을
해 나가는 데 장애가 되는 요소를 비유하는 말 　　　(　　　　)

58) 보통 또는 예사로운 　　　(　　　　)

59) 조선 후기의 명필인 추사 김정희의 글씨체 　　　(　　　　)

60) 자연계를 지배하고 있는 원리와 법칙 　　　(　　　　)

61) 어떤 사람이 다른 사람, 대상을 받들어 공경하는
마음을 지니다 　　　(　　　　)

62) 법률상의 판결을 법원에 요구하는 일 또는 그런 절차 　　　(　　　　)

63) 몹시 억울하거나·후회하거나·원망스럽게 생각하여
길게 몰아서 한숨을 내쉼 또는 그 한숨 　　　(　　　　)

64) 자기 나라에 있지 못하고 다른 나라로 몸을 피하다 　　　(　　　　)

65) 여러 사람의 입에 오르내려 떠들썩하다 ( )

66) 어떤 대상을 좋지 않다고 가혹하게 평하다 ( )

67) 풀, 나무 따위가 꽉 차서 빽빽하다 ( )

68) 촛불 따위가 이리저리 자꾸 흔들리다 ( )

69) 지지하여 도움 ( )

70) 필요한 것을 달라고 청함 또는 그 청 ( )

71) 기쁘고·유쾌하다 ( )

72) 돈, 물건을 아끼어 줄이다 ( )

73) 무엇이 매우 높게 되다 ( )

74) 베어 낸 나무로 재목을 만드는 곳 ( )

75) 깜짝 놀라 몸을 갑자기 떠는 듯이 움직이다 ( )

76) 남의 것을 강제로 빼앗다 ( )

77) 자기에게 이익되는 일에만 힘쓰는 (것) ( )

78) 온갖 곡식과 여러 가지 열매 ( )

79) 사람이 무엇에 의문을 갖다 ( )

80) 잘못된 점을 지적하여 부정적으로 말하는 (것) ( )

81) 힘이 강하고·왕성하다 ( )

82) 어떤 분야에서 남이 따를 수 없을 만큼 홀로 뛰어난 (것) ( )

83) 겉으로 뚜렷하게 드러나지 않고 희미하고·흐릿하다 ( )

84) 바로 보지 않고 곁눈으로 힐끔 보는 짓 ( )

→ 바른 답 17쪽

공부한 날 　월　 　일　 학습평가 ☑

85) 줄을 길게 달아 우물물을 퍼 올리는 데 쓰는 도구 　　　　　(　　　　　　　)

86) 문하에서 배우는 제자 　　　　　(　　　　　　　)

87) 예절에 어긋나는 상스럽고 거친 말 　　　　　(　　　　　　　)

88) 어떤 일에 모든 관심을 기울이다 　　　　　(　　　　　　　)

89) 공적인 일이나 · 남을 돕기 위하여 돈, 물건을 대가 없이
내놓다 　　　　　(　　　　　　　)

90) 어떤 일을 한 뒤에 얻어지는 만족스러운 느낌 또는
좋은 결과 　　　　　(　　　　　　　)

91) 환자에게 약을 먹이거나 · 주사하다 　　　　　(　　　　　　　)

92) 연기, 먼지, 냄새 따위가 코를 찌르는 듯이 싸하다 　　　　　(　　　　　　　)

93) 생김새가 볼품없이 튼튼하기만 하다 　　　　　(　　　　　　　)

94) 서로 반대되는 성질을 가진 두 물질이 합쳐지면서 원래
가지고 있던 각자의 성질을 모두 잃어 버리는 현상 　　　　　(　　　　　　　)

95) 둘 이상의 낱말이 합쳐져 원래의 뜻과는 전혀 다른
새로운 뜻으로 굳어져서 쓰이는 말 　　　　　(　　　　　　　)

96) 남의 것을 부당하게 가로채어 자기 것으로 만들다 　　　　　(　　　　　　　)

97) 글에서 틀린 글자, 빠진 글자나 내용 등을 바르게 고침 　　　　　(　　　　　　　)

98) 일의 맨 처음이라는 뜻으로 '당초'를 강조하여 이르는 말 　　　　　(　　　　　　　)

99) 상인이 물건을 사고팔고 서로 바꿀 때 물건을
실어 나르는 길 　　　　　(　　　　　　　)

100) 회의에서 의안, 제의 등의 가부를 결정하다 　　　　　(　　　　　　　)

국단어
완전 정복

바른 답 및 색인

6·2

오리진
에듀

초등 학습법 전문가
전위성 선생님과 함께 하는

10641 프로젝트

🐦 매일 **10**분씩 공부하고 국어 교과서 낱말 완전 정복하자!

🐦 하루 **6**개씩 공부하고 어휘력, 독해력, 논술력 완성하자!

🐦 초등 **4**년 동안 공부하고 상위 **1**퍼센트 우등생이 되자!

국단어
완전 정복

바른 답 및 색인

6-2

1일

① 1) 의병 2) 의병장 3) 촉구하다 4) 일제 5) 강점하다
6) 망명하다

② 1) 의병 2) 의병장 3) 촉구하였다 4) 일제 5) 강점하면서
6) 망명하는

2일

① 1) 양성하다 2) 항일 3) 기념하다 4) 자금 5) 지원하다
6) 흥얼거리다

② 1) 양성하는 2) 항일 3) 기념하는 4) 자금 5) 지원했다
6) 흥얼거리고

3일

① 1) 아낙네 2) 보람 3) 불끈 4) 눈길 5) 집어삼키다 6)
조정

② 1) 아낙네 2) 보람 3) 불끈 4) 눈길 5) 집어삼켰다 6)
조정, 조정

4일

① 1) 대신 2) 술렁거리다 3) 달아오르다 4) 한몫하다 5)
거침없이 6) 구성지다

② 1) 대신 2) 술렁거리기 3) 달아올랐다 4) 한몫했다 5)
거침없이 6) 구성진

5일

① 1) 포악하다 2) 강성하다 3) 눈물어리다 4) 하소연 5)
사기 6) 영향

② 1) 포악한 2) 강성한 3) 눈물 어린 4) 하소연 5) 사기
6) 영향

① 1) 촉구하다 2) 의병 3) 의병장 4) 양성하다
5) 항일 6) 대신 7) 기념하다 8) 자금 9) 아낙네 10)
포악하다 11) 강성하다 12) 강점하다 13) 눈물어리다
14) 지원하다 15) 하소연 16) 달아오르다 17) 사기 18)
거침없이 19) 망명하다 20) 영향 21) 보람 22) 불끈 23)
눈길 24) 집어삼키다 25) 술렁거리다 26) 한몫하다 27)
구성지다 28) 조정 29) 흥얼거리다 30) 일제

② 1) 포악한 2) 흥얼거리고 3) 기념하는 4) 의병장
5) 아낙네 6) 달아올랐다 7) 보람 8) 지원했다 9) 눈길
10) 영향 11) 하소연 12) 조정, 조정 13) 눈물 어린
14) 양성하는 15) 구성진 16) 강성한 17) 망명하는 18)
대신 19) 자금 20) 의병 21) 한몫했다 22) 거침없이 23)
집어삼켰다 24) 술렁거리기 25) 촉구하였다 26) 항일 27)
일제 28) 불끈 29) 강점하면서 30) 사기

1일

① 1) 드높아지다 2) 시대적배경 3) 열정 4) 추구하다 5)
독창적 6) 추사체

② 1) 드높아졌다 2) 시대적 배경 3) 열정 4) 추구한다 5)
독창적 6) 추사체

2일

① 1) 후학 2) 산문 3) 경지 4) 능하다 5) 재능 6) 선사

② 1) 후학 2) 산문 3) 경지 4) 능해서 5) 재능 6) 선사

3일

① 1) 유배 2) 일화 3) 견문 4) 혹평하다 5) 사랑채 6) 서책

② 1) 유배 2) 일화 3) 견문 4) 혹평하였다 5) 사랑채 6)

서책

4일

1 1) 간곡하다 2) 문하생 3) 호통치다 4) 연적 5) 은은하다 6) 미간

2 1) 간곡한 2) 문하생 3) 호통쳤다 4) 연적 5) 은은한 6) 미간

5일

1 1) 무심하다 2) 애당초 3) 쏘아보다 4) 흔쾌하다 5) 개의 6) 심드렁하다

2 1) 무심한 2) 애당초 3) 쏘아보았다 4) 흔쾌한 5) 개의 6) 심드렁한

2주 주말평가

1 1) 은은하다 2) 드높아지다 3) 선사 4) 시대적 배경 5) 유배 6) 호통치다 7) 일화 8) 견문 9) 무심하다 10) 후학 11) 애당초 12) 혹평하다 13) 쏘아보다 14) 산문 15) 문하생 16) 흔쾌하다 17) 능하다 18) 심드렁하다 19) 사랑채 20) 서책 21) 추구하다 22) 간곡하다 23) 연적 24) 미간 25) 추사체 26) 열정 27) 경지 28) 독창적 29) 재능 30) 개의

2 1) 능해서 2) 견문 3) 무심한 4) 산문 5) 애당초 6) 독창적 7) 연적 8) 간곡한 9) 열정 10) 사랑채 11) 재능 12) 일화 13) 서책 14) 흔쾌한 15) 은은한 16) 개의 17) 문하생 18) 심드렁한 19) 미간 20) 시대적 배경 21) 유배 22) 혹평하였다 23) 후학 24) 호통쳤다 25) 경지 26) 드높아졌다 27) 추구한다 28) 추사체 29) 선사 30) 쏘아보았다

1일

1 1) 아리송하다 2) 청하다 3) 완전히 4) 근면 5) 혀를내두르다 6) 획

2 1) 아리송했다 2) 청했다 3) 완전히 4) 근면 5) 혀를 내둘렀다 6) 획

2일

1 1) 대가 2) 명필 3) 서체 4) 우러르다 5) 화첩 6) 황송하다

2 1) 대가 2) 명필 3) 서체, 서체 4) 우러르는 5) 화첩 6) 황송한

3일

1 1) 공들이다 2) 기법 3) 이상 4) 내면 5) 그윽하다 6) 의식

2 1) 공들여 2) 기법 3) 이상 4) 내면 5) 그윽한 6) 의식

4일

1 1) 우선되다 2) 오롯이 3) 안목 4) 기껍다 5) 악평 6) 물끄러미

2 1) 우선되어야 2) 오롯이 3) 안목 4) 기꺼웠다 5) 악평 6) 물끄러미

5일

1 1) 황홀하다 2) 행장 3) 탁본하다 4) 부임지 5) 성글다 6) 고적하다

2 1) 황홀한 2) 행장 3) 탁본했다 4) 부임지 5) 성글게 6) 고적하게

3주 주말평가

1 1) 혀를 내두르다 2) 근면 3) 우선되다 4) 물끄러미 5) 공들이다 6) 획 7) 기법 8) 이상 9) 황홀하다 10) 서체 11) 행장 12) 기껍다 13) 부임지 14) 황송하다 15) 고적하다 16) 내면 17) 그윽하다 18) 우러르다 19) 의식 20) 화첩 21) 청하다 22) 완전히 23) 성글다 24) 대가 25) 탁본하다 26) 안목 27) 악평 28) 오롯이 29) 명필 30) 아리송하다

2 1) 기법 2) 성글게 3) 이상 4) 혀를 내둘렀다 5) 청했다 6) 우선되어야 7) 의식 8) 완전히 9) 대가 10) 부임지 11) 명필 12) 고적하게 13) 황홀한 14) 그윽한 15) 행장 16) 화첩 17) 기꺼웠다 18) 탁본했다 19) 내면 20) 물끄러미 21) 획 22) 악평 23) 황송한 24) 근면 25) 서체, 서체 26) 오롯이 27) 우러르는 28) 아리송했다 29) 공들여 30) 안목

54~63쪽

1일

1 1) 고목 2) 세속 3) 섭리 4) 탄식 5) 필법 6) 인기척
2 1) 고목 2) 세속 3) 섭리 4) 탄식 5) 필법 6) 인기척

2일

1 1) 능선 2) 투박하다 3) 질감 4) 체면 5) 윤택하다 6) 사방
2 1) 능선 2) 투박한 3) 질감 4) 체면, 체면 5) 윤택하고 6) 사방

3일

1 1) 사선 2) 환희 3) 산수화 4) 몰두하다 5) 유난스럽다 6) 잠꼬대

2 1) 사선 2) 환희 3) 산수화 4) 몰두했다 5) 유난스럽게 6) 잠꼬대

4일

1 1) 모처럼 2) 물리다 3) 한나절 4) 꿰뚫다 5) 야속하다 6) 기색
2 1) 모처럼 2) 물렸다 3) 한나절 4) 꿰뚫고 5) 야속한 6) 기색

5일

1 1) 고단하다 2) 뾰로통하다 3) 출동하다 4) 예고 5) 일렁이다 6) 재래시장
2 1) 고단한 2) 뾰로통한 3) 출동한 4) 예고 5) 일렁였다 6) 재래시장

4주 주말평가

1 1) 유난스럽다 2) 산수화 3) 투박하다 4) 꿰뚫다 5) 재래시장 6) 뾰로통하다 7) 능선 8) 출동하다 9) 모처럼 10) 윤택하다 11) 물리다 12) 몰두하다 13) 한나절 14) 사선 15) 사방 16) 환희 17) 고목 18) 예고 19) 기색 20) 섭리 21) 일렁이다 22) 필법 23) 인기척 24) 체면 25) 고단하다 26) 탄식 27) 잠꼬대 28) 질감 29) 야속하다 30) 세속

2 1) 기색 2) 꿰뚫고 3) 예고 4) 잠꼬대 5) 고목 6) 세속 7) 인기척 8) 물렸다 9) 섭리 10) 재래시장 11) 뾰로통한 12) 탄식 13) 질감 14) 능선 15) 한나절 16) 유난스럽게 17) 사선 18) 사방 19) 일렁였다 20) 산수화 21) 모처럼 22) 필법 23) 투박한 24) 체면, 체면 25) 야속한 26) 몰두했다 27) 고단한 28) 출동한 29) 윤택하고 30) 환희

1 1) 무심하다 2) 혀를 내두르다 3) 망명하다 4) 오롯이 5) 능하다 6) 물끄러미 7) 촉구하다 8) 유난스럽다 9) 애당초 10) 윤택하다 11) 집어삼키다 12) 섭리 13) 한몫하다 14) 환희 15) 호통치다 16) 포악하다 17) 기껍다 18) 은은하다 19) 탄식 20) 혹평하다 21) 하소연 22) 탁본하다 23) 연적 24) 우러르다 25) 양성하다 26) 야속하다 27) 경지 28) 흥얼거리다 29) 황홀하다 30) 투박하다

2 1) 성글게 2) 쏘아보았다 3) 기념하는 4) 뾰로통한 5) 유배 6) 의병 7) 고적하게 8) 술렁거리기 9) 몰두했다 10) 은은한 11) 행장 12) 심드렁한 13) 양성하는 14) 일화 15) 일렁였다 16) 눈길 17) 체면, 체면 18) 시대적 배경 19) 부임지 20) 꿰뚫고 21) 사기 22) 필법 23) 간곡한 24) 재래시장 25) 황송한 26) 강성한 27) 공들여 28) 아낙네 29) 세속 30) 드높아졌다

5주

74~83쪽

1일
1 1) 매캐하다 2) 비명 3) 벅차다 4) 한순간 5) 불길 6) 질식하다
2 1) 매캐한 2) 비명 3) 벅차다며 4) 한순간 5) 불길 6) 질식한

2일
1 1) 다급하다 2) 소방 3) 구조 4) 중단하다 5) 기막히다 6) 여느
2 1) 다급한 2) 소방 3) 구조 4) 중단했다 5) 기막혔다 6) 여느

3일
1 1) 단출하다 2) 고개를 갸웃하다 3) 기특하다 4) 위기 5) 진압 6) 자부심
2 1) 단출한 2) 고개를 갸웃했다 3) 기특했다 4) 위기, 위기 5) 진압 6) 자부심

4일
1 1) 장마 2) 정전 3) 소스라치다 4) 막막하다 5) 시절 6) 헛간
2 1) 장마 2) 정전 3) 소스라치게 4) 막막했다 5) 시절 6) 헛간

5일
1 1) 혼절하다 2) 핏발서다 3) 미어지다 4) 기어이 5) 철렁하다 6) 발단
2 1) 혼절하고 2) 핏발이 섰다 3) 미어졌다 4) 기어이 5) 철렁했다 6) 발단

5주 주말평가

1 1) 고개를 갸웃하다 2) 여느 3) 핏발서다 4) 발단 5) 정전 6) 다급하다 7) 소방 8) 철렁하다 9) 구조 10) 불길 11) 비명 12) 벅차다 13) 한순간 14) 기어이 15) 진압 16) 질식하다 17) 중단하다 18) 혼절하다 19) 기막히다 20) 장마 21) 헛간 22) 소스라치다 23) 자부심 24) 매캐하다 25) 단출하다 26) 위기 27) 시절 28) 기특하다 29) 막막하다 30) 미어지다

2 1) 한순간 2) 핏발이 섰다 3) 다급한 4) 자부심 5) 소방 6) 여느 7) 소스라치게 8) 불길 9) 중단했다 10) 기특했다 11) 기막혔다 12) 진압 13) 비명 14) 미어졌다 15) 장마 16) 헛간 17) 기어이 18) 정전 19) 시절 20) 단출한 21) 구조 22) 고개를 갸웃했다 23) 발단 24) 막막했다 25) 매캐한 26) 철렁했다 27) 혼절하고 28)

벅차다며 29) 질식한 30) 위기, 위기

6주 88~97쪽

1일

❶ 1) 전개 2) 절정 3) 결말 4) 도표 5) 두레박 6) 권유

❷ 1) 전개 2) 절정 3) 결말, 결말 4) 도표 5) 두레박 6) 권유

2일

❶ 1) 최선 2) 앙알거리다 3) 이파리 4) 아련하다 5) 찾아들다 6) 벙싯

❷ 1) 최선 2) 앙알거리는 3) 이파리 4) 아련한 5) 찾아들면서 6) 벙싯

3일

❶ 1) 사부작사부작 2) 울컥하다 3) 가녀리다 4) 풀죽다 5) 삐죽거리다 6) 속살거리다

❷ 1) 사부작사부작 2) 울컥하더니 3) 가녀렸다 4) 풀죽은 5) 삐죽거렸다 6) 속살거리다

4일

❶ 1) 관용표현 2) 발넓다 3) 눈이번쩍뜨이다 4) 발없는말이천리간다 5) 손발이맞다 6) 관용어

❷ 1) 관용 표현 2) 발이 넓다 3) 눈이 번쩍 뜨일 만큼 4) 발 없는 말이 천 리 간다 5) 손발이 맞았다 6) 관용어

5일

❶ 1) 쇠뿔도단김에빼라 2) 김이식다 3) 간떨어지다 4) 손크다 5) 손꼽아기다리다 6) 천하를얻은듯

❷ 1) 쇠뿔도 단김에 빼야지 2) 김이 식어서 3) 간이 떨어질 4) 손이 큰 5) 손꼽아 기다렸다 6) 천하를 얻은 듯

6주 주말평가

❶ 1) 권유 2) 간떨어지다 3) 전개 4) 두레박 5) 손크다 6) 절정 7) 찾아들다 8) 사부작사부작 9) 관용표현 10) 아련하다 11) 눈이번쩍뜨이다 12) 발없는말이천리간다 13) 손발이맞다 14) 쇠뿔도단김에빼라 15) 김이식다 16) 풀죽다 17) 이파리 18) 결말 19) 천하를얻은듯 20) 울컥하다 21) 손꼽아기다리다 22) 삐죽거리다 23) 속살거리다 24) 앙알거리다 25) 관용어 26) 벙싯 27) 도표 28) 가녀리다 29) 발넓다 30) 최선

❷ 1) 이파리 2) 울컥하더니 3) 발이 넓다 4) 쇠뿔도 단김에 빼야지 5) 도표 6) 천하를 얻은 듯 7) 김이 식어서 8) 관용 표현 9) 두레박 10) 손꼽아 기다렸다 11) 눈이 번쩍 뜨일 만큼 12) 발 없는 말이 천 리 간다 13) 손발이 맞았다 14) 사부작사부작 15) 손이 큰 16) 가녀렸다 17) 최선 18) 삐죽거렸다 19) 앙알거리는 20) 전개 21) 찾아들면서 22) 결말, 결말 23) 권유 24) 아련한 25) 절정 26) 벙싯 27) 풀죽은 28) 속살거리다 29) 관용어 30) 간이 떨어질

7주 102~111쪽

1일

❶ 1) 눈깜짝할사이 2) 금이가다 3) 간이크다 4) 파악하다 5) 의도 6) 연설

❷ 1) 눈 깜짝할 사이 2) 금이 간 3) 간이 크다 4) 파악할 5) 의도 6) 연설

2일

❶ 1) 임시 2) 대립 3) 조직하다 4) 애간장이타다 5) 하루에도열두번 6) 어금니를악물다

❷ 1) 임시 2) 대립 3) 조직했다 4) 애간장이 탔다 5)

하루에도 열두 번 6) 어금니를 악물었다

3일

① 1) 깃발 2) 추론하다 3) 단결하다 4) 고집하다 5) 공연히 6) 배포

② 1) 깃발 2) 추론한다 3) 단결했다 4) 고집하면 5) 공연히 6) 배포

4일

① 1) 달성하다 2) 공든탑이무너지랴 3) 머리맞대다 4) 발벗고나서다 5) 백지장도맞들면낫다 6) 천리길도한걸음부터

② 1) 달성했다 2) 공든 탑이 무너지랴 3) 머리를 맞대고 4) 발 벗고 나서겠다 5) 백지장도 맞들면 낫다 6) 천 리 길도 한 걸음부터

5일

① 1) 말한마디에천냥빚도갚는다 2) 벼이삭은익을수록고개를숙인다 3) 홍보 4) 수어 5) 근거 6) 주장

② 1) 말 한마디에 천 냥 빚도 갚는다 2) 벼 이삭은 익을수록 고개를 숙인다 3) 홍보 4) 수어 5) 근거 6) 주장

7주 주말평가

1 1) 발벗고나서다 2) 수어 3) 임시 4) 애간장이타다 5) 깃발 6) 의도 7) 금이가다 8) 고집하다 9) 달성하다 10) 말한마디에천냥빚도갚는다 11) 연설 12) 단결하다 13) 공든탑이무너지랴 14) 근거 15) 주장 16) 머리맞대다 17) 눈깜짝할사이 18) 백지장도맞들면낫다 19) 천리길도한걸음부터 20) 공연히 21) 홍보 22) 배포 23) 하루에도열두번 24) 어금니를악물다 25) 벼이삭은익을수록고개를숙인다 26) 대립 27) 간이크다 28) 추론하다 29) 파악하다 30) 조직하다

2 1) 금이 간 2) 파악할 3) 애간장이 탔다 4) 벼

이삭은 익을수록 고개를 숙인다 5) 추론한다 6) 의도 7) 눈 깜짝할 사이 8) 공든 탑이 무너지랴 9) 머리를 맞대고 10) 발 벗고 나서겠다 11) 어금니를 악물었다 12) 근거 13) 대립 14) 배포 15) 주장 16) 고집하면 17) 연설 18) 백지장도 맞들면 낫다 19) 천 리 길도 한 걸음부터 20) 수어 21) 깃발 22) 간이 크다 23) 달성했다 24) 말 한마디에 천 냥 빚을 갚는다 25) 홍보 26) 단결했다 27) 임시 28) 조직했다 29) 하루에도 열두 번 30) 공연히

8주
116~125쪽

1일

① 1) 논설문 2) 난처하다 3) 공정 4) 공식 5) 생산자 6) 소비자

② 1) 논설문 2) 난처했다 3) 공정 4) 공식 5) 생산자 6) 소비자

2일

① 1) 이익 2) 무역 3) 거래 4) 지불하다 5) 노동 6) 자립

② 1) 이익 2) 무역 3) 거래 4) 지불하지 5) 노동 6) 자립

3일

① 1) 대가 2) 확산 3) 실질적 4) 동참하다 5) 수출하다 6) 수입하다

② 1) 대가 2) 확산 3) 실질적 4) 동참해야 5) 수출하는 6) 수입하고

4일

① 1) 조합 2) 유통 3) 재배하다 4) 상민 5) 다국적 6) 상대적

② 1) 조합 2) 유통 3) 재배한다 4) 상민, 상민 5) 다국적 6) 상대적

5일

① 1) 제값 2) 고용하다 3) 열대 4) 수확하다 5) 착취 6) 여유

② 1) 제값 2) 고용한다 3) 열대 4) 수확할 5) 착취 6) 여유, 여유

8주 주말평가

① 1) 소비자 2) 재배하다 3) 고용하다 4) 논설문 5) 실질적 6) 난처하다 7) 수입하다 8) 상대적 9) 이익 10) 공식 11) 무역 12) 제값 13) 노동 14) 다국적 15) 열대 16) 자립 17) 수확하다 18) 유통 19) 착취 20) 여유 21) 거래 22) 지불하다 23) 대가 24) 수출하다 25) 조합 26) 공정 27) 생산자 28) 동참하다 29) 확산 30) 상민

② 1) 난처했다 2) 수출하는 3) 공식 4) 확산 5) 고용한다 6) 소비자 7) 열대 8) 조합 9) 생산자 10) 유통 11) 이익 12) 지불하지 13) 상대적 14) 자립 15) 무역 16) 상민, 상민 17) 거래 18) 여유, 여유 19) 논설문 20) 수확할 21) 노동 22) 대가 23) 동참해야 24) 공정 25) 다국적 26) 제값 27) 실질적 28) 재배한다 29) 수입하고 30) 착취

월 말 평 가 ━━ 5~8주

① 1) 추론하다 2) 두레박 3) 진압 4) 수확하다 5) 고개를 갸웃하다 6) 소비자 7) 발벗고나서다 8) 미어지다 9) 아련하다 10) 대립 11) 달성하다 12) 혼절하다 13) 다국적 14) 속살거리다 15) 자부심 16) 수입하다 17) 사부작사부작 18) 고용하다 19) 발넓다 20) 다급하다 21) 조합 22) 쇠뿔도단김에빼라 23) 한순간 24) 관용표현 25) 유통 26) 핏발서다 27) 공든탑이무너지랴 28) 권유 29)

애간장이타다 30) 공정

② 1) 실질적 2) 어금니를 악물었다 3) 울컥하더니 4) 단출한 5) 수어 6) 발 없는 말이 천 리 간다 7) 헛간 8) 생산자 9) 풀죽은 10) 공연히 11) 매캐한 12) 지불하지 13) 관용어 14) 발단 15) 제값 16) 벼 이삭은 익을수록 고개를 숙인다 17) 기어이 18) 무역 19) 전개 20) 거래 21) 위기, 위기 22) 착취 23) 삐죽거렸다 24) 상대적 25) 백지장도 맞들면 낫다 26) 소스라치게 27) 동참해야 28) 양알거리는 29) 하루에도 열두 번 30) 잦아들면서

9주   136~145쪽

1일

① 1) 노출되다 2) 시장경제 3) 원가 4) 절감하다 5) 대량 6) 살포하다

② 1) 노출되어 2) 시장 경제 3) 원가 4) 절감하고 5) 대량 6) 살포했다

2일

① 1) 독극물 2) 화학물질 3) 채취하다 4) 퍼센트 5) 확률 6) 발병률

② 1) 독극물 2) 화학 물질 3) 채취한 4) 퍼센트 5) 확률 6) 발병률

3일

① 1) 화학비료 2) 유기농 3) 인증 4) 국제기구 5) 주요 6) 원칙

② 1) 화학 비료 2) 유기농 3) 인증, 인증 4) 국제기구 5) 주요 6) 원칙

4일

① 1) 윤리적 2) 혼란 3) 일시적 4) 제공하다 5) 원조 6)

피톤치드

❷ 1) 윤리적 2) 혼란 3) 일시적 4) 제공한다 5) 원조 6) 피톤치드

5일

❶ 1) 경관 2) 증진 3) 면역력 4) 향상 5) 대응하다 6) 배출

❷ 1) 경관 2) 증진 3) 면역력 4) 향상 5) 대응할 6) 배출

9주 주말평가

1 1) 원칙 2) 대량 3) 시장경제 4) 퍼센트 5) 독극물 6) 원조 7) 화학물질 8) 채취하다 9) 배출 10) 유기농 11) 윤리적 12) 혼란 13) 일시적 14) 경관 15) 향상 16) 면역력 17) 살포하다 18) 제공하다 19) 피톤치드 20) 화학 비료 21) 국제기구 22) 주요 23) 인증 24) 증진 25) 대응하다 26) 확률 27) 발병률 28) 절감하다 29) 원가 30) 노출되다

2 1) 향상 2) 경관 3) 발병률 4) 증진 5) 퍼센트 6) 윤리적 7) 살포했다 8) 면역력 9) 대량 10) 혼란 11) 시장 경제 12) 화학 비료 13) 배출 14) 독극물 15) 채취한 16) 노출되어 17) 인증, 인증 18) 확률 19) 원가 20) 절감하고 21) 국제기구 22) 제공한다 23) 원조 24) 화학 물질 25) 피톤치드 26) 일시적 27) 유기농 28) 원칙 29) 대응할 30) 주요

10주

150~159쪽

1일

❶ 1) 이산화탄소 2) 지구온난화 3) 목재 4) 제재소 5) 기사문 6) 소문

❷ 1) 이산화 탄소 2) 지구 온난화 3) 목재 4) 제재소 5) 기사문 6) 소문

2일

❶ 1) 자자하다 2) 불매 3) 운영하다 4) 배상 5) 동기 6) 단정적

❷ 1) 자자했다 2) 불매 3) 운영한 4) 배상 5) 동기 6) 단정적

3일

❶ 1) 공모하다 2) 심사 3) 독자투고 4) 보충하다 5) 주상절리 6) 기이하다

❷ 1) 공모하는 2) 심사 3) 독자 투고 4) 보충했다 5) 주상절리, 주상, 절리 6) 기이한

4일

❶ 1) 주산지 2) 아열대화 3) 내륙 4) 습관 5) 대조되다 6) 비유하다

❷ 1) 주산지 2) 아열대화 3) 내륙 4) 습관 5) 대조 6) 비유했다

5일

❶ 1) 중독 2) 요령 3) 예정 4) 주간 5) 해소되다 6) 연출

❷ 1) 중독 2) 요령 3) 예정, 예정 4) 주간 5) 해소됐다 6) 연출

10주 주말평가

1 1) 기사문 2) 주간 3) 이산화탄소 4) 소문 5) 주상절리 6) 목재 7) 자자하다 8) 배상 9) 불매 10) 심사 11) 독자투고 12) 주산지 13) 제재소 14) 습관 15) 내륙 16) 중독 17) 예정 18) 연출 19) 공모하다 20) 대조되다 21) 비유하다 22) 기이하다 23) 운영하다 24) 해소되다 25) 동기 26) 단정적 27) 아열대화 28) 요령 29) 지구온난화 30) 보충하다

2 1) 대조 2) 운영한 3) 기이한 4) 요령 5) 불매

6) 자자했다 7) 배상 8) 주간 9) 연출 10) 주산지 11) 단정적 12) 보충했다 13) 중독 14) 내륙 15) 목재 16) 비유했다 17) 소문 18) 심사 19) 아열대화 20) 독자 투고 21) 기사문 22) 이산화 탄소 23) 예정, 예정 24) 지구 온난화 25) 공모하는 26) 습관 27) 제재소 28) 주상절리, 주상, 절리 29) 동기 30) 해소됐다

11주   164~173쪽

1일

❶ 1) 제작하다 2) 촬영하다 3) 편집 4) 경쾌하다 5) 은어 6) 격식

❷ 1) 제작했다 2) 촬영했다 3) 편집 4) 경쾌한 5) 은어 6) 격식

2일

❶ 1) 동의하다 2) 개최하다 3) 양해 4) 인용하다 5) 비교하다 6) 관점

❷ 1) 동의할 2) 개최했다 3) 양해 4) 인용한다 5) 비교할 6) 관점

3일

❶ 1) 부강하다 2) 침략하다 3) 풍족하다 4) 한없이 5) 무력 6) 인의

❷ 1) 부강한 2) 침략하면서 3) 풍족한 4) 한없이 5) 무력 6) 인의

4일

❶ 1) 근본 2) 자비 3) 배양하다 4) 모방하다 5) 말미암다 6) 홍익인간

❷ 1) 근본 2) 자비 3) 배양할 4) 모방하는 5) 말미암아 6) 홍익인간

5일

❶ 1) 국조 2) 이상 3) 단련하다 4) 사명 5) 기타 6) 지리적

❷ 1) 국조 2) 이상 3) 단련했다 4) 사명 5) 기타 6) 지리적

11주 주말평가

❶ 1) 풍족하다 2) 격식 3) 모방하다 4) 편집 5) 무력 6) 말미암다 7) 근본 8) 기타 9) 자비 10) 국조 11) 이상 12) 동의하다 13) 사명 14) 양해 15) 지리적 16) 배양하다 17) 부강하다 18) 홍익인간 19) 단련하다 20) 관점 21) 경쾌하다 22) 개최하다 23) 침략하다 24) 한없이 25) 인용하다 26) 촬영하다 27) 인의 28) 은어 29) 비교하다 30) 제작하다

❷ 1) 사명 2) 개최했다 3) 단련했다 4) 이상 5) 근본 6) 인용한다 7) 자비 8) 홍익인간 9) 배양할 10) 부강한 11) 국조 12) 말미암아 13) 비교할 14) 양해 15) 풍족한 16) 촬영했다 17) 관점 18) 경쾌한 19) 지리적 20) 은어 21) 제작했다 22) 격식 23) 한없이 24) 침략하면서 25) 무력 26) 편집 27) 인의 28) 모방하는 29) 동의할 30) 기타

12주   178~187쪽

1일

❶ 1) 요구 2) 주연배우 3) 사상 4) 확보하다 5) 양식 6) 건립

❷ 1) 요구 2) 주연 배우 3) 사상 4) 확보해야 5) 양식 6) 건립

2일

❶ 1) 완비 2) 성인 3) 신용 4) 대접하다 5) 분해하다 6) 살벌하다

② 1) 완비 2) 성인 3) 신용 4) 대접하기 5) 분해했다 6) 살벌한

3일

① 1) 증오 2) 화합 3) 불화하다 4) 동포 5) 징조 6) 용모

② 1) 증오 2) 화합 3) 불화하는 4) 동포 5) 징조 6) 용모

4일

① 1) 화기 2) 이기적 3) 개인주의 4) 극도 5) 가장 6) 인자하다

② 1) 화기 2) 이기적 3) 개인주의 4) 극도 5) 가장 6) 인자한

5일

① 1) 삼림 2) 무성하다 3) 오곡백과 4) 풍성하다 5) 촌락 6) 발하다

② 1) 삼림 2) 무성하다 3) 오곡백과 4) 풍성한 5) 촌락 6) 발하고

12주 주말평가

① 1) 화합 2) 건립 3) 무성하다 4) 사상 5) 이기적 6) 가장 7) 성인 8) 신용 9) 증오 10) 화기 11) 불화하다 12) 개인주의 13) 삼림 14) 인자하다 15) 오곡백과 16) 완비 17) 풍성하다 18) 촌락 19) 요구 20) 발하다 21) 동포 22) 용모 23) 분해하다 24) 주연배우 25) 살벌하다 26) 양식 27) 극도 28) 징조 29) 대접하다 30) 확보하다

② 1) 대접하기 2) 신용 3) 화기 4) 건립 5) 가장 6) 개인주의 7) 사상 8) 삼림 9) 확보해야 10) 완비 11) 풍성한 12) 성인 13) 증오 14) 오곡백과 15) 분해했다 16) 불화하는 17) 주연 배우 18) 발하고 19) 이기적 20) 양식 21) 촌락 22) 극도 23) 살벌한 24) 화합 25) 요구 26) 인자한 27) 동포 28) 징조 29) 용모 30) 무성하다

① 1) 말미암다 2) 주상절리 3) 풍족하다 4) 기이하다 5) 원칙 6) 모방하다 7) 지구온난화 8) 증오 9) 노출되다 10) 배양하다 11) 분해하다 12) 대응하다 13) 발하다 14) 주산지 15) 무성하다 16) 징조 17) 채취하다 18) 은어 19) 완비 20) 살포하다 21) 살벌하다 22) 단정적 23) 혼란 24) 개인주의 25) 불매 26) 삼림 27) 피톤치드 28) 국조 29) 공모하다 30) 한없이

② 1) 단련했다 2) 대조 3) 유기농 4) 침략하면서 5) 비유했다 6) 윤리적 7) 편집 8) 심사 9) 시장 경제 10) 오곡백과 11) 해소됐다 12) 절감하고 13) 인용한다 14) 이산화 탄소 15) 발병률 16) 화합 17) 제재소 18) 삼림 19) 퍼센트 20) 사상 21) 자자했다 22) 극도 23) 면역력 24) 경쾌한 25) 동의할 26) 인증, 인증 27) 불화하는 28) 연출 29) 이기적 30) 사명

13주   198~207쪽

1일

① 1) 계급투쟁 2) 보복 3) 증명하다 4) 일단 5) 인 6) 종사하다

② 1) 계급 투쟁 2) 보복 3) 증명해 4) 일단 5) 인 6) 종사한다

2일

① 1) 시일 2) 학도 3) 인공지능 4) 해방되다 5) 대신하다 6) 소득

② 1) 시일 2) 학도 3) 인공 지능 4) 해방한 5) 대신해 6) 소득

3일

1 1) 소유하다 2) 부과하다 3) 도입하다 4) 혁명 5) 전망하다 6) 합의

2 1) 소유한 2) 부과하는, 부과하는 3) 도입해야 4) 혁명 5) 전망했다 6) 합의

4일

1 1) 지급하다 2) 현행법 3) 납부하다 4) 법인 5) 의회 6) 장기적

2 1) 지급한다 2) 현행법 3) 납부하지 4) 법인 5) 의회 6) 장기적

5일

1 1) 입법 2) 집행 3) 특수하다 4) 결의하다 5) 기반 6) 제정하다

2 1) 입법 2) 집행 3) 특수한 4) 결의했다 5) 기반 6) 제정했다

13주 주말평가

1 1) 전망하다 2) 계급투쟁 3) 종사하다 4) 납부하다 5) 학도 6) 일단 7) 집행 8) 장기적 9) 현행법 10) 기반 11) 의회 12) 제정하다 13) 보복 14) 증명하다 15) 시일 16) 입법 17) 해방되다 18) 인공지능 19) 소득 20) 부과하다 21) 도입하다 22) 인 23) 혁명 24) 지급하다 25) 합의 26) 특수하다 27) 대신하다 28) 결의하다 29) 법인 30) 소유하다

2 1) 도입해야 2) 현행법 3) 장기적 4) 보복 5) 집행 6) 결의했다 7) 시일 8) 의회 9) 학도 10) 소유한 11) 종사한다 12) 법인 13) 부과하는, 부과하는 14) 전망했다 15) 계급 투쟁 16) 혁명 17) 지급한다 18) 인 19) 납부하지 20) 특수한 21) 합의 22) 인공 지능 23) 입법 24) 대신해 25) 기반 26) 증명해 27) 제정했다 28) 해방한 29) 소득 30) 일단

14주

1일

1 1) 공존하다 2) 실직자 3) 반복하다 4) 부담 5) 걸림돌 6) 집중하다

2 1) 공존한다 2) 실직자 3) 반복 4) 부담 5) 걸림돌 6) 집중하지, 집중한다

2일

1 1) 독차지하다 2) 특허 3) 투자하다 4) 원천 5) 의도 6) 고국

2 1) 독차지했다 2) 특허 3) 투자했다가 4) 원천 5) 의도 6) 고국

3일

1 1) 모험 2) 진솔하다 3) 철학 4) 세계관 5) 일행 6) 툴툴거리다

2 1) 모험 2) 진솔한 3) 철학 4) 세계관 5) 일행 6) 툴툴거렸다

4일

1 1) 사행길 2) 마부 3) 장관 4) 호강 5) 곁눈질 6) 묵묵히

2 1) 사행길 2) 마부 3) 장관 4) 호강 5) 곁눈질 6) 묵묵히

5일

1 1) 점포 2) 분분하다 3) 거대하다 4) 일류 5) 왕후장상 6) 관원

2 1) 점포 2) 분분하여 3) 거대한 4) 일류 5) 왕후장상 6) 관원

14주 주말평가

1 1) 장관 2) 의도 3) 왕후장상 4) 부담 5) 실직자 6) 독차지하다 7) 모험 8) 걸림돌 9) 진솔하다 10)

툴툴거리다 11) 점포 12) 곁눈질 13) 분분하다 14) 호강 15) 일류 16) 관원 17) 세계관 18) 일행 19) 특허 20) 투자하다 21) 사행길 22) 거대하다 23) 마부 24) 반복하다 25) 고국 26) 묵묵히 27) 원천 28) 철학 29) 집중하다 30) 공존하다

2 1) 원천 2) 호강 3) 묵묵히 4) 실직자 5) 왕후장상 6) 일류 7) 특허 8) 공존한다 9) 거대한 10) 툴툴거렸다 11) 사행길 12) 일행 13) 장관 14) 모험 15) 부담 16) 진솔한 17) 관원 18) 철학 19) 독차지했다 20) 투자했다가 21) 의도 22) 고국 23) 세계관 24) 반복 25) 마부 26) 걸림돌 27) 집중하지, 집중한다 28) 분분하여 29) 점포 30) 곁눈질

15주

226~235쪽

1일

1 1) 이류 2) 기풍 3) 풍속 4) 사치 5) 소탕하다 6) 고이고이
2 1) 이류 2) 기풍 3) 풍속 4) 사치 5) 소탕해 6) 고이고이

2일

1 1) 진창 2) 삼태기 3) 웅장하다 4) 사찰 5) 벌판 6) 무심코
2 1) 진창 2) 삼태기 3) 웅장했다 4) 사찰 5) 벌판 6) 무심코

3일

1 1) 불현듯 2) 식경 3) 명확하다 4) 곱씹다 5) 초대하다 6) 부듯가
2 1) 불현듯 2) 식경 3) 명확한 4) 곱씹으며 5) 초대한 6) 부듯가

4일

1 1) 요청하다 2) 법률 3) 소송 4) 익사자 5) 기각 6) 명시되다
2 1) 요청했다 2) 법률, 법률 3) 소송 4) 익사자 5) 기각 6) 명시되어

5일

1 1) 처벌하다 2) 규제하다 3) 강압 4) 반론 5) 반박하다 6) 어감
2 1) 처벌하는 2) 규제하고 3) 강압 4) 반론 5) 반박했다 6) 어감

15주 주말평가

1 1) 무심코 2) 강압 3) 식경 4) 곱씹다 5) 반론 6) 진창 7) 고이고이 8) 웅장하다 9) 불현듯 10) 요청하다 11) 기각 12) 법률 13) 처벌하다 14) 사치 15) 규제하다 16) 기풍 17) 소탕하다 18) 반박하다 19) 이류 20) 명확하다 21) 부듯가 22) 어감 23) 익사자 24) 풍속 25) 명시되다 26) 사찰 27) 소송 28) 삼태기 29) 초대하다 30) 벌판

2 1) 명확한 2) 삼태기 3) 처벌하는 4) 사치 5) 규제하고 6) 기풍 7) 초대한 8) 풍속 9) 사찰 10) 반론 11) 법률, 법률 12) 기각 13) 소송 14) 불현듯 15) 소탕해 16) 식경 17) 곱씹으며 18) 강압 19) 어감 20) 부듯가 21) 익사자 22) 진창 23) 요청했다 24) 웅장했다 25) 이류 26) 고이고이 27) 벌판 28) 무심코 29) 명시되어 30) 반박했다

1일

① 1) 설득력 2) 정보 3) 타당성 4) 협약 5) 선언하다 6) 체결하다

② 1) 설득력 2) 정보 3) 타당성 4) 협약, 협약 5) 선언했다 6) 체결했다

2일

① 1) 온실가스 2) 규정 3) 세대 4) 보전하다 5) 비판적 6) 과장되다

② 1) 온실가스 2) 규정 3) 세대, 세대, 세대 4) 보전하려는 5) 비판적 6) 과장된

3일

① 1) 형성하다 2) 여론 3) 공익광고 4) 구도 5) 색감 6) 무료하다

② 1) 형성하는 2) 여론 3) 공익 광고 4) 구도 5) 색감 6) 무료한

4일

① 1) 독보적 2) 내구성 3) 선사하다 4) 초경량 5) 재질 6) 가공하다

② 1) 독보적인 2) 내구성 3) 선사했다 4) 초경량 5) 재질 6) 가공하여

5일

① 1) 우수하다 2) 품목 3) 허위 4) 기부하다 5) 분석하다 6) 번식하다

② 1) 우수한 2) 품목 3) 허위 4) 기부했다 5) 분석하였다 6) 번식한

16주 주말평가

① 1) 선사하다 2) 허위 3) 규정 4) 비판적 5) 품목 6) 정보 7) 재질 8) 여론 9) 협약 10) 번식하다 11) 가공하다 12) 초경량 13) 독보적 14) 설득력 15) 색감 16) 온실가스 17) 체결하다 18) 분석하다 19) 세대 20) 형성하다 21) 구도 22) 우수하다 23) 기부하다 24) 공익광고 25) 무료하다 26) 보전하다 27) 과장되다 28) 타당성 29) 내구성 30) 선언하다

② 1) 비판적 2) 정보 3) 규정 4) 번식한 5) 우수한 6) 초경량 7) 품목 8) 재질 9) 색감 10) 허위 11) 독보적인 12) 무료한 13) 내구성 14) 선사했다 15) 형성하는 16) 타당성 17) 선언했다 18) 기부했다 19) 공익 광고 20) 온실가스 21) 설득력 22) 보전하려는 23) 여론 24) 과장된 25) 구도 26) 세대, 세대, 세대 27) 협약, 협약 28) 체결했다 29) 가공하여 30) 분석하였다

① 1) 곁눈질 2) 반박하다 3) 혁명 4) 무료하다 5) 특허 6) 전망하다 7) 허위 8) 걸림돌 9) 법인 10) 규제하다 11) 묵묵히 12) 제정하다 13) 반복하다 14) 삼태기 15) 소유하다 16) 소송 17) 불현듯 18) 계급투쟁 19) 명시되다 20) 공존하다 21) 기각 22) 무심코 23) 체결하다 24) 납부하다 25) 협약 26) 왕후장상 27) 가공하다 28) 도입하다 29) 타당성 30) 사행길

② 1) 반론 2) 식경 3) 집중하지, 집중한다 4) 원천 5) 철학 6) 현행법 7) 강압 8) 결의했다 9) 법률, 법률 10) 종사한다 11) 명확한 12) 세계관 13) 인공 지능 14) 독보적인 15) 독차지했다 16) 증명해 17) 세대, 세대, 세대 18) 분분하여 19) 집행 20) 내구성 21) 곱씹으며

22) 부과하는, 부과하는 23) 비판적 24) 툴툴거렸다 25) 여론 26) 진창 27) 지급한다 28) 기부했다 29) 진솔한 30) 번식한

17주 260~269쪽

1일

1 1) 이타 2) 보도하다 3) 유도하다 4) 감염 5) 형광 6) 예방하다

2 1) 이타 2) 보도하는 3) 유도했다 4) 감염 5) 형광 6) 예방할

2일

1 1) 장수 2) 취재하다 3) 유통기한 4) 악취 5) 신선하다 6) 비속어

2 1) 장수 2) 취재했다 3) 유통 기한 4) 악취 5) 신선한 6) 비속어

3일

1 1) 격언 2) 원활하다 3) 오해 4) 투쟁 5) 후손 6) 불확실하다

2 1) 격언 2) 원활하게 3) 오해 4) 투쟁, 투쟁 5) 후손 6) 불확실한

4일

1 1) 교정 2) 부호 3) 열량 4) 거르다 5) 필수 6) 분비되다

2 1) 교정 2) 부호 3) 열량 4) 걸렀더니 5) 필수 6) 분비되지

5일

1 1) 위산 2) 중화 3) 소모되다 4) 치명적 5) 경련 6) 발작

2 1) 위산 2) 중화 3) 소모되는 4) 치명적인 5) 경련 6) 발작

17주 주말평가

1 1) 신선하다 2) 원활하다 3) 교정 4) 경련 5) 오해 6) 예방하다 7) 발작 8) 비속어 9) 열량 10) 이타 11) 거르다 12) 보도하다 13) 격언 14) 소모되다 15) 악취 16) 형광 17) 투쟁 18) 후손 19) 불확실하다 20) 유도하다 21) 감염 22) 장수 23) 위산 24) 취재하다 25) 치명적 26) 유통기한 27) 부호 28) 분비되다 29) 중화 30) 필수

2 1) 오해 2) 형광 3) 취재했다 4) 부호 5) 원활하게 6) 치명적인 7) 이타 8) 불확실한 9) 필수 10) 보도하는 11) 후손 12) 유도했다 13) 중화 14) 감염 15) 경련 16) 장수 17) 예방할 18) 투쟁, 투쟁 19) 위산 20) 신선한 21) 교정 22) 비속어 23) 걸렸더니 24) 소모되는 25) 발작 26) 유통 기한 27) 분비되지 28) 악취 29) 격언 30) 열량

18주 274~283쪽

1일

1 1) 개발하다 2) 희생 3) 부작용 4) 신약 5) 복용하다 6) 대체하다

2 1) 개발한 2) 희생 3) 부작용 4) 신약 5) 복용한 6) 대체해야

2일

1 1) 투여하다 2) 확신 3) 판매하다 4) 시일 5) 막대하다 6) 공유하다

2 1) 투여했다 2) 확신 3) 판매했다 4) 시일 5) 막대한 6) 공유, 공유해서

3일

1 1) 단호하다 2) 조화 3) 하수 4) 복원하다 5) 추가하다 6) 일정

② 1) 단호한 2) 조화 3) 하수 4) 복원했다 5) 추가했다
6) 일정

4일

① 1) 비용 2) 입양되다 3) 회상하다 4) 교역 5) 풍랑 6)
이문

② 1) 비용 2) 입양된 3) 회상했다 4) 교역 5) 풍랑 6) 이문

5일

① 1) 교역로 2) 남하 3) 하구 4) 북상하다 5) 서역 6) 상인

② 1) 교역로 2) 남하 3) 하구 4) 북상하고 5) 서역 6) 상인

18주 주말평가

1 1) 교역 2) 회상하다 3) 북상하다 4) 조화 5) 서역
6) 남하 7) 입양되다 8) 상인 9) 공유하다 10) 복용하다
11) 확신 12) 이문 13) 복원하다 14) 희생 15) 하수 16)
개발하다 17) 신약 18) 풍랑 19) 투여하다 20) 대체하다
21) 추가하다 22) 판매하다 23) 단호하다 24) 막대하다
25) 부작용 26) 교역로 27) 하구 28) 일정 29) 시일 30)
비용

2 1) 남하 2) 막대한 3) 신약 4) 일정 5) 북상하고 6)
개발한 7) 회상했다 8) 교역로 9) 이문 10) 부작용 11)
투여했다 12) 판매했다 13) 조화 14) 비용 15) 시일 16)
입양된 17) 단호한 18) 대체해야 19) 서역 20) 희생 21)
공유, 공유해서 22) 추가했다 23) 교역 24) 복용한 25)
풍랑 26) 확신 27) 하수 28) 하구 29) 상인 30) 복원했다

19주   288~293쪽

1일

① 1) 눈총 2) 해안 3) 선심 4) 품삯 5) 파다하다 6)

반색하다

② 1) 눈총 2) 해안 3) 선심 4) 품삯 5) 파다했다 6)
반색했다

2일

① 1) 노숙 2) 조리하다 3) 객줏집 4) 침상 5) 경이롭다
6) 진귀하다

② 1) 노숙했다 2) 조리한다 3) 객줏집 4) 침상 5)
경이롭다 6) 진귀한

3일

① 1) 박동 2) 나열하다

② 1) 박동 2) 나열했다

19주 주말평가

1 1) 파다하다 2) 객줏집 3) 해안 4) 침상 5) 눈총
6) 진귀하다 7) 선심 8) 노숙 9) 박동 10) 반색하다 11)
나열하다 12) 조리하다 13) 경이롭다 14) 품삯

2 1) 선심 2) 객줏집 3) 박동 4) 눈총 5) 반색했다 6)
경이롭다 7) 해안 8) 노숙했다 9) 파다했다 10) 조리한다
11) 침상 12) 나열했다 13) 진귀한 14) 품삯

월 말 평 가   17~19주

1 1) 풍랑 2) 원활하다 3) 객줏집 4) 회상하다 5)
진귀하다 6) 품삯 7) 분비되다 8) 교역로 9) 공유하다
10) 투쟁 11) 복원하다 12) 침상 13) 유도하다 14)
단호하다 15) 조화 16) 소모되다 17) 교역 18) 격언 19)
유통기한 20) 입양되다 21) 경련 22) 개발하다 23) 이타
24) 반색하다 25) 이문 26) 대체하다 27) 형광 28) 서역
29) 취재하다 30) 거르다

2 1) 막대한 2) 남하 3) 신선한 4) 희생 5) 중화 6) 경이롭다 7) 격언 8) 비용 9) 나열했다 10) 부호 11) 조리한다 12) 장수 13) 박동 14) 일정 15) 오해 16) 노숙했다 17) 감염 18) 선심 19) 후손 20) 해안 21) 눈총 22) 열량 23) 복용한 24) 투여했다 25) 공유, 공유해서 26) 교정 27) 하구 28) 파다했다 29) 치명적인 30) 확신

학 기 말 평 가

1) 비유하다 2) 행장 3) 추론하다 4) 예방하다 5) 사랑채 6) 국제기구 7) 상민 8) 혀를 내두르다 9) 객줏집 10) 결말 11) 툴툴거리다 12) 촉구하다 13) 은어 14) 곱씹다 15) 개의 16) 착취 17) 인용하다 18) 화첩 19) 전망하다 20) 백지장도맞들면낫다 21) 부과하다 22) 아낙네 23) 현행법 24) 탁본하다 25) 관점 26) 양성하다 27) 말미암다 28) 말한마디에천냥빚도갚는다 29) 견문 30) 유기농 31) 공들이다 32) 부임지 33) 공존하다 34) 눈물어리다 35) 사행길 36) 무역 37) 심드렁하다 38) 동기 39) 반색하다 40) 고적하다 41) 공식 42) 벼이삭은익을수록고개를숙인다 43) 사명 44) 구성지다 45) 시장경제 46) 삼태기 47) 아리송하다 48) 기각 49) 흥얼거리다 50) 주상절리 51) 시대적 배경 52) 선언하다 53) 쇠뿔도단김에빼라 54) 그윽하다 55) 분석하다 56) 기념하다 57) 걸림돌 58) 여느 59) 추사체 60) 섭리 61) 우러르다 62) 소송 63) 탄식 64) 망명하다 65) 자자하다 66) 혹평하다 67) 무성하다 68) 일렁이다 69) 지원하다 70) 요구 71) 흔쾌하다 72) 절감하다 73) 드높아지다 74) 제재소 75) 소스라치다 76) 강점하다 77) 이기적 78) 오곡백과 79) 고개를 갸웃하다 80) 비판적 81) 강성하다 82) 독보적 83) 은은하다 84) 곁눈질 85) 두레박 86) 문하생 87) 비속어 88) 몰두하다 89) 기부하다 90) 보람 91) 투여하다 92) 매캐하다 93) 투박하다 94) 중화 95) 관용어 96) 집어삼키다 97) 교정 98) 애당초 99) 교역로 100) 결의하다

색인

색인

색인

국어 교과서 6-2 작품 목록

국어 6-2 가			
단원	제제 이름	지은이	나온 곳
1	「의병장 윤희순」	정종순	『의병장 윤희숙』, (주)한솔수북, 2010
	「구멍 난 벼루」	배유안	『구멍 난 벼루』, 토토북, 2016
	「마지막 숨바꼭질」	백승자	『열두 사람의 아주 특별한 동화』, 파랑새, 2016
	「이모의 꿈꾸는 집」	정옥	『이모의 꿈꾸는 집』, 문학과지성사, 2010
	「떨어져도 튀는 공처럼」	정현종	『노래의 자연』, 시인생각, 2013
2	1번광고 (『물 쓰듯 쓰다』)	방성운 · 송준혁 · 고유리	한국방송광고진흥공사, 2009
	「도산 안창호 선생의 연설」	안창호	도산안창호온라인기념관 누리집
3	1번 만화	노인경	『생각 깨우기』, 푸른숲주니어, 2012
	「'그냥'이아니라 '왜'」	이어령	『생각 깨우기』, 푸른숲주니어, 2012
	1번 만화 (『가난한 것은 내 잘못이 아니에요!』)	한수정	『지구촌 아름다운 거래 탐구 생활』, 파란자전거, 2016
국어 6-2 나			
5	1번광고 (『무엇으로 보이십니까?』)	오승준 · 박혜진 · 임상운	한국방송광고진흥공사, 2001
	「내가 원하는 우리나라」	김구	『쉽게 읽는 백범 일지』, 돌베개, 2005
	「『열하일기』 소개」	강민경	『장복이, 창대와 함께하는 열하일기』, 한국고전번역원, 2013
	「기와 조각과 똥 덩어리」	박지원 원작, 강민경 글	『장복이, 창대와 함께하는 열하일기』, 한국고전번역원, 2013
7	단원 도입	데이비드 위즈너 글, 박보영 옮김	『아트와 맥스』, 시공주니어, 2019
	1의(1)번 만화		환경부 누리집
8	「대상주 홍라」	이현	『나는 비단길로 간다』, (주)도서출판 푸른숲, 2012
	「헤어질 때」	조영미	『식구가 늘었어요』, 청개구리, 2014

「국단어 완전 정복」 자기주도 활용법

초등 국어 교과서 사전, 국단어 완전 정복 어휘, 독해 완성~!! 이걸로 결정

★★★★★

올해 초등 4학년이 되는 ＊＊이는 담임선생님께서 책을 읽으면서 모르는 단어를 찾아보고 짧은 글짓기를 해야 하는 숙제를 매일 문자로 보내주십니다.
국단어 완전 정복은 초등 국어 교과서에 나오는 단어를 다루니까 따로 할 게 아니라 여기에 바로 짧은 글짓기를 하면 효과적이네요. 학교 진도시기에 맞춰서 진행되니 정말 딱 좋지요~!!

널그리다 님

초등 국어 어휘, 국단어 완전 정복으로 잡아요!

★★★★★

처음에는 교재를 보면서 어휘 설명을 소리내어 읽고, 다음은 한자와 유의어, 확장 어휘를 읽어보고 마지막으로 문제풀이와 짧은 글짓기로 완벽하게 단어 이해를 잘 해내고 있는 ＊＊양~~
초등 고학년이라면 교재를 이렇게 해라 저렇게 해라 하지 않아도 자기에게 맞는 방법을 찾아서 알아서 해주더라고요.

해브올 님

국단어 완전 정복을
초등 4년(3~6학년) 동안 꾸준히 공부하면

🎇 초등 국어 교과서에 나오는 **모든 어휘를 완벽히 공부**할 수 있습니다.

🎇 매학기 **1,250단어**, 초등 4년(8학기) 동안 **총 10,000단어**를 익힐 수 있습니다.

🎇 어휘력 독해력 사고력이 완성되고, **상위 1퍼센트 우등생**이 될 수 있습니다.

★ 10641 프로젝트 ★
상위 1퍼센트 우등생이 되는 특급 비법

어휘력 완성 · 독해력 강화 · 사고력 향상